Friedrich Max Kircheisen
Sturm auf die Bastille: Geschichten rund um Frankreichs berüchtigstes Staatsgefängnis

edition militaris

ISBN: 978-3-96389-009-3
Druck: edition militaris, 2018
Die edition militaris ist ein Imprint der Diplomica Verlag GmbH.

© edition militaris, 2018
http://www.diplomica-verlag.de
Printed in Germany
Alle Rechte vorbehalten.
Die edition militaris übernimmt keine juristische Verantwortung oder irgendeine Haftung für evtl. fehlerhafte Angaben und deren Folgen. Der Inhalt ist im historischen Kontext zu lesen.

Friedrich Max Kircheisen

Sturm auf die Bastille

Geschichten rund um Frankreichs berüchtigstes Staatsgefängnis

Abenteuer vom Mann mit der Eisernen Maske,
Graf Cagliostro, Voltaire, dem Marquis de Sade u.v.a.

DIE BASTILLE
(Nach der Natur gezeichnet von Gudin. Gestochen von Borguel)

INHALT

                                            Seite

Zum Geleit 7

Erster Teil
Die Bastille und ihre Geschichte

I. Die Geschichte der Bastille 17
II. Die Gefängnisse 42
III. Die Gefangenen 47
IV. Das Gerichtsverfahren 55
V. Das Leben in der Bastille 63
VI. Der Mann mit der Eisernen Maske 76
VII. Andere berühmte Gefangene 85
VIII. Latude, der Abenteurer der Bastille 98
IX. Im Zeitalter der Aufklärung 109
X. Der Revolution entgegen 114
XI. Die Einnahme der Bastille 124

Zweiter Teil
Augenzeugen sprechen

I. Constantin de Renneville. Meine Leidensjahre 137
II. Latude. Meine Flucht aus der Bastille 165
III. Dusaulx. Der Sturm auf die Bastille 182
IV. Guyot de Flévilles. Die Verteidigung der Bastille 203

Zum Geleit

> Mein Sohn soll oft Geschichte lesen und darüber nachdenken; das ist die einzig wahre Philosophie. (Napoleon auf Sankt Helena.)

Es ist eine leider nur zu wenig bekannte Tatsache, daß die Geschichte in ihrem Verlauf mehr außerordentliche Begebenheiten aufweist, als die Phantasie je zu erfinden vermag. Selbst die wüstesten Hintertreppenromane verblassen vor dem Bilde, das uns das Leben der Völker und Individuen vor Augen stellt. Wer vermöchte die Grausamkeiten auszudenken, die die russischen Zaren und Großen verübt haben, wer die Liebesintrigen ersinnen, die die Annalen Frankreichs enthalten? Welcher Dichter vermag es, einen herrschsüchtigeren, zügelloseren und den Leidenschaften ergebeneren Charakter zu erfinden, als ihn die Geschichte in Katharina II. oder in ihrem Sohn Paul I. hingestellt hat?

Die Bastille, deren Geschichte wir hier geben, sah Persönlichkeiten verschiedener Art: Den Herrscher und den Bettler, den Gelehrten und den Charlatan, die Fürstin und die Dirne. Auf der Bühne des Lebens tritt der Held neben dem Narren auf, das Drama spielt gleichzeitig mit der Komödie.

Wen reizt es nicht, einen Akt des Lebensschauspiels zu sehen? Die Schauspieler sind gar verschiedener Art. Da haben wir den mysteriösen Mann mit der eisernen Maske, Cagliostro den Gaukler, die Marquise de Pompadour, die schönste Geliebte des sinnlichsten aller Könige, den Marquis de Sade, den grausamsten und lasterhaftesten aller Menschen, Latude, den Abenteurer der Bastille, dazu stolze Fürsten, Kurtisanen, Schwindler, Geisteskranke, Wechselfälscher. Wir lernen Menschen kennen, denen das Leben nur Glück und Reichtum beschert hat, aber noch mehr Unglückliche, die die Macht der Großen der Freiheit und der Sonne beraubte. Der Ort der Handlung ist ein von der Sage umwobenes Gefangenenschloß, dessen Mauern manchen Seufzer hörten.

Wer kennt nicht den Namen dieses finsteren Schlosses, in dessen düsteren Verließen die Gefangenen schmachteten? Wer hat nicht die Lebensgeschichte jener Armen gelesen, die unter grausamen und blutdürstigen Kerkermeistern unsägliche Qualen ausgestanden haben?

Das Leben ist furchtbar grausam. Es läßt die Menschen leiden und tritt sie ohne Erbarmen in den Staub. Dem Volke aber ist es noch nicht phantastisch genug. So entstand die Legende. Auch das Gefangenenschloß der Bastille hat seine Legende, und die finsteren Verließe und die harten Kerkermeister sind zum Teil Ausgeburten der Phantasie.

Die Geschichtsforschung hat erst neuerdings endlich die Legende über das geheimnisvolle Schloß der französischen Könige zerstört. Wir kennen nun die Geschichte der Bastille. Sie war ursprünglich nicht etwa gebaut worden, um Gefangene in ihren Mauern aufzunehmen, nein, die Bastille war eine Festung, sogar eine der stärksten ihrer Zeit. Gewiß brachte man von Zeit zu Zeit Gefangene in der Festung unter, aber das war nichts Außergewöhnliches, denn in den meisten Schlössern des Mittelalters wurden unbequeme oder gefährliche Persönlichkeiten in Haft gehalten. Viele dieser Burgen und Schlösser hatten dunkle und tiefe Verließe, wo Menschen bei lebendigem Leibe verhungerten. Die Bastille war aber lange Zeit hindurch ein festes Schloß der Könige von Frankreich, das keine armen Gefangenen, wohl aber glänzend geputzte Fürsten und Edeldamen sah. Als die Bastille unter Richelieu den Charakter eines Gefängnisses für vornehme Staatsgefangene annahm, kannte man immer noch keine Foltern und Verließe. Das Schloß beherbergte mächtige Fürsten, Marschälle, oft sogar Würdenträger, die zum König in verwandtschaftlichen Beziehungen standen. Da finden wir die stolzesten Namen Frankreichs: die Herzöge von Biron und Condé, den Marschall Bassompierre und viele Höflinge, meist Vertraute der Königin Anna. Den ihrer Freiheit Beraubten versagte man in keiner Weise die Achtung, die ihrem hohen Stande zukam. Sie durften sich im Schlosse frei bewegen und lebten, wie es ihnen beliebte. Zu den politischen Gefangenen gesellten sich Offiziere, die Verfehlungen im Dienst begangen hatten, bisweilen auch Spione, Diebe und Geisteskranke.

Der Grundcharakter der Bastille war jedoch der eines Luxusgefängnisses für die hohe Gesellschaft. Sie behielt diesen Charakter auch noch unter der Herrschaft Ludwigs XIII. und Ludwigs XIV. Unter dem Sonnenkönig finden wir jedoch schon eine große Anzahl Gefangener einer anderen Klasse. Die Zeit der Verschwörungen gegen das Königtum ist vorbei. Niemand wagt es mehr, die Autorität des „allerchristlichsten Königs" mit der Waffe in der Hand anzugreifen. Aber mit der Feder tut man es um so mehr. Die Gefangenen der Bastille setzen sich daher zum größten Teil aus Freidenkern, Schriftstellern und „Ketzern" zusammen. Auch sie gehören wohlverstanden der guten Gesellschaft an. Der König hätte ihnen nie zugemutet, sich in ein gewöhnliches Verbrechergefängnis zu begeben.

Zu jener Zeit fehlt es jedoch auch nicht an Gefangenen von hohem Rang. Da ist in erster Linie der berühmte „Mann mit der Eisernen Maske" zu nennen, das nunmehr gelöste Rätsel des 17. Jahrhunderts, ferner der mächtige Finanzminister Fouquet, dessen Prozeß in der Bastille stattfand, und der Chevalier de Rohan, der das Opfer seines Verrats wurde. Die berüchtigte Giftmischeraffäre veranlaßte die Einkerkerung der Marquise de Brinvilliers, die sich durch ihre Verbrechen eine traurige Berühmtheit erwarb.

Unter dieser Regentschaft verliert die Bastille bereits etwas von ihrem feudalen Glanze. Sie ist zwar immer noch das Gefängnis der bevorzugten Klasse, aber die Zahl der gewöhnlichen Verbrecher nimmt zu gleicher Zeit zu. Das 18. Jahrhundert hatte den Sinnengenuß zum Lebensziel erhoben, und die ganze Epoche ist voll von skandalösen Liebesaffären. Selbst in der Geschichte der Bastille sind die Spuren von diesen Zuständen zu finden. An Stelle der politischen Gefangenen von Rang treten nun Höflinge und Kavaliere, die man wegen einer aufsehenerregenden Liebschaft, wegen eines Duells oder einer Orgie für kurze Zeit hinter Schloß und Riegel gesetzt hat, um ihre verliebten Regungen abzukühlen. In erster Linie ist da der berüchtigte Marschall Richelieu, der Liebling der Frauen und Held unzähliger Liebesabenteuer, zu nennen. Zu diesem verliebten Helden gesellten sich dann die Gefangenen, die an der Verschwörung des Gesandten Cellemare beteiligt waren, wie Mademoiselle de Launay, die spätere Madame de Staal, die sogar das finstere Schloß zum Schauplatz einer reizenden Liebesintrige machte. Es wird manchen wundernehmen, den Namen Voltaires in der Gefangenenliste der Bastille zu finden. Der spitzzüngige Schriftsteller war sogar mehrmals in der Bastille eingekerkert, wie man sich denken kann, wegen Verspottung eines Großen. Seine Haft war jedoch mehr eine Unterhaltung als eine Strafe.

Unter Ludwig XV. sank die Bastille immer mehr zu einem gewöhnlichen Gefängnis herab. Der berüchtigtste Gefangene jener Zeit ist unzweifelhaft Latude, der Abenteurer der Bastille, einer der geschicktesten und geriebensten Betrüger aller Zeiten, der ein halbes

Menschenalter im Gefängnis zubrachte. Aehnlich wie Voltaires Haft war auch die der Schriftsteller La Beaumelle, Marmontel und Morellet. Die Männer der Feder behandelte man in der Bastille mit besonderer Rücksicht, waren sie doch die „Enfants gâtês" des 18. Jahrhunderts. Recht grausam dagegen war die Hinrichtung des unglücklichen Gouverneurs der französischen Besitzungen in Indien, des Grafen Lally-Tollendal, der in der Bastille Stunden der größten Demütigung und bittersten Schmerzen erlebte. Gegen Ende der Regierung Ludwigs XV. finden wir Dumouriez in der Bastille, der sich später in den Revolutionskriegen als General einen Namen gemacht hat. Eine Hofintrige war die Ursache seiner Einkerkerung gewesen.

Die Regierung Ludwigs XVI. bildet einen Markstein in der Geschichte der Bastille. Die Lettres de cachet, die unter dem schwachen, von Mätressen beherrschten Ludwig XV. in reichem Maße verwendet wurden, treten immer mehr außer Kraft. Die willkürlichen Verhaftungen werden von Tag zu Tag seltener. Unter den Gefangenen finden wir daher fast ausschließlich Verbrecher, Dirnen und Geisteskranke. Besonders bekannt oder vielmehr berüchtigt geworden sind die Kurtisanen Madame Saint-Vincent, Madame Rogé und Madame Gotteville, deren Prozeß ein grelles Bild auf die Sittenzustände ihrer Zeit wirft. Unter einem ganz anderen Gesichtspunkt ist die Haft des Advokaten Linguet zu betrachten, der ein Opfer seiner eigenen Angriffslust wurde.

Die Bastille geht ihrem Ende entgegen. Von einem königlichen Schloß, das zum Schutze der Hauptstadt bestimmt war, sank sie zum Staatsgefängnis, dann zum gewöhnlichen Gefängnis herab. Es ist bezeichnend für ihre Entwicklung, daß sie kurz vor ihrem Ende zwei Gefangene beherbergte, deren Namen in der ganzen Welt berüchtigt sind: Den Gaukler Cagliostro und den Marquis de Sade, den Philosophen des Verbrechens. Das waren die letzten Gefangenen, die einen „Namen" hatten. Das Schloß versinkt fast in Vergessenheit, zwar nicht in der Phantasie des Volkes, aber im Gedächtnis der Regierung. Die Gefangenenzahl ist zuletzt so gering, daß man die Bastille eigentlich gar nicht mehr als Gefängnis bezeichnen kann. Die meisten Zellen stehen leer. Bei der Erstürmung des Schlosses am 14. Juli 1789 findet man nur sieben (!) Gefangene vor.

Das ist in großen Umrissen die Geschichte der Bastille. Ihr steht die Legende gegenüber, die heute mehr denn je blüht. Ich glaubte, daß die Gegenüberstellung von Wahrheit und Legende ein anschauliches Bild von der Geschichte des berühmten Gefangenenschlosses geben würde und habe daher zu dem historischen Text Auszüge aus den Memoiren jener Gefangenen gegeben, die Träger der Legende sind. Es dürfte wohl von Interesse sein, diese Werke mit den Ergebnissen der Geschichtswissenschaft zu vergleichen. Bekanntlich sind Memoiren selten wahrheitsgetreu. Wie soll man aber von Gefangenen fordern, daß sie ihre Kerkermeister in den Himmel heben? Was den persönlichen Erinnerungen an historischer Treue abgeht, ersetzen sie hundertfach durch Schilderungen von seelischen Erlebnissen. Von diesem Gesichtspunkte aus gewinnen die Memoiren Rennevilles und Latudes*) den Wert von unschätzbaren Menschheitsdokumenten. Alle diese Gefangenen haben uns klassische Schilderungen von den unendlichen Leiden hinterlassen, die ein Mensch erduldet, wenn er jahrelang der kostbarsten aller Güter, der Freiheit, beraubt ist.

Noch einer Aufklärung bedarf es. Die Legende hat nicht nur Irrtümer über das Leben der Gefangenen verbreitet, sondern auch die Vorgänge bei der Einnahme der Bastille entstellt. War der Sturm auf die Bastille, bei der die wenigen Verteidiger sich nur schwach zur

---

*) Constantin de Renneville, „Meine Leidensjahre", siehe Seite 137
Henri Masers de Latude, „Meine Flucht aus der Bastille", Seite 165.

Wehr setzten und außerdem nur über einen Tag Proviant verfügten, keine hervorragende Waffentat an sich, so sind wir doch gewohnt, und zwar mit vollem Recht, in dem 14. Juli 1789, dem Tage der Einnahme der Bastille, den Anfang der französischen Revolution zu sehen, weil damals der direkte Kampf des unterdrückten Volkes gegen das despotische Königtum seinen Anfang nahm. Ich habe die Erstürmung der Bastille kurz in einem Kapitel geschildert, es aber gleichzeitig für nötig gehalten, zwei Zeitgenossen, die Augenzeugen waren, zu Wort kommen zu lassen. Die beiden Schilderungen, die zu den besten Schriften der Literatur über die Bastille gehören, ergänzen sich in glücklicher Weise. Dusaulx, ein Mitglied des im Stadthause tagenden Revolutionskomitees, berichtet die Vorgänge im Lager der Angreifer, während die dem Invalidenunteroffizier Guyot de Fléville zugeschriebene Schrift uns über die Maßnahmen der Verteidigung unterrichtet*).

Die Bastille ist jetzt zerstört, aber die Mauern, die nun die Phantasie des Volkes jahrhundertelang beschäftigten, die von den Parisern stets mit ängstlicher Scheu betrachtet wurden, haben ihre Anziehungskraft noch nicht verloren. Gewiß trugen die tragischen Umstände, unter denen das alte Königsschloß zerstört wurde, wesentlich dazu bei, das Interesse wachzuhalten. So erleben wir nach mehr als einem Jahrhundert, daß Gelehrte, Künstler und Dichter stets auf den ungemein reizvollen Gegenstand zurückkommen.

---

*) Jean Dusaulx: „Der Sturm auf die Bastille" Seite 182.
Guyot de Fléville: „Die Verteidigung der Bastille" Seite 203.

ERSTER TEIL

DIE BASTILLE UND IHRE GESCHICHTE

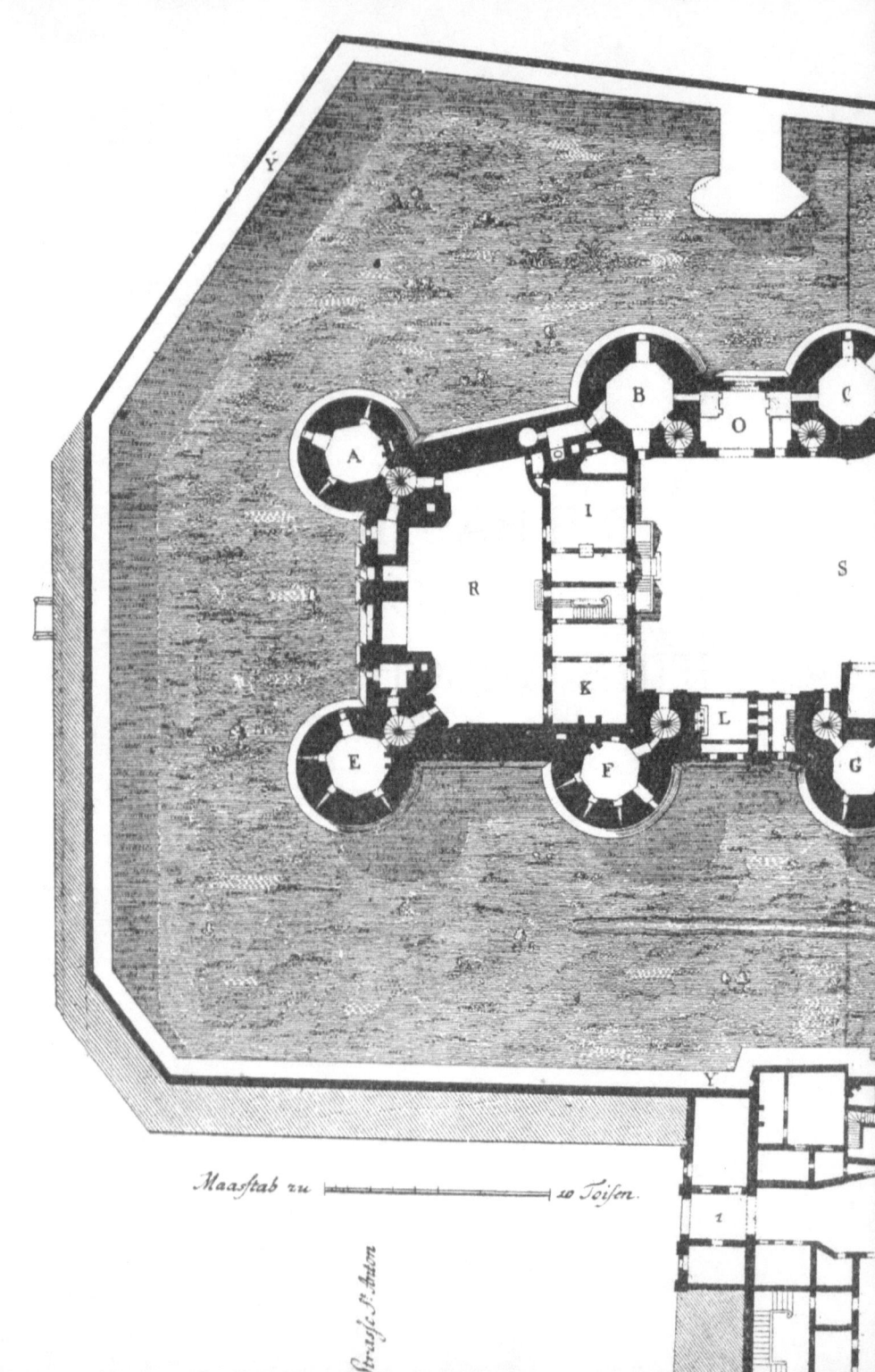

PLAN DER BASTILLE

ERLÄUTERUNGEN:

A. Eckturm (Winkelturm). B. Kapellenturm. C. Schatzturm. D. Turm La Comté. E. Brunnenturm. F. Freiheitsturm. G. Turm La Bertaudière. H. Turm La Bazinière. I. Ratssaal. K. Bibliothek. L. Kapelle. M. Das untere Archiv. N. Wachthäuser. O. Altes Stadttor, St. Anton genannt. P. Altes Tor auf die Bastei hinaus. Q. Zugbrücke des Einlasses. R. Brunnenhof. S. Großer Hof. T. Küchen. U. Gouvernementshof. V. Wohnung des Gouverneurs. Y. Weg der Ronden.

1. Einlaß des Durchgangs. 2. Kasernen der Invaliden unter dem Gewehrsaal. 3. Tor des Ulmenhofs. 4. Kramläden. 5. Ställe und Wagenschuppen. 6. Vordere Zugbrücke. 7. Vorderes Wachthaus. 8. Terrasse. 9. Gattern auf den Zeughausgarten hinaus. 10. Belvedere. 11. Tor der Treppe zu den äußeren Gräben. 12. Treppe zu den inneren Gräben unter der Badestube.

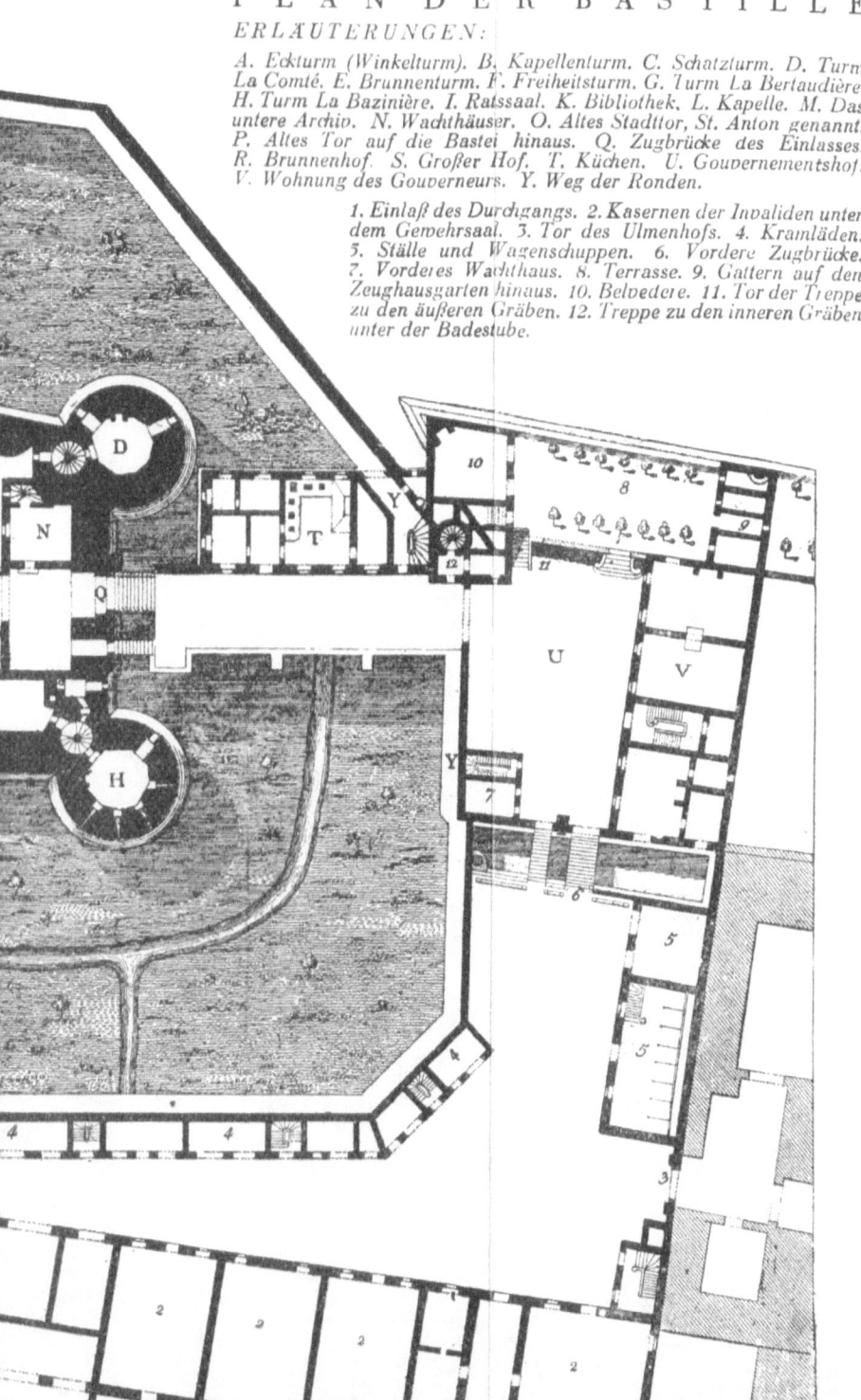

I.

Die Geschichte der Bastille

Entstehung des Schlosses. — Seine Geschichte im 14., 15. und 16. Jahrhundert. — Erste Verwendung als Staatsgefängnis. — Festlichkeiten der Könige von Frankreich. — Die Bastille als königliche Schatzkammer. — Der Kardinal Richelieu macht aus der Festung ein Staatsgefängnis.

Um die Mitte des 14. Jahrhunderts erwähnen französische Chroniken beträchtliche Festungsbauten, die zur Verstärkung der Pariser Stadtmauer angelegt worden waren. Diese Befestigungen sollten zum Schutze gegen die Engländer dienen, mit denen König Philipp VI. seit 1357 im Kriege lag. Nichts ist schmachvoller in der Geschichte Frankreichs als das Jahrhundert, das dieser Kriegserklärung folgte. Nachdem die französische Flotte im Jahre 1340 bei Sluys, an der Küste der niederländischen Küste Zeeland von der jungen tatendurstigen Seemacht Englands nahezu vollständig vernichtet, das stolze französische Heer bei Crécy gänzlich geschlagen worden war, erlitt Johann der Gute, der Sohn und Nachfolger Philipps VI., im Jahre 1357 bei Maupertuis nochmals eine schwere Niederlage durch die Engländer. In dieser Schlacht wurde der französische König von den Briten unter dem schwarzen Prinzen gefangen genommen. Drei Jahre später kam es zu einem vorläufigen Frieden. Frankreich erhielt gegen Zahlung eines beträchtlichen Lösegeldes seinen König zurück, doch blieb England noch im Besitze eines gewaltigen Stückes von Südwest- und Nordostfrankreich.

Nach Johanns Tode gelang es Karl V., dem „Weisen", den Briten nach und nach alle ihre Eroberungen wieder zu entreißen. Es blieb jedoch immer noch die Möglichkeit eines neuen englischen Einfalls bestehen. Um „seine gute Stadt Paris" nicht in die Hände des Erbfeindes fallen zu lassen, setzte der französische König die begonnenen Festungsarbeiten fort. Unter diesen Befestigungsarbeiten erhielt ein an der Porte Saint-Antoine errichtetes Gebäude später welthistorische Bedeutung: die Bastille.

Den Grundstein zu diesem Gebäude legte am 22. April 1370 der „prévôt de la ville et vicomté de Paris" Hugues Aubriot. Zunächst wurden zwei Türme gebaut, der Schatzturm und der Kapellenturm. Daran schloß man zu beiden Seiten Mauern an, die mit bereits bestehenden Befestigungen verschmolzen wurden. Später wurden nach der Vorstadt Saint-Antoine hin noch zwei Türme errichtet, die die Namen „Freiheitsturm" und „La Bertaudière" erhielten. Natürlich kamen diese Bezeichnungen erst später auf. Die vier Türme bildeten ungefähr ein Quadrat.

Um das Jahr 1383 ließ Karl VI. noch vier Türme bauen. Diese erhielten die Namen „Winkelturm", „Brunnenturm", „Turm La Comté" und „Turm La Bazinière"*). Damit war das Bollwerk vollendet. Es bestand nun aus acht Türmen, die durch starke und hohe Mauern verbunden waren. Später legte man um die Festung einen 25 Fuß tiefen und 120 Fuß breiten Graben an. Wenn man bedenkt, daß um jene Zeit der Gebrauch der Feuerwaffen noch wenig vorgeschritten war, so wird man begreifen, daß die Bastille ein wirksamer Schutz gegen äußere und innere Feinde sein konnte. Die Geschichte der Festung beweist, welche

---

*) Vergleiche den Plan der Bastille Seite 16.

Wichtigkeit die Festung besaß. Eine Zeitlang war ihre Rolle so groß, daß man denjenigen als Herrn von Paris anerkannte, der die Bastille in seiner Gewalt hatte. Im Jahre 1418 bemächtigten sich die Engländer, unterstützt von den Burgundern, der Bastille, wohin sich die Armagnacs geflüchtet hatten. Als achtzehn Jahre später unter Karl VII. der Connetable Richemont Paris den Engländern entriß, leistete nur die Bastille Widerstand. Hierher hatten sich die letzten Anhänger der Engländer zurückgezogen. Am 15. April 1436 ergaben sich die Eingeschlossenen unter der Bedingung, daß ihr Leben gerettet und ihr Eigentum geschützt werde.

Noch einmal wurde die Bastille belagert. Es war zur Zeit der Liga, am Ende des 16. Jahrhunderts, unter Heinrich IV. Auch während der Kriege der Fronde spielte die Festung eine gewisse Rolle.

Um die Mitte des 16. Jahrhunderts wurde die Bastille durch eine nach der Vorstadt Saint-Antoine zu gelegene Bastion vergrößert und verstärkt. Auf dieser Bastion legten später die Gouverneure der Bastille einen Garten an, in dem die Gefangenen spazieren gingen. Es scheint, daß der Admiral Coligny nach der Schlacht bei Saint Quentin im Jahre 1557, in der die Spanier Sieger blieben, dem König den Rat zur Verstärkung des Schlosses gegeben hat. Im Jahre 1634 umgab man die Bastille mit Wällen (Boulevards oder auch Bouleverds) und Gräben. Diese wurden aber etwa hundert Jahre später abgetragen oder zugeschüttet.

Uebrigens hat die Bastille nicht genau auf dem Platz gestanden, der heute in Paris mit „Place de la Bastille" bezeichnet wird. Man muß sich die letzten Häuser des Boulevards Henri IV. und der Rue Saint-Antoine wegdenken, um eine Vorstellung von der Ausdehnung des Schlosses zu erhalten. Um dies zu erleichtern, hat man auf der „Place de la Bastille" den Grundriß der Feste mit weißen Steinen gekennzeichnet.

Unter der Regierung Karls VI. verlor die Bastille ihren

ausschließlichen Charakter als Verteidigungswerk. Sie wurde bisweilen als Gefängnis benützt, jedoch war man noch weit davon entfernt, sie als Staatsgefängnis zu verwenden. Der Grundzweck war und blieb der Schutz von Paris gegen feindliche Einfälle.

Aber das Schloß diente auch noch anderen Zwecken: Wie gewissenhafte Chronisten berichten, gaben Ludwig XI. und Franz I. in seinen Räumen glänzende Festlichkeiten, bei denen es heiter und vornehm zuging. Selbst als Schatzkammer diente das mächtige Gebäude geraume Zeit. Wir erfahren durch den Herzog von Sully, daß Heinrich IV. große eiserne Truhen anfertigen ließ, um Gold in der Bastille aufzubewahren. Im Jahre 1604 hatte der König dort sieben Millionen Franken in Gold wohlverwahrt liegen. Diese Summe war im Jahre 1610 sogar auf fast achtzehn Millionen angewachsen. Dabei ist zu berücksichtigen, daß inzwischen zehn Millionen wieder weggenommen worden waren, um nach der königlichen Schatzkammer gebracht zu werden. In Wirklichkeit belief sich also der Schatz auf über 27 Millionen. Um sich einen Begriff von dem Wert zu machen, den diese Summe heute darstellen würde, kann man den Betrag getrost mit zehn vervielfältigen. Und selbst dann kann man noch sicher sein, daß man damals mit den 27 Millionen reicher war, als man heute mit 270 Millionen wäre. Welcher Herrscher kann sich rühmen, soviel Geld für „sein" Volk gespart zu haben? Friedrich Wilhelm I. von Preußen ist wohl der letzte König gewesen, der bei seinem Tode einen großen Barbetrag im Staatsschatz hinterließ.

Richelieu, der rote Kardinal, wie er auch genannt wurde, kann den traurigen Ruhm für sich in Anspruch nehmen, aus der Bastille ein Staatsgefängnis gemacht zu haben. Während früher nur hier und da Gefangene in das feste Schloß gebracht wurden, geschah dies unter seiner Herrschaft nicht nur häufiger, sondern auch willkürlicher. Mit Richelieu beginnen diese Verhaftungen auf den Befehl irgendeines Großen hin, die der Bastille und der französischen Regierung den Ruf der despotischsten Einrichtung der Welt verschafften.

Hand in Hand mit der Umwandlung der Bastille in ein Staatsgefängnis ging die Errichtung von allerlei Nebengebäuden. Da gab es Wohnungen für den Gouverneur, für die Offiziere und die Besatzungen, ferner Küchen, Ställe, Wagenschuppen und Kaufläden. Im Laufe der Zeit schloß sich auf diese Weise eine kleine Stadt an das Hauptgebäude nach Süden und Westen an.

*

Die Gebäude in der Umgebung der Bastille. — Händler und Handwerker. — Die Höfe. — Das Haus des Gouverneurs. — Die Küchen. — Beschreibung der Bastille. — Türme und Innenhöfe. — Das Stabsgebäude.

Wenn man aus der Rue Saint-Antoine heraustrat, sah man vor sich die Bastille in ihrer Breitseite liegen. Zur Rechten befand sich der Eingang in den Vorhof, an dessen Seiten verschiedene Gebäude lagen, die aber erst in späterer Zeit errichtet worden waren. Dieses Tor mußte man benutzen, wenn man in die Zitadelle eintreten wollte. An dem Hause Nummer 232 der Rue Saint-Antoine ist jetzt eine Inschrift angebracht worden, die der Nachwelt zeigt, wo man sich den äußeren Eingang der Bastille zu denken hat.

Um in den Vorhof zu gelangen, mußte man im Besitz einer Ausweiskarte sein, denn sonst wurde man von der Schildwache zurückgewiesen. Der Vorhof war von einer großen Anzahl Häuser umgeben. Im Erdgeschoß dieser Gebäude wohnten die Invaliden, die Hüter des Schlosses. Die übrigen Stockwerke dienten zur Aufbewahrung von Waffen aller Art. In der zweiten Hälfte des 18. Jahrhunderts lagen hier gegen 40 000 Gewehre. Einen großen Teil davon sandte die französische Regierung während des nordamerikanischen Unabhängigkeitskrieges nach Amerika.

Die Tasache, daß man Waffen außerhalb der eigentlichen Zitadelle, in einem am Eingang zum Vorhof liegenden Gebäude unterbrachte, deutet jedenfalls darauf hin, daß man zu jener Zeit die Bastille bereits nicht mehr als Festung ansah. Den erwähnten Baulichkeiten gegenüber, also nach Osten zu, standen eine Anzahl zweistöckiger Gebäude, die Kaufmannsläden enthielten. Dort wohnten die Krämer, Milch- und Käsehändler, Fleischer, Gastwirte, Schuhmacher und andere Handel- und Gewerbetreibende.

Etwas weiter im Hintergrund des Vorhofes, nach Süden zu, lagen die Ställe und Wagenschuppen des Gouverneurs der Bastille. Ehe man zu diesen Gebäuden gelangte, mußte man an einer Tür vorbeigehen, die zum Arsenal führte. Diese Tür wurde jedoch wenig benutzt. Nur wenn es sich um die Einbringung von gefährlichen Gefangenen oder von Personen von Rang handelte, benutzte man diese Pforte, denn die Zahl der Gaffer am Haupteingang war immer beträchtlich. Das neugierige Volk war immer über die Ankunft eines neuen Gefangenen gut unterrichtet und fand sich stets ein, wenn es etwas zu sehen gab.

Auf dem vor Seite 17 eingeschalteten Plan sieht man deutlich den ersten Vorhof. Ganz zur Linken liegt das Wachtlokal, in das die wütende Menge am 14. Juli 1789 eindrang. Im Hintergrunde des Vorhofes stand eine mächtige Ulme. Nach diesem Baum wurde dieser Teil des Hofes auch Ulmenhof genannt.

Hatte man den Hof in seiner ganzen Länge durchschritten, so stieß man auf einen Graben und ein Wachthaus. War man jedoch im Besitze eines vom König unterschriebenen und vom Polizeipräfekten gegengezeichneten Ausweises, so wurde die Zugbrücke heruntergelassen, und der Besucher trat in den sogenannten Gouvernementshof ein. Nicht immer war der Besuch der Bastille gestattet. Meist war er sogar mit unüberwindlichen Schwierigkeiten verknüpft. So erlaubte man zum Beispiel Peter dem Großen bei seiner Anwesenheit in Paris nicht, das Schloß zu besichtigen. In der letzten Zeit des Bestehens der Bastille waren die Bestimmungen jedoch weniger streng.

Der Gouvernementshof hatte seinen Namen nach der Wohnung des Gouverneurs erhalten, die auf der rechten Seite des Hofes lag. Diese Wohnung war eine der elegantesten in Paris. Der Gouverneur hatte sie mit allem Luxus der damaligen Zeit eingerichtet. Einem modernen Menschen mag vielleicht ein Haus ohne elektrisches Licht, Zentralheizung und ähnlichen, neuzeitlichen Einrichtungen unbequem und rückständig vorkommen. Die Zeit Ludwigs XIV. und Ludwigs XV. kannte dennoch einen sehr entwickelten und verfeinerten Luxus für Wohnungen. Der Gegensatz zwischen der vornehm eingerichteten Wohnung des Gouverneurs und den einfachen Zimmern der Gefangenen ist jedenfalls riesengroß gewesen.

Das Haus war unter dem Gouverneur de Bernaville gebaut worden. Für den Gouverneur und seine Familie hatte man auf der nach Osten zu gelegenen Seite einen kleinen Garten angelegt. Natürlich durfte darin ein Gartenhaus, Belvédère genannt, nicht fehlen. Von diesem Garten aus genoß man eine schöne Aussicht auf das Häusermeer von Paris.

Der Hauptbreitseite des Gouvernementsgebäudes gegenüber war ein Weg angelegt worden, der auf beiden Seiten mit Bäumen bepflanzt war. Er führte nach der Zitadelle hin. Zur Rechten lagen verschiedene Gebäude. Das erste enthielt ein Badezimmer, das man in der zweiten Hälfte des 18. Jahrhunderts für die Frau des Gouverneurs eingerichtet hatte. Diesem Gebäude schlossen sich die Küchen an, die sich früher innerhalb der eigentlichen Zitadelle befunden hatten. Alle diese Gebäude lagen auf einer steinernen Brücke, einer Art Viadukt, der über den breiten, meist wasserleeren Wallgraben zur eigentlichen Bastille hinüberführte.

Das Schloß wirkte wie ein ungeheurer Koloß, wie ein riesiger Sarkophag. In der Form stellte es ungefähr ein Rechteck dar, das aus acht Türmen gebildet war, die wiederum miteinander verbunden waren. Man kann sich wohl vorstellen, daß ein solches Gebäude nicht schön wirken konnte. In der Tat sind sich alle Zeitgenossen darüber einig, daß die Bastille zwar imposant, aber häßlich, finster und plump aussah. Sie flößte Furcht ein. Ein solches Gebäude war wie geschaffen dazu, Gegenstand der Legende zu sein, und man kann mit Fug und Recht behaupten, daß es wenige Schlösser gibt, die so die Einbildungskraft des Volkes beschäftigt haben wie die Bastille, die von einem wirklichen Legendenzyklus umwoben ist.

Im Musée Carnavalet kann man heute eine ziemlich getreue Nachbildung der Bastille bewundern, die vom „Bürger Palloy" aus einem Stein des Schlosses angefertigt wurde.

Die Türme und Mauern der Bastille waren ungefähr 73 Fuß hoch. Auf einer Plattform konnte man von einem Turm zum anderen gehen. Wenige Jahre vor der Zerstörung der Bastille befanden sich auf den Türmen dreizehn Geschütze, die bei festlichen Gelegenheiten abgefeuert wurden. Wenn dies auch den Parisern große Freude machte, so kann man dies weniger von den Gefangenen sagen, die bisweilen glaubten, die Welt ginge unter. Sie wußten nämlich meist nicht, daß geschossen wurde und erschraken sehr, wenn die Geschütze in Tätigkeit traten und die Explosion die Mauern gewaltig erschütterte.

Die Geschütze waren jedoch nicht nur zum Salutschießen da. Wenn die Regierung zum Beispiel einen Volksaufstand fürchtete, wurden sie scharf geladen und auf die Vorstadt Saint-Antoine gerichtet. Am Ende des 18. Jahrhunderts wohnten hier gegen 100 000 Menschen, die meist den niederen Klassen angehörten. Etwa einen Monat vor der Einnahme der Bastille wurden noch zwei

Geschütze auf die Türme gebracht, denn man rechnete mit einem Aufstand der Vorstadt Saint-Antoine. Vier weitere Geschütze wurden dem Arsenal entnommen und im Hofe aufgestellt.

Der Eingang zur Bastille wurde wiederum durch eine Zugbrücke und außerdem noch durch ein schweres, mächtiges Gitter versperrt. Ueber die Zugbrücke trat man in den Innenhof des Schlosses ein. Der Hof, der ursprünglich 200 Fuß lang und 72 Fuß breit war, wurde durch ein Zwischengebäude in zwei Teile geteilt, den „Großen Hof" und den „Brunnenhof". Die hohen und nackten Mauern verliehen dem Hof ein trübes und frostiges Aussehen. Rechts vom Eingang lagen die Türme in folgender Reihenfolge: Turm La Comté, Schatzturm, Kapellenturm, Winkelturm, links vom Eingang die Türme La Bazinière, La Bertaudière, Freiheitsturm und Brunnenturm.

Ueber den Ursprung der Namen dieser Türme ist nichts Sicheres festzustellen. Man ist da auf Vermutungen und Ueberlieferungen angewiesen. Ueber den Namen des ersten Turmes, La Comté, erfahren wir nichts Zuverlässiges aus den Chroniken. Neuere Forscher vermuten, der Turm habe seinen Namen nach der „Comté de Paris" erhalten. Im Mittelalter führte nämlich die Landschaft um Paris diese Bezeichnung.

Der nächste Turm, der Schatzturm, hatte vermutlich seinen Namen erhalten, weil er früher zur Aufbewahrung von Gold verwendet wurde. Zwischen dem Turm La Comté und dem Schatzturm hatte sich früher ein Durchgang nach der Bastion befunden, der später zugemauert wurde.

Dem Schatzturm folgte der Kapellenturm. Diese Benennung erklärt sich aus dem Umstand, daß sich früher eine Kapelle zwischen diesen Türmen befand. Wie wir wissen, lag in der ersten Zeit des Bestehens der Bastille zwischen dem Kapellenturm und dem Schatzturm das Stadttor Saint-Antoine. Richtiger wäre es, von zwei

Toren zu sprechen, denn wegen der beträchtlichen Dicke der Mauern war ein äußeres und ein inneres Tor vorhanden. Man kann diese Anordnung der Tore noch heute bei jedem mittelalterlichen Schlosse beobachten. Als später das äußere Tor zugemauert und das innere durch eine Tür ersetzt wurde, benutzte man den dazwischen entstandenen freien Raum zu einer Kapelle.

Die Türme La Bertaudière und La Bazinière erhielten wahrscheinlich ihren Namen nach Gefangenen, die dort untergebracht waren. An der Innenseite der mächtigen Mauer, die diese beiden Türme verband, lag ein Gebäude, das die Archive der Bastille enthielt. Im Jahre 1659 begann man dieses Archiv anzulegen. Im Laufe der Jahre sammelten sich darin nicht allein alle Dokumente an, die auf die Gefangenen der Bastille Bezug hatten, sondern auch die Akten über die Personen, die in irgendeinem Gefängnis von Paris in Haft saßen oder verbannt worden waren. Selbst die Papiere der Personen, die in Paris wegen irgendeines Verbrechens angeklagt waren, fehlten nicht.

Auf den Turm La Bertaudière folgte der Freiheitsturm. Ein solcher Name überrascht bei einem Gefängnis. Er ist jedoch auf eine sehr einfache Weise zu erklären, wenigstens glaubt man, das Richtige getroffen zu haben. In diesem Turme sollen früher die Gefangenen untergebracht worden sein, die die Freiheit hätten, spazieren zu gehen. Daher der Name Freiheitsturm. Zwischen dem Turm La Bertaudière und dem Freiheitsturm lag ein Raum, wo die Messe abgehalten wurde. Die ursprüngliche Kapelle zwischen den beiden Toren Saint-Antoine wurde zu diesem Zwecke nicht mehr verwendet.

Der innere Hof der Zitadelle war, wie bereits erwähnt, durch ein verhältnismäßig modernes Gebäude, dem sogenannten Stabsgebäude, in zwei ungleiche Hälften geteilt. Dieses Haus lag zwischen dem Kapellenturm und dem Freiheitsturm. Wie man aus einer Inschrift ersehen konnte, die über dem Eingang auf einer Marmortafel angebracht war, hatte man das Gebäude erst im Jahre 1761 erbaut. Es machte ganz den Eindruck eines Privathauses. Im Erdgeschoß, in der Richtung nach dem Kapellenturm zu, lag der sogenannte Ratssaal. „Es wäre besser gewesen," meint ein anonymer Verfasser einer zeitgenössischen Geschichte der Bastille, „wenn man diesen Raum ‚Saal der Trostlosigkeit' genannt hätte." Hier fanden die Verhöre der Gefangenen statt, hier empfingen die Gefangenen Besuche, falls ihnen diese seltene Gunst gewährt wurde. Neben dem Ratssaal lag ein kleines Gemach, wo allerlei Gegenstände, Bücher, Privatsachen, die man den Gefangenen abgenommen hatte, aufbewahrt wurden. Ferner befand sich auf der Seite nach dem Kapellenturm zu ein Raum, wo die Schließer hausten. Die Räumlichkeiten des Erdgeschosses, die in der Richtung nach dem Freiheitsturm zu lagen, dienten ursprünglich als Küchen und Waschräume. Später wurden sie außerhalb der Zitadelle verlegt. In dem größeren der frei gewordenen Zimmer richtete man dann eine Bibliothek ein.

Im ersten Stock des Stabsgebäudes bewohnte der Platzkommandant drei schöne Zimmer. Im zweiten und dritten Stock befanden sich die Wohnräume des Majors und des Chirurgen. Außerdem war noch genug Raum vorhanden, um gelegentlich kranke Gefangene oder Personen von Rang, die besser behandelt werden sollten, aufzunehmen. Dem Kardinal von Rohan und dem Herrn von Saint-James ward beispielsweise diese Gunst zuteil.

Wir kommen jetzt zum letzten Teil des Schlosses, dem Brunnenhof, der auf der Südseite von dem Stabsgebäude, nach Nordosten zu vom Winkelturm und Nordwesten vom Brunnenturm eingerahmt wurde. Die Breite des Brunnenhofes betrug ebenso wie die des Großen Hofes 72 Fuß, die Länge 42 Fuß. Der Hof und der eine Turm hatten ihren Namen nach einem Brunnen empfangen, der den Bedarf der Küchen deckte.

In den beiden zuletzt erwähnten Türmen wurden die Gefangenen untergebracht, die sehr gut bewacht werden mußten, und deren Flucht man befürchtete. Im Winkelturm wurden auch die Marschälle Biron und Bassompierre gefangen gehalten. Auch Renneville, den wir später in seinen Memoiren kennenlernen werden, war längere Zeit in diesem Turm untergebracht.

Um die Bastille herum lief ein Graben von 120 Fuß Breite und 25 Fuß Tiefe. Er enthielt fast nur bei Ueberschwemmungen der Seine Wasser. Da er keinen Abfluß hatte, und das Wasser lange im Graben stand, verbreitete es stets einen üblen Geruch.

An der Außenseite des Grabens war eine Mauer errichtet, die sich 36 Fuß über den Erdboden erhob. Sie enthielt einen bedeckten Gang, der von den Wachen begangen wurde. Man nannte ihn die „Galerie des rondes". Man kann wohl verstehen, daß eine so hohe Mauer, die Tag und Nacht streng bewacht wurde, von Flüchtlingen nicht leicht überstiegen werden konnte.

Aus dieser Schilderung geht hervor, daß die Bastille nicht dazu angetan war, angenehme Vorstellungen zu erwecken. Die hohen Türme und die dicken Mauern wirkten in ihrer finsteren Kahlheit doppelt auf die Phantasie des Volkes. Aber auch hier ist reichlich übertrieben worden, und es ist daher nötig, manches richtigzustellen.

Die Türme waren 73 Fuß, also ungefähr 24 Meter hoch. Das ist an sich keine überwältigende Höhe; vergleichen wir dies mit den größten modernen Gebäuden, mit den amerikanischen Wolkenkratzern, so ergibt sich, daß man die Bastille einigemal hätte aufeinanderstellen müssen, um jene Höhe zu erreichen. Immerhin ragte die Bastille, das Sinnbild des Despotismus, noch über die Häuser der Vorstadt Saint-Antoine hinaus und machte einen mächtigen Eindruck.

Die Stärke der Turmmauern wird mit ungefähr 15 Fuß, also 4 bis 5 Meter, angegeben. Manche sollen noch weit stärker gewesen sein. Nach oben zu wurden sie jedoch schwächer. Die Verbindungsmauern zwischen den Türmen waren unten nur 9 Fuß, also ungefähr 2 bis 3 Meter dick. Auch sie verjüngten sich nach oben.

*

Die Verwaltung des Schlosses. — Die Gouverneure. — Geschichte der Bastille im 17. und 18. Jahrhundert. — Der Polizeipräfekt. — Der Stab der Bastille. — Das Tagebuch Du Juncas. — Die Tätigkeit des Majors. — Entstehung der Archive. — Arzt und Chirurg. — Die Geistlichen. — Die Hebamme. — Das Amt der Schließer. — Der Wachdienst in der Bastille.

Mit der Verwaltung der Bastille betrauten die französischen Könige bis ungefähr zur Zeit Ludwigs XIII. meist einen Großen des Königreichs. Dieses Amt wurde also als ein Ehrenposten betrachtet. Wir sahen daher in der ersten Zeit des Bestehens der Bastille nur Männer von Rang, Prinzen, Herzöge und Marschälle als Befehlshaber der königlichen Feste.

Der erste Gouverneur der vollständig ausgebauten Bastille war der Sire de Saint-Georges (1404). Ihm folgten 1413 der Prinz Ludwig von Bayern, um 1430 der Sire de l'Isle-Adam, um 1437 Thomas de Beaumont, 1458 Guichart de Cissoy, Sire de Romilly, dann unter Ludwig XI. Philippe Hillier und 1588 Heinrich von Guise.

Nach der Ermordung des Herzogs von Guise im Dezember 1588 und während der Belagerung von Paris unter Heinrich IV. verwalteten der Sieur der Bourg und dann de Vic die Feste. Im Jahre 1601 wurde der Gouverneur de Vic durch Maximilian de Béthune, Herzog von Sully, den berühmten Minister Heinrichs IV., ersetzt (1601 bis 1611). Unter Ludwig XIII. wechselten die Gouverneure öfter. Wir erwähnen zuerst den Chevalier de Châteauvieux, der nur Kommandant des Schlosses war, da sich Katharina von Medici selbst den Gouverneurposten vorbehielt, dann den Grafen Lauzière, ferner den Marschall de Bassompierre (1617), den Connétable de Luynes und den Marschall de Vitry.

Im Jahre 1926 folgte Bréante, Herzog von Luxembourg. Dieser wurde in demselben Jahre noch durch Du Hallier, Marschall de l'Hôpital ersetzt. 1649 erhielt Le Clerc du Tremblay den Posten des Gouverneurs übertragen. Man sieht, unter den Gouverneuren der Bastille sind die glänzendsten Namen Frankreichs vertreten.

Fast vierzig Iahre lang, von 1658 bis 1697, verwaltete François de Montlesun, Seigneur de Besmaux, das königliche Schloß. Ihm folgte der Gouverneur du Junca, der ein sehr wertvolles Tagebuch über seine Amtstätigkeit hinterlassen hat. Du Junca war seit dem 2. Oktober 1690 Platzkommandant, bekleidete also den zweiten Posten in der Bastille. Als Montlesun am 10. Oktober 1697 starb, übernahm Du Junca die Leitung der Bastille bis zur Ankunft des neuernannten Gouverneurs Bénigne d'Auvergne de Saint-Mars, der am 18. September 1698 in Paris eintraf. Saint-Mars brachte die rätselhafte Persönlichkeit mit, die unter dem Namen der „Eisernen Maske" bekannt ist. Als Saint-Mars im Jahre 1708 starb, trat Charles Le Fournier de Bernaville an seine Stelle. Er blieb ebenfalls bis zu seinem Tode auf seinem Posten.

Von 1718 bis 1749 verwalteten Jourdan de Launey, von 1749 bis 1758 Pierre Baisle, von 1758 bis 1761 Francois Jerôme d'Abadie und von 1761 bis 1776 Antoine Josephe Graf de Jumilhac de Cubjar das Staatsgefängnis. Der letzte Gouverneur war der Marquis de Launey, der bei der Einnahme der Bastille im Jahre 1789 ermordet wurde.

Die Geschichte der Gouverneure der Bastille ist die Geschichte der Bastille selbst. Als das Schloß noch als Festung einen durchaus militärischen Charakter trug, waren die Gouverneure Personen von vornehmster Herkunft und meist aus der Armee hervorgegangen. Viele nahmen im Heer hohe Kommandeurstellen ein. Unter Richelieu wurde die Bastille Staatsgefängnis, aber nicht etwa für Anarchisten, sondern für Personen von Rang, die in irgendeiner Weise gegen die Regierung gefehlt hatten oder den Herrschenden unbequem waren. Meist handelte es sich dann bei ihrer Gefangennahme nur darum, jene Personen für einige Zeit kaltzustellen. Daher behandelte man sie auch mit der ihrem Stande gebührenden Rücksicht und Hochachtung. Das war die Glanzzeit der Bastille; um diese Zeit zeigte sich ganz besonders ihr feudaler Charakter. Die Gefangenen waren innerhalb des Schlosses fast frei. Sie durften Besuche empfangen, wurden vom Gouverneur zum Essen eingeladen und hielten selbst Gelage ab. Kurz, es fehlte ihnen an nichts, außer der Freiheit.

Unter Ludwig XIV. verlor das Schloß bereits etwas von seinem feudalen Charakter. Es blieb nichtsdestoweniger das Gefängnis der guten Gesellschaft. Man sperrte vor allem Schriftsteller, die eine zu spitze Zunge hatten, ferner Freigeister und Protestanten ein. Auch um diese Zeit muß die Behandlung der Gefangenen im allgemeinen eine recht humane gewesen sein. Manche Schriftsteller sprachen von der „Noblesse" der Bastille. Das mag ja wohl ein wenig übertrieben sein oder wenigstens nur von jenen Personen empfunden worden sein, die von hohem Rang oder berühmt waren. Jedenfalls ist in der Bastille nicht eitel Freude gewesen. Die Mauern mögen manche Klage, manchen Seufzer vernommen haben, denn allein die Trennung von dem, was dem Menschen lieb und wert ist, genügt, einen traurig vor Kummer und Sehnsucht zu machen. Dazu kommt die Ungewißheit der Lage. Und schließlich waren die Gefangenen doch in der Gewalt des Gouverneurs und der Offiziere, ja in gewissem Grade sogar der Schließer und Invaliden. Diesen Menschen allen ein gutes und mitfühlendes Herz zuzuschreiben, wäre recht töricht. Doch muß man die Legende widerlegen, als sei die Bastille jener Zeit eine wahre Hölle gewesen. Für manchen Gefangenen ist sie ein angenehmer Aufenthalt, für andere eine Stätte der Leiden gewesen. Da viele Unschuldige auf Befehl eines hohen Beamten oder Höflings gefangengehalten wurden, kann man das Schloß wohl als die Einrichtung einer despotischen Regierung betrachten. Wiederum muß man sagen, daß für überführte Verbrecher die Haft viel zu milde und sicher menschlicher war als in den modernen Gefängnissen und Zuchthäusern.

Während der Regentschaft und unter Ludwig XV. sank die Bastille immer mehr zum gewöhnlichen Gefängnis herab. Beherbergte sie im Anfang immer noch Leute der begüterten Stände, Frauenverführer, Lebemänner, Duellanten u. a., also Verbrecher nach dem Gesetz, aber nicht in den Augen der Gesellschaft, so kamen in den letzten Jahren der Regierung Ludwigs XV. und besonders unter Ludwig XVI. mehr gewöhnliche Uebeltäter, wie Diebe, Wechselfälscher, Sittlichkeitsverbrecher, aber auch vermeintliche Verbrecher wie Zauberer, Konvulsionäre, Freidenker usw. in die Bastille. Dieser Teil der Geschichte des Schlosses bildet ein trauriges Kapitel zur Geschichte der Duldsamkeit und der Dummheit der Menschen. Es wäre vollkommen falsch, diese Mißbräuche dem Regime der Bastille vorzuwerfen, wie dies getan worden ist. Das sind aber Fehler der Zeit, die auch vorgekommen wären, wenn die Bastille nicht bestanden hätte, wie dies die Geschichte jener Zeit beweist.

Die Umwandlung der Bastille vom Staatsgefängnis zum gewöhnlichen Gefängnis zeigte sich rein äußerlich darin, daß die Stelle des Gouverneurs, das frühere Ehrenamt, nun käuflich wurde. Neben ehrenhaften und menschlich denkenden Gouverneuren sieht man jetzt oft Personen an die Spitze der Verwaltung des Schlosses treten, die sich an dem Kostgeld der Gefangenen, das vom König bewilligt wurde, bereichern, oder solche, die sich zu wahren Kerkermeistern herabwürdigen.

Im Jahre 1637 war der Posten eines Polizeipräfekten von Paris geschaffen worden. Gabriel Nicolas de la

Reyne, ein tüchtiger und erfahrener Mann, war damit als erster betraut worden. Doch sonderbar, obgleich die Verwaltung der Bastille zu seinen Amtspflichten gehörte, mußte er sich erst eine schriftliche Erlaubnis vom König und seinem Minister Colbert erbitten, um das Schloß besuchen zu dürfen. Erst sein Nachfolger, der Marquis Marc René d'Argenson durfte die Bastille besichtigen, wann es ihm gutdünkte. D'Argenson machte auch von diesem Vorrechte mehrfach Gebrauch und besuchte sämtliche Räume des Schlosses.

Wenn die Bastille auch immer mehr zum gewöhnlichen Gefängnis herabsank, so blieb doch die Behandlung der Gefangenen im allgemeinen menschlich. Die Folter, die früher sehr oft angewandt wurde, war bei Beginn des XVIII. Jahrhunderts vollkommen verschwunden, ebenso wurden die Verließe und Ketten nicht mehr benutzt. Sie kamen nur in Ausnahmefällen gegen aufrührerische Gefangene oder gegen Schließer, die schwer gegen die Dienstvorschriften gefehlt hatten, in Anwendung. Ludwig XVI., ein zwar gutmütiger, aber sehr schwacher und unbedeutender Herrscher, untersagte deren Gebrauch vollständig. Ueberhaupt wurde unter seiner Regierung die Ausgabe der willkürlichen Geheimbefehle, der Lettres de cachet, sehr eingeschränkt.

Der erste Gouverneur, der seine Stelle kaufte, war Du Junca. In der letzten Zeit des Bestehens der Bastille bezahlte man eine sehr namhafte Summe, um den Posten eines Gouverneurs überhaupt zu bekommen. Außer einem festen Gehalt von 60 000 Franken verdiente der Gouverneur noch beträchtlich an dem Kostgeld für die Gefangenen. Die Stelle eines Platzkommandanten kostete allein 60 000 Franken. Sie brachte jährlich 5000 Franken ein.

Die Bastille kam also dem König teuer zu stehen. Abgesehen von den Gehältern für den Gouverneur, den Platzkommandanten, die übrigen Offiziere, die Invaliden,

den Arzt, den Chirurgen, den Apotheker, die Geistlichen, die Schließer usw. war ein hoher Betrag für den Unterhalt der Gefangenen ausgesetzt, der jedes Jahr je nach der Zahl und dem Stand der Insassen wechselte. Unter Ludwig XIII. und Ludwig XIV. kostete das Staatsgefängnis am meisten. Im Jahre 1774 beispielsweise betrug allein die Ausgabe für Nahrung 67 000 Franken.

Seit der Amtszeit des Marquis d'Argenson bestand das Beamtenpersonal oder auch der „Stab" der Bastille aus folgenden Personen:

Dem Gouverneur, dem Major,
dem Platzkommandanten, dem Adjutanten.

Die Offiziere des Stabs waren sämtlich Ritter des Sankt Ludwigsordens. Zum größten Teile hatten sie als Offiziere im Heere gedient.

Zu den Beamten der Bastille gehörten:

Ein Arzt, ein Unterkaplan,
ein Chirurg, vier Schließer,
ein Apotheker, vier Köche und
ein Kaplan, eine Hebamme.
ein Beichtvater,

Außerdem lag in der Bastille oder vielmehr in den anschließenden Gebäuden eine Kompagnie Invaliden, die von mehreren Offizieren und Unteroffizieren befehligt wurde.

Der Arzt, die Geistlichen, der Apotheker und die Hebamme wohnten außerhalb der Bastille. Die Wohnung des Arztes lag sogar sehr weit vom Schlosse entfernt, nämlich in den Tuilerien.

Die Gouverneurstelle war wegen der damit verbundenen Vorteile sehr gesucht, selbst als die Bastille ausschließlich ein Gefängnis geworden war. Der Gouverneur hatte allerdings eine große Verantwortung, dafür bezog er aber auch ein großes Gehalt, bereicherte sich am Kostgeld der Gefangenen und bewohnte ein schönes Haus. Er empfing und entließ die Gefangenen und besuchte sie, wenn sie darum baten. Richtiger wäre es, zu sagen, er suchte sie auf, wenn er geneigt war, dem Wunsche der Gefangenen nachzukommen. Er nahm die Beschwerden der Gefangenen entgegen und traf die nötigen Anordnungen für ihre Beköstigung und ihre Unterbringung. Von Zeit zu Zeit reichte er Berichte über die Gefangenen an seine vorgesetzte Behörde ein.

Der Platzkommandant hatte wohl den wichtigsten und schwersten Dienst in der Bastille zu leisten. Aus dem Tagebuche Du Juncas erfahren wir, was er in seinem Amt zu tun hatte. Allerdings scheint er ein wenig übertrieben zu haben, um seine Verdienste ins rechte Licht zu setzen.

Nach seinem Bericht war er der erste, der aufstand, und abends der letzte, der sich zu Bett legte. Oft mußte er selbst die Wache aufziehen lassen und sich vergewissern, ob auch alle Türen gut verschlossen waren. Wenn Gefangene ankamen, war er derjenige, der sie empfing und persönlich in ihr Gefängnis und später in den Ratssaal führte, um dort zu warten, bis das Verhör beendet war, denn er mußte die Gefangenen wieder in ihr Gefängnis zurückführen. Er beklagte sich bitter, daß die Verhöre manchmal viele Stunden dauerten, und er während dieser Zeit vor der Türe stehen mußte.

Auch hatte er die Gefangenen bei ihrem Spaziergang zu beaufsichtigen, die Kranken in ihren Zellen zu besuchen und sich darum zu kümmern, daß der Chirurg seine Pflicht tat. Kam ein neuer Gefangener an, so mußte er ihn untersuchen und seine Sachen prüfen, dann auch die Metallteller, die bisweilen von den Gefangenen beschrieben wurden, und die nicht gerade Loblieder auf den König und die Bastille enthielten. Wurde ein Gefangener in Freiheit gesetzt, so war er es wiederum, der die Entlassungsförmlichkeiten zu erledigen hatte.

Wenn man dies liest, fragt man sich allerdings, wozu es noch andere Offiziere und Beamte in der Bastille gab, wenn Herr Du Junca alle Arbeiten allein erledigte. Man sieht auch aus dem Tagebuch des Gouverneurs, das eine der besten Quellen über die Bastille darstellt, wie wenig man sich auf die Angaben der Zeitgenossen verlassen kann, da jeder die Ereignisse in seinem Sinne färbte.

Der Major hatte die schriftlichen Arbeiten zu erledigen. Er war zugleich Buchhalter und Leiter des Archivs. Jeden Monat reichte er Berichte an den Gouverneur, den Minister, an den Generalkontrolleur der Finanzen und an den Polizeipräfekten ein. Diese Listen enthielten die Zahl der Gefangenen, ihre Namen und die Ausgaben für die Gefangenen. Natürlich standen ihm für diese Arbeiten Unterbeamte und Schreiber zur Seite.

Außerdem führte der Major genau Buch über die Einlieferung und die Entlassung der Gefangenen. Ein drittes Buch, das eigentlich nur aus zusammengelegten Blättern bestand, enthielt die Namen der Gefangenen und das Verzeichnis der Ausgaben, die für jeden Gefangenen verschieden waren. Dieses Buch bildet einen Auszug der monatlich an die vorgesetzten Behörden gerichteten Listen. Die täglichen Einzelausgaben gingen übrigens nur den Gouverneur an. Darüber führte der Küchenchef Buch. Der Major hatte damit nichts zu tun.

Schließlich verwaltete der Major noch ein viertes Buch, einen mächtigen Folianten, der aus einer Reihe von Heften bestand. Diese Hefte wurden in einem verschlossenen Umschlag aufbewahrt und außerdem noch mit einer weiteren Hülle umgeben, da sie für sehr wichtig gehalten wurden. Jede Seite war in sieben Spalten eingeteilt, die folgende Unterschriften enthielten:

1. Name und Titel des Gefangenen,
2. Datum der Einlieferung des Gefangenen in die Bastille,

3. Namen der Staatssekretäre, die die Befehle ausgefertigt hatten,
4. Datum der Entlassung des Gefangenen,
5. Namen der Staatssekretäre, die den Entlassungsbefehl unterzeichnet haben,
6. Gründe der Gefangenhaltung,
7. Beobachtungen und Bemerkungen.

Außer der sechsten Spalte füllte der Major alles aus. Die sechste Spalte enthielt die Angaben des Polizeipräfekten. Dieses Buch war durch den Major Chevalier eingeführt worden. Das Register enthält die Angaben über die Gefangenen der Bastille in den Jahren 1663 bis 1753. Durch alle diese Aufzeichnungen sammelte sich mit der Zeit ein großes Aktenmaterial an, das sorgfältig geordnet wurde. Auf diese Weise entstanden die Archive der Bastille, die es später allein ermöglichten, die Legende über das königliche Schloß zu widerlegen und die wahre Geschichte der Bastille zu schreiben.

Der Adjutant, der den Major in dessen Abwesenheit vertrat, war im übrigen mit dem inneren Dienste betraut. Sein jährliches Gehalt betrug 1500 Franken. Der Chirurg wird meist als ein Mann geschildert, der nur geringe Fachkenntnisse besaß. Er verdiente 1200 Franken im Jahre, hatte aber beträchtliche Nebeneinnahmen durch die Arzneien, die er den Gefangenen verschrieb. Meist erhielten diese aber nichts davon. Der Chirurg verfehlte aber nicht, den Betrag dennoch auf die Rechnung des Staates zu setzen und das Geld in die eigenen Taschen wandern zu lassen.

Der Arzt wurde nur selten in Anspruch genommen. Da er in den Tuilerien wohnte und auch nicht immer zu Hause war, so dauerte es meist geraume Zeit, ehe den Kranken Hilfe zuteil wurde. Man mußte auch schon sehr krank sein, wenn man vom Arzt behandelt sein wollte. In den „Mémoires sur la Bastille" heißt es in satirischer

Weise: „Wenn ein Gefangener krank wird und seinem Schließer sein Leid klagt, benachrichtigt dieser den Major oder Platzkommandanten, das heißt, wenn er ihn findet. Der Chirurg erhält dann den Befehl, sich in das Zimmer des Gefangenen zu verfügen, um ihn zu untersuchen und dann seinen Bericht zu erstatten. Auf Grund dieses Berichtes wird dann entschieden, ob der Arzt gerufen werden soll oder nicht. Findet der Chirurg, daß der Gefangene kein Fieber hat, so wird er nicht als krank bezeichnet. Er hält es für eine leichte Unpäßlichkeit, verordnet einen Gerstenschleim als Arznei, entfernt sich und kommt nicht wieder. So vergehen zwei oder drei Tage. Der Zustand verschlimmert sich, es bricht Fieber aus, und man ruft den Chirurgen von neuem. Nach fünf oder sechs Stunden kommt er endlich. Grinsend untersucht er den Gefangenen von neuem und beschließt endlich, den Arzt kommen zu lassen. Man schickt also nun zum Arzt. Bis zu dessen Wohnung ist es eine gute Meile. Natürlich ist er nicht zu Hause, aber die Bestellung ist wenigstens gemacht worden, und der Arzt wird kommen, sobald er kann. Endlich trifft er wirklich ein. Er befühlt den Puls des Kranken mit zerstreuter Miene und verordnet irgendeinen Trank. Dann geht er, um nicht wiederzukommen. Geht es dem Gefangenen besser, dann ist es gut, verschlimmert sich aber sein Zustand, so schickt man von neuem zum Herrn Doktor, der die Stirn runzelt und sich darüber zu ärgern scheint, daß der Kranke nicht auf seine Anordnung hin gesund geworden ist.

Endlich, wenn der Zustand des Kranken vollständig hoffnungslos geworden ist, und man für sein Leben fürchtet, entläßt man ihn aus der Bastille, entweder, um ihm die Freiheit zurückzugeben, oder um ihn anderswo unterzubringen. Diese Rücksicht nimmt man vor allem, wenn es sich um eine Persönlichkeit handelt, die von jemand begünstigt wird. Der Minister liebt nicht, daß Leute von Rang in der Bastille sterben. Es ist wahr, daß manche durch geheime Mittel zugrunde gegangen sind, aber diese Fälle sind sehr selten."

Diese Schilderung ist gewiß etwas sehr schwarz gehalten, wenigstens verallgemeinert sie zu sehr. Allerdings bestätigen die meisten Memoirenschreiber die Tatsache, daß es mit dem Arzt sehr schlecht bestellt gewesen sei. Die Memoirenschreiber sind nun aber zum größten Teil ziemlich unzuverlässig. Man muß aber dabei eine Tatsache berücksichtigen, die feststeht. Unter den Gefangenen waren, gerade in letzter Zeit des Bestehens der Bastille, sehr schlechte Elemente, die die Einrichtungen der Bastille bis aufs letzte ausnutzten. Dazu gehört zum Beispiel Latude, dessen Memoiren wir später lesen werden. Diese Gefangenen scheuten sich nicht, wegen jeder Kleinigkeit den Arzt rufen zu lassen. Bald brauchten sie dieses, bald jenes, und nichts war ihnen gut genug. Man kann gerade bei der Bastille die Erfahrung machen, daß man oft den Wünschen der Gefangenen in einer Weise entgegenkam, die unser Erstaunen hervorruft. Doch davon wird noch später die Rede sein.

Bisweilen erhielt ein Gefangener einen Invaliden als Krankenwärter. Als Graf Cagliostro in der Bastille saß, wurde ihm der Invalide Daury beigegeben. Man hatte diesem eingeschärft, zu versuchen, etwas von dem Gefangenen zu erfahren. Aber der Wärter hatte bei dem listigen Cagliostro kein Glück. Nach vierzig Tagen mußte er durch einen anderen Wärter ersetzt werden, da er selbst krank wurde. Cagliostro bekam jetzt einen anderen Invaliden, der acht Monate, bis zur Freilassung Cagliostros, in der Zelle blieb. Für ihren Dienst erhielten die Wärter täglich 30 Sous[1]).

Die drei Geistlichen wohnten nicht in der Bastille. An ihrer Zahl sieht man, daß der Staat mehr für das Seelenheil als für das leibliche Wohl sorgte. Der Kaplan be-

---

[1]) Ein Sou ist gleich 5 Centimes = 4 Pfennige.

kam 1200 Franken, die Unterkaplane 400 Franken jährlich. Jeden Tag las der Kaplan um 9 Uhr die Messe. An den Sonn- und Festtagen wurden sie auch von den Unterkaplanen gelesen, und zwar dreimal am Tage. Die beiden ersten Messen waren für die Gefangenen bestimmt, die Mittagsmesse für den Gouverneur, seine Familie und einige bevorzugte Gefangene. Während der kirchlichen Handlung stand ein starker Wachtposten vor der Tür der Kapelle. Schließlich gab es noch einen Beichtvater, der ein Gehalt von 900 Franken bezog und sicherlich auch dazu verwendet wurde, um die Gefangenen auszuspionieren.

Die Dienste der Hebamme werden in der Bastille wohl nicht oft in Anspruch genommen worden sein. In der Mitte des 18. Jahrhunderts war dieses Amt in den Händen einer Frau Pilon. Sie entband eine Kammerfrau des Herzogs von Burgund von einem Kinde.

Nach dem Platzkommandanten hatten die vier Schließer die verantwortungsvollste Tätigkeit in der Bastille. Eigentlich sollten sie nur den Gefangenen das Essen bringen und die Türen der Zellen öffnen, wenn irgendein Offizier die Gefangenen besuchte. Das Tragen der vielen Schlüssel war an und für sich bereits eine Last. Wenn man bedenkt, daß jeder Turm fünf bis sechs Zimmer hatte, daß jedes Zimmer doppelte Türen besaß und der Schließer auch noch die Schlüssel der Turmtore tragen mußte, so versteht man, daß ein derartiger Schlüsselbund bei der vorsintflutartigen Größe der Schlüssel nicht gerade leicht zu tragen war. Jeder Schließer hatte zwei Türme zu versorgen. Es war dabei die Einrichtung getroffen worden, daß den ältesten Schließern diejenigen Türme zugewiesen wurden, die den Küchen am nächsten lagen. Zweifellos war das Amt der Schließer schwer und voller Verantwortung, ja oft sogar recht gefährlich. Die Gefangenen versuchten sie zu bestechen, und selbst Angriffe und Mordversuche gehörten nicht zu den Seltenheiten. Verfehlungen der

Schließer im Amt wurden außerordentlich hart bestraft. Man entnahm die Schließer meist dem Dienstpersonal des Gouverneurs. An Löhnung erhielten sie täglich 50 Sous und hatten jeden zweiten Tag Ausgang. Sie waren also sehr gut gestellt.

Die Invaliden hatten den Wachdienst um und in der Bastille zu versehen. Sie erhielten täglich 10 Sous Löhnung neben freier Wohnung, Kleidung, Beleuchtungs- und Brennmaterial.

Der Wachdienst in der Bastillle war streng geregelt. An allen Toren und wichtigen Stellen standen Schildwachen. Die sogenannte „Galerie des rondes" machte wirklich den Gefangenen ein Entweichen sehr schwer. Trotzdem scheint zu manchen Zeiten die Bewachung entweder nicht sehr streng oder nachlässig gewesen zu sein, denn in der Bastille sind eine ganze Anzahl von Entweichungen vorgekommen. Immerhin war die Instruktion für die Wachen sehr streng.

Ueber den Rondenweg ist noch folgendes zu sagen: Er wurde sehr scharf bewacht. Tag und Nacht wurde er von den Posten begangen. An jeder Ecke stand eine Schildwache. Alle zwei Stunden fand deren Ablösung statt, und jede Viertelstunde machte ein Offizier oder ein Unteroffizier die Runde, um die Wachen nachzusehen. Zur weiteren Kontrolle mußten die Posten nach Ablauf jeder Stunde drei Schläge auf eine Glocke geben, in der Nacht sogar jede Viertelstunde. Die neu angekommenen Gefangenen wurden durch diese Maßnahme ständig aus dem Schlaf geweckt. Erst mit der Zeit gewöhnten sie sich daran. Auch mußten die Wachen zu bestimmten Zeiten mit Nummern versehene Kupfermarken in bestimmte Kästen werfen. Diese wurden dann auf ihre Richtigkeit geprüft.

II.
Die Gefängnisse

Die Gefängnisse in der Legende. — Die Zimmer und ihre Einrichtung. — Eine sonderbare Sitte. — Die Verließe. — Grausame Behandlung der Gefangenen. — Die „Calottes".

Auch über die Gefängnisse der Bastille ist viel geschrieben worden. Der Volksmund sprach von schrecklichen Verließen und Höhlen, wo die Gefangenen an Ketten gebunden die furchtbarsten Qualen erdulden mußten. „Abgesehen von der Hölle gibt es nirgendwo größere Qualen zu erdulden als in der Bastille!" hatte der vielgelesene Schriftsteller Linguet geschrieben, und allgemein schenkte man ihm Glauben. Die Geschichtschreibung hat jedoch festgestellt, daß auch in dieser Richtung maßlos übertrieben worden ist.

Für gewöhnlich wurden die Gefangenen in den Türmen untergebracht. Jeder Turm enthielt vier Stockwerke mit je einem Zimmer. Ueber dem vierten Stock befand sich noch ein Raum „Calotte"*) genannt. Im ganzen besaß die Bastille 37 Gefangenenzellen, die unterirdischen Verließe ungerechnet. Diese Räume maßen ungefähr 15 bis 16 Fuß in der Länge und Breite und waren ebenso hoch. Der Aufenthalt in diesen Zimmern war ganz erträglich. Im Sommer war es ziemlich kühl, und im Winter hatte der Gefangene den geheizten Kamin zur Verfügung. Allerdings beklagten sich die Gefangenen, ob mit Recht oder Unrecht sei dahingestellt, daß ihnen nur wenig Heizmaterial gegeben werde.

Die meisten Zimmer hatten mehrere Fenster, die mit starken Eisenstäben vergittert waren. Unter dem Gouverneur du Junca wurden die meisten Fenster vermauert, so daß den Gefangenen nur noch ein Fenster

---

*) Calotte heißt wörtlich Käppchen, besonders Priesterkäppchen. In der Mathematik bezeichnet man damit den Kugelabschnitt. Hier bezeichnet der Name ein Zimmer mit gewölbter Decke.

verblieb, das wenig Licht spendete. Vor allem in den unteren Räumen war es ziemlich dunkel, da die hohe Mauer, die um die Bastille lief, wenig Licht in die Zimmer eindringen ließ.

Jedes Zimmer war durch zwei mit mächtigen Eisenbändern beschlagenen Türen verschlossen. Da die Angeln meist nicht geölt waren, verursachte das Oeffnen der Türen stets ein unangenehmes Geräusch. In der Glanzzeit der Bastille kannte man jedoch auch dieses Gitter und Eisenwerk nicht. Damals waren nicht einmal die Türen beständig verschlossen. Ein großer Teil der Gefangenen war innerhalb des Schlosses fast frei. Sie konnten von einem Zimmer ins andere gehen, um Bekannte zu besuchen. Zu manchen Zeiten soll sogar in der Bastille ein reges gesellschaftliches Leben, selbst mit zahllosen Liebesintrigen, geherrscht haben. Nur des Nachts schloß man die Gefangenen in ihr Zimmer ein. Alle diese Vergünstigungen hörten später auf.

Auch über die Zimmerausstattung kann man nichts Allgemeines sagen. In der ersten Zeit besaßen die Zimmer überhaupt keine Einrichtung. Der Gefangene war verpflichtet, sie sich selbst zu beschaffen. Mademoiselle de Launey, die spätere Frau von Staal, erzählt in ihren Memoiren, daß sie bei ihrer Ankunft in der Bastille in ein Zimmer geführt wurde, das vollkommen kahl war. Wer Geld hatte, konnte sich seine Wohnung sehr elegant einrichten, wie dies die Frau von Staal, de Sade, Linguet und andere taten. Für den armen Teufel war es natürlich eine schwierige Sache. Aber so ganz schlecht stand er sich auch nicht. Die Regierung lieferte ihm allerdings keine Möbeleinrichtung, wohl aber das nötige Geld, um sich eine zu kaufen. Hier ist noch eine Gewohnheit zu erwähnen, die uns sehr sonderbar vorkommt. Wie gesagt, besorgte die Regierung die Möbel für die Gefangenen nicht, aber sie verpflichtete sich auch nicht, den Gefangenen zu ernähren. Dafür setzte sie aber eine bestimmte Summe für den Unterhalt des

Gefangenen aus. Dieser konnte über das Geld nach Belieben verfügen, natürlich in gewissen Grenzen. Lebte er sparsam und bescheiden, so konnte er sich das Geld zurücklegen. Es kam sogar vor, daß Gefangene, die entlassen wurden, ein Gesuch einreichten, noch länger in der Bastille bleiben zu dürfen, um die Ersparnisse noch etwas zu erhöhen. Diese Gesuche sollen bisweilen sogar genehmigt worden sein. Diese Gewohnheit hörte jedoch im 18. Jahrhundert auf, und der Gefangene hatte von nun an kein Verfügungsrecht mehr über die für ihn ausgesetzten Beträge.

In der zweiten Hälfte des 17. Jahrhunderts begann man für die unbemittelten Gefangenen die Zimmer zu möblieren. Unter Ludwig XVI. waren sie bereits fast alle vom Staate eingerichtet. Diese Zimmerausstattung war sehr dürftig. Sie bestand meist aus einem Bett mit Vorhängen, Strohsack und Matratze, einem oder zwei Tischen, zwei bis drei Stühlen, zwei Krügen, einem Leuchter, einer Gabel und einem Löffel aus Zinn, einem zinnernen Becher, einem Waschbecken und den nötigen Werkzeugen für den Kamin. Der Gebrauch eines Messers war untersagt, da man mit Recht befürchtete, die Gefangenen könnten sich damit verwunden oder die Schließer angreifen.

Bei der Einnahme der Bastille glaubte man sogenannte „Oubliettes", das heißt unterirdische Verließe, zu finden. Das Volk hatte sich so mit diesen Verließen beschäftigt und sie in der Phantasie mit den schrecklichsten Foltern und Marterwerkzeugen ausgestattet, daß man sehr erstaunt war, als man weder geheime Verließe noch Skelette oder Folterinstrumente vorfand. Teilweise mögen ja jene Vermutungen durch historisch erwiesene Fälle in der Geschichte Frankreichs entstanden sein. So gab es unter Ludwig XI. in den königlichen Schlössern von Blois, Bourges, Du Plessis und anderen geheime Verließe und eiserne Käfige, in denen Gefangene ein entsetzliches Leben geführt haben. Die Bastille kannte nur die sogenannten „Cachots", das sind Verließe, die sich im untersten Stockwerk der Türme befanden. Sie lagen 19 Fuß unter der Erdoberfläche und etwa fünf Fuß unter dem Wasserspiegel des allerdings meist trockenen Wallgrabens. Diese Verließe waren eine recht grausame Einrichtung, trotzdem sie lange nicht an die geheimen Verließe unter Ludwig XI. heranreichten.

Der Aufenthalt in jenen Höhlen muß schrecklich gewesen sein. Als Fenster besaßen sie nur eine schmale Oeffnung auf den Graben hinaus, wo der Wind ungestört hineinwehen konnte. Die Luft war, besonders im Sommer und bei Windstille, sehr schlecht und dumpfig. Der Raum war fast völlig dunkel, selbst wenn draußen die Sonne lachte. Nur in der Nähe der Fensteröffnung herrschte ein unbestimmtes Halbdunkel. In dem nassen, mit Schlamm bedeckten Boden hausten Ratten, Kröten, Molche und anderes Ungeziefer. Als einziges Möbelstück stand in der Ecke eine mit feuchtem und morschem Stroh bedeckte Steinbank, die den armen Gefangenen gleichzeitig als Bett, Stuhl und Tisch diente.

Man kann sich leicht vorstellen, daß in dem Raume der Aufenthalt im Sommer wie im Winter in gleicher Weise unerträglich war. Während der kalten Jahreszeit war es noch schlimmer, denn es fehlte jede Heizgelegenheit, und der Unglückliche, der hier hauste, hatte nur eine elende Decke, um sich vor der grimmigen Kälte zu schützen. Bei Hochwasser füllte sich der Graben der Bastille mit Wasser, das dann auch in die Verließe eindrang. Um den Gefangenen vor Ertrinken zu bewahren, befreite man ihn dann aus seiner Höhle.

Es ist gar nicht zu verwundern, daß manche Gefangenen bei einem solchen Leben den Verstand verloren. In neuerer Zeit wird allerdings meist behauptet, daß die Verrückten in der Bastille nur deshalb in das Staatsgefängnis hineingekommen seien, weil sie geistesgestört und demnach gemeingefährlich waren. Das mag für viele Fälle zutreffen und ist auch erwiesen. Aber auch hier kann man sich nicht auf die Archive verlassen, selbst wenn es mehrfach bestätigt wird. Es ist ohne weiteres klar, daß die Gouverneure und Offiziere der Bastille kein Interesse daran hatten, wenn es im Volke bekannt wurde, daß Gefangene infolge ihrer Leiden den Verstand verloren. Wohl kann man aber annehmen, daß ihnen viel daran lag, derartige Gerüchte zu zerstören. Es ist eine Tatsache, die von allen Geschichtsschreibern, selbst denen, die die Bastille rückhaltlos verteidigen, bestätigt wird, daß in zahllosen Fällen Gefangene in das Gefängnis gebracht und wieder entlassen wurden, ohne daß selbst der Gouverneur den Grund ihrer Gefangenschaft wußte. Wenn man aber einen Menschen jahrelang zwischen vier Wänden gefangen hält, ohne ihm den Grund mitzuteilen, wenn er weiß, daß seine Familie ohne seine Hilfe zugrunde gehen muß, so sagt einem der gesunde Menschenverstand, daß das Volk in diesem Falle sicher das Richtige getroffen hat, wenn es annimmt, daß in der Bastille viele Menschen infolge der Behandlung wahnsinnig wurden. Es war ja niemand da, der von den Beamten, die zuweilen sehr menschlich dachten und handelten, oft aber auch wahre Kerkermeister waren, Rechenschaft forderten.

Es wird behauptet, daß unter Ludwig XIV. nur gewöhnliche Verbrecher in den Verließen schmachteten. Manche wurden sogar in Ketten gelegt. Der Ausdruck „gewöhnlicher Verbrecher" ist ein sehr dehnbarer Begriff. Das 17. Jahrhundert war das Jahrhundert der religiösen Verfolgungen. Damals rechnete man zum Beispiel auch die Protestanten zu den gewöhnlichen Verbrechern und suchte sie mit allen Mitteln in den Schoß der alleinseligmachenden Kirche zurückzubringen. Dazu waren doch die unterirdischen Verließe ein ausgezeichnetes Mittel, das selbst den Verstocktesten bekehren mußte. Dagegen scheint es sicher zu sein, daß in der letzten Zeit des Bestehens der Bastille nur solche

Gefangene in die Verließe gesteckt wurden, die sich gegen Offiziere oder einen Wärter tätlich vergangen hatten, oder die einen Fluchtversuch unternommen hatten. Auch kam es vor, daß Wärter in Verließe getan wurden, wenn sie einem Gefangenen bei der Flucht behilflich gewesen waren. Unter dem menschenfreundlichen Finanzminister Necker durfte niemand in den Verließen gefangen gehalten werden. Als die Bastille eingenommen worden war, sagten die vier Schließer einstimmig aus, daß seit 1774 dort kein Gefangener mehr geschmachtet habe. Die Behauptungen der Gefangenen, die Memoiren hinterlassen haben, muß man mit großer Vorsicht aufnehmen.

Neben den Verließen waren die „Calottes" die gefürchtetsten Gefängnisse in der Bastille. In diesen mansardenartigen Räumen konnte man nur in der Mitte aufrecht stehen. Wie fast alle Zimmer in den Türmen, waren auch die Calottes achteckig. An Stelle der Kamine gab es Oefen, die nach den Aussagen der Gefangenen schlecht brannten und durch den Rauch, den sie verursachten, den Aufenthalt im Winter ebenso unerträglich machten wie im Sommer, wenn die Sonne auf das Dach niederbrannte.

Die besten Zimmer in der Bastille waren unstreitig die Wohnungen im Stabsgebäude. Sie wurden nur Gefangenen von Rang oder Kranken eingeräumt.

III.
Die Gefangenen

Die Zahl der Gefangenen in der Bastille. — Große Schwankungen. — Gemeinsame Gefängnisse. — Ein freiwilliger Gefangener. — Beschlagnahmte Bücher. — Gründe der Einkerkerung. — Der Tapetenhändler Réveillon. — Eine Gefangenenliste.

Die Zahl der Gefangenen war sehr verschieden. Sie überstieg bisweilen bedeutend die Anzahl der vorhandenen Zellen. Es war aber möglich, zahlreiche Personen in der Bastille gefangen zu halten, denn man hatte die Gewohnheit angenommen, stets zwei oder mehrere Gefangene in einem Zimmer unterzubringen. Das war für die Gefangenen eine große Erleichterung, ja, man kann sogar behaupten, daß dieses System der Haft eigentlich ihre Schrecken nahm. Jedenfalls war die Strafe, die die Gefangenen in Gesellschaft von mehreren oft sehr gebildeten Menschen verbringen mußten, viel leichter zu ertragen als die Haft bei dem modernen Einzellensystem. Allerdings vertrugen sich oft die Gefangenen in ihren Zellen nicht, und wüste Schlägereien gehörten nicht zu den Seltenheiten.

Die größte Gefangenenzahl erreichte die Bastille unter Ludwig XIV., dessen Minister mit der Ausstellung von Haftbefehlen nicht geizten. Im Durchschnitt kamen unter dieser Regierung jährlich dreißig Personen in die Bastille. Nach der vom Major Chevalier zusammengestellten Liste befanden sich im Jahre 1663 vierundfünfzig, im Jahre 1686 sogar hundertsiebenundvierzig Gefangene in dem Staatsgefängnis. Im darauffolgenden Jahre waren es nur vierunddreißig Personen. Im Jahre 1695 betrug ihre Zahl nur sieben, im Jahre 1700 sank sie sogar auf drei herab. Dann ging sie langsam wieder in die Höhe, um im Jahre 1741 auf zweiundsiebenzig anzuwachsen. 1760 zählen wir fünfzig Gefangene, und im nächsten Jahre, dem letzten der Liste Chevaliers, sogar nur vier. Man sieht, die Zahlen schwanken außerordentlich.

Da die Bastille nur 42 Zellen oder Zimmer besaß, so war die Unterbringung oft nicht einfach. Dumouriez erzählt in seinen Memorien, daß er während der Zeit seiner Haft nie mehr als achtzehn Mitgefangene gehabt habe, manchmal sogar nur sechs. Nach der Berechnung eines neueren französischen Gelehrten befanden sich im Jahre 1782 zehn, 1783 sieben, im Mai 1788 siebenundzwanzig, im Dezember 1788 und im Februar 1789 je neun Gefangene in der Bastille. Als das Schloß am 14. Juli 1789 eingenommen wurde, befreite man sieben Gefangene,

VOLTAIRE
(Nach einem zeitgenössischen Stich)

die „durch den Despotismus der alten Regierung" gefangengehalten wurden. Und wer waren diese „politischen Verbrecher"? Vier gewöhnliche Urkundenfälscher, zwei Wahnsinnige und ein Verschwender und Verbrecher, der auf Wunsch seiner Familie gefangengehalten wurde.

Nach dem Gefangenenregister, das im Jahre 1880 veröffentlicht wurde, ist der Name und der Stand dieser sieben Personen folgender:

1. Jean Bechade la Barte, Angestellter.
2. Bernard Laroche, achtzehn Jahre alt, Angestellter.
3. Jean la Corrège, Angestellter.
4. Jean Anton Pujade, Kaufmann.

Diese vier Personen wurden im Januar 1787 gefangen gesetzt unter der Beschuldigung, Wechsel gefälscht zu haben.

5. Der Graf de Solages wurde im Jahre 1782 auf Veranlassung seines Vaters wegen Verschwendung und schlechten Lebenswandels in Vincennes eingekerkert und am 28. Februar 1784 in die Bastille überführt. Er soll ein furchtbares Verbrechen begangen haben, das seine Familie geheimzuhalten wünschte.

6. Der Gefangene, namens Tavernier war angeklagt, an einer Verschwörung gegen das Leben des Königs beteiligt gewesen zu sein. Da er irre redete, brachte man ihn nach der Einnahme der Bastille in die Irrenanstalt von Charenton.

7. Der Graf Whyte de Malleville war ebenfalls seit mehreren Jahren wahnsinnig. Er wurde auch nach Charenton gebracht.

Der letzte Gefangene, der die Bastille betrat, war der Tapetenhändler Réveillon aus der Vorstadt Saint-Antoine. Er wurde am 1. Mai 1789 auf seine eigene Bitte in die Bastille gebracht, da er befürchtete, vom Volke gelyncht zu werden.

Aber nicht nur Menschen wurden in die Bastille gebracht, sondern auch Bücher. Sobald ein Druckwerk verdächtig erschien, wurde es beschlagnahmt und in die Bastille in sicherem Gewahrsam gehalten. Dieses Schicksal hatten alle Werke, die irgendeinen Spott auf ein Mitglied der königlichen Familie oder einen hohen Würdenträger enthielten. Aber auch die Werke der sogenannten Freigeister, also nach unseren Begriffen wissenschaftliche Bücher, die nicht mit dem Dogma der katholischen Kirche übereinstimmten, wanderten in die Bastille. So wurde die berühmte „Encyclopédie", die von Diderot und d'Alembert herausgegeben wurde, beschlagnahmt. Das gleiche Schicksal hatten das „Dictionaire encyclopédique" von Mercier und viele andere wertvolle wissenschaftliche Werke.

Sogar eine Druckerpresse wurde einmal in die Bastille gebracht, um dort unschädlich gemacht zu werden. Im Jahre 1733 befahl der Polizeipräfekt von Paris dem Gouverneur der Bastille, eine Druckerpresse mit Zubehör, die beschlagnahmt worden war, in das Staatsgefängnis bringen zu lassen. Es war die Presse der Madame Gotteville, deren Gefangenschaft später noch erwähnt wird*).

Fragt man nach den Gründen, warum man früher in die Bastille eingesperrt werden konnte, so ergibt sich ungefähr folgendes:

1. Wegen Beleidigung des Königs, seiner Mätressen, seiner Minister, der Geistlichkeit, eines Großen des Reichs und der Behörden.

2. Wegen gemeiner Verbrechen, Mord, Vergewaltigung, Diebstahl, Abtreibung, Urkundenfälschung, Falschmünzerei usw.

3. Wegen Geisteskrankheit. Dies ist allerdings ein sehr dehnbarer Begriff. Unter diese Rubrik fielen sowohl wirkliche Geisteskranke als auch Wahrsager, Schwindler, Traumdeuter und Kranke, zum Beispiel Epileptische,

---
*) Siehe Seite 114.

ferner Personen, die man für irrsinnig erklärte, um sie um so besser ihres Vermögens berauben zu können, ein Verfahren, das auch im 20. Jahrhundert vorgekommen sein soll.

4. Ferner wurden in die Bastille gebracht: Offiziere, die ein Vergehen im Dienste begangen hatten.

5. Schriftsteller und Journalisten wegen Pressevergehens, ferner Duellanten.

6. Spione und Agenten fremder Mächte. Diese erhielten meist nach Friedensschluß ihre Freiheit wieder. Bediente, die angeklagt waren, an dem Vergehen oder Verbrechen ihrer Herren beteiligt zu sein.

7. Personen, von denen man ein Verbrechen befürchtete, oder solche, die ein leichtsinniges Leben führten. Oft geschah diese Einkerkerung auf Wunsch der betreffenden Familie.

Nehmen wir an, ein junger Mann bedrohe seinen Vater.

Der letztgenannte Grund ist besonders interessant. Das alte Regime stellte sich auf den Standpunkt, der auch jetzt noch oft vertreten wird, daß man eine Person nicht erst verhaften soll, wenn sie ein Vergehen oder Verbrechen begangen hat, sondern wenn man vermutet, daß sie eins begehen wird. Das ist natürlich schwer festzustellen, aber um so leichter zu behaupten. Ein solches Verfahren begünstigt im höchsten Maße die Willkür, wenn es nicht mit der größten Vorsicht und besonders mit vollkommener Selbstlosigkeit gehandhabt wird. Wenn also ein junger Mann, meist aus vornehmer Familie, denn sonst machte man weniger Umstände, seinen Vater oder sonst jemand bedrohte, wenn er Schulden machte, wenn er mit leichtsinnigen Frauen lebte oder seine eigene Frau vernachlässigte, so fand sich immer ein Minister oder Höfling, der einen Haftbefehl für den stürmischen jungen Mann ausstellte. Und dann hatte dieser Zeit, über seinen Lebenswandel in Ruhe in der Bastille nachzudenken.

8. Schließlich kam es vor, daß sich Leute fanden, die

freiwillig in die Bastille gingen. Das klingt im ersten Augenblick sehr sonderbar, ist aber doch Tatsache. Bediente, die ihrer Herrschaft sehr ergeben waren, scheuten nicht davor zurück, ihnen ins Gefängnis zu folgen. So hatte zum Beispiel Frau von Staal ihr früheres Kammermädchen mit in die Bastille genommen. Der General Dumouriez, der später durch die Revolutionsfeldzüge bekannt wurde, hatte sogar zwei seiner früheren Diener zur Verfügung. Auch des Dichters Marmontel Diener folgte seinem Herrn in das Gefängnis.

Ein ganz besonderer Fall ist der des Tapetenhändlers Réveillon, der sich freiwillig, und zwar auf Grund eines königlichen Haftbefehls, in die Bastille begab und dort bis zum 28. Mai 1789 blieb. Er konnte von Glück sagen, daß er das Staatsgefängnis vor dem 14. Juli 1789 verließ, denn sonst wäre ihm bei der Einnahme des Schlosses vielleicht das Schicksal des Gouverneurs de Launey zuteil geworden, dessen Kopf auf eine Pike umhergetragen wurde. Das Volk der Vorstadt Saint-Antoine war nämlich auf den Tapetenhändler nicht gut zu sprechen.

Charpentier hat in seiner „Bastille dévoilée" nach den Angaben des schon öfters erwähnten Majors Chevalier eine Liste jener Personen aufgestellt, die in der Bastille gefangen waren. Er erwähnt in dieser Liste die Verbrechen, deren man die Gefangenen bezichtigte. Das Verzeichnis ist äußerst seltsam und lehrreich, wie folgende Stichproben beweisen:

1684 Marie Geneviève de Saint-André, böser Absicht verdächtig, da sie die Scheiben in dem Wagen der Königin zerbrochen hatte.
1684 Charles Combon, Bereiter, der sich für einen Grafen ausgab; Horoskopsteller, der sich mit Wahrsagerei befaßte und den Frauen und Mädchen Mittel zum Abtreiben gab.
1686 Frau Desfontaines und ihre beiden Töchter, der Religion wegen.

1687 Der Kaplan François Brindejong, wegen schlimmer Reden gegen den Staat.
1688 Rolland. Wollte sich dem Teufel ergeben.
1689 Joachim Girard. Kammerdiener und Hausmeister. Wegen Schatzgräberei.
1690 Der Eremit Jean Blondin. Für verdächtig gehalten.
1693 Philippe Molard. Melancholischer Narr.
1697 Salomon Le Clerc. Uebergetretener, schlechter Katholik.
1702 Jean Galembert. Gendarm der Leibwache. Des Einverständnisses mit den Feinden des Staates verdächtig.
1703 Der Benediktiner Jean Tiron. Für verdächtig gehalten. Großer Schriftsteller gegen den Staat, den König, die Religion und die Jesuiten.
1728 Der Chevalier de la Couronne. Ein junger Mensch. Verschiedener Betrügereien, Gewalttaten und Ausschweifungen angeklagt.
1728 Abbé Gaillard. Beschuldigt, der Verfasser der „Nouvelles écclésiastiques" zu sein.
1732 Der Sieur Anton Terrasson. Verdächtig, die Zeichnungen der Manufaktur von Lyon ins Ausland bringen zu wollen. Starb nach zwölfjähriger Haft in der Bastille. Er aß täglich am Tisch des Gouverneurs.
1733 Claude Larche, vierzehn (!) Jahre alt. Weil er die Schriften gegen die Verfassung und die Geschichte des Milchtopfes gedruckt hatte. Er wurde zwei Stunden an den Pranger gestellt und auf drei Jahre aus dem Bereich des Parlaments von Paris verbannt.
1734 Der Sieur de la Faye. Dragoneroffizier. Weil er in der italienischen Komödie das Schauspiel unterbrochen hatte.
1734 Der Sieur Houdes, Priester. Des Verkehrs mit Frauen verdächtig. Bei der Entlassung in ein Franziskanerkloster verbannt.

1734 Der Sieur Robert de la Motte, Edelmann in Diensten Seiner Königlichen Hoheit des Herzogs von Orléans. Weil er den Kaffeewirt Bruny ermordet hatte, um dessen Frau zu besitzen.

1734 Der Sieur Abbé Vaillent. Jansenist und Haupt der Sekte der Elisäer. Nach zweiundzwanzig Jahren Gefangenschaft in der Bastille nach Vincennes geschafft.

1735 Alexandre Darnand, genannt Bruder d'Amboise oder Prophet Henoch. Weil er sich für den Propheten Henoch ausgab.

1735 Malbay. Half dem Herzog von Nivernois sich zu ruinieren. Er wurde auf Ansuchen des Herzogs von Nevers in die Bastille gesteckt. **Dieser Gefangene hatte eine sehr schöne Frau.**

1737 Fräulein Folin, eine junge Portugiesin, Mätresse Arouets von der Rechnungskammer, zu der dieser das ganze Geld der Kammer gebracht hatte, als dort Feuer ausbrach.

1738 Der Sieur Dupère oder de Chambot. Wegen Beleidigung der Mademoiselle Julie von der Großen Oper.

1744 Jacques Durant, Kellner in einem Kaffeehaus. Wegen Verbreitung unsittlicher Zeitschriften.

1744 Der Sieur Crusius. Verdächtig, ein Spion zu sein.

1744 Der Sieur de Montchenu, Stallmeister des Königs. Weil er seinem Bedienten einen Degenstich versetzt hatte, an dem dieser verstarb. Seine Haft währte nur **vierzehn Tage.**

1745 Die Frau Peignier. Intrigantin, die dem König Ratschläge mitzuteilen hatte.

1747 Die kleine Saint-Père, ein Mädchen von sieben oder acht Jahren (!). Konvulsionärin. — Ihre Haft dauerte nahezu ein Jahr.

1749 Der Chevalier de Bellerive, ehemaliger Dragonerrittmeister. Wegen schlechter Reden gegen den König, die Frau von Pompadour und die Minister.

1749 André Dubuisson, angeblicher Hexenmeister. Dieser Gefangene zeigte dem Herzog von Olonne den Teufel, um ihm Geld abzuschwindeln.
1751 Der Sieur de le Fosse, Steuereinnehmer in La Rochelle. Weil er der Frau von Montboisier den Teufel gezeigt hatte.
1753 Der Sieur le Blanc de Villeneuve. Weil er verrückte und unverschämte Briefe an den Grafen d'Argenson geschrieben hatte.
1759 Der Sieur Marmontel, Verfasser des „Mercure de France". Verfasser einer beleidigenden Spottschrift.
1760 Der Baron Edelsheim. Der Spionage verdächtig.
1760 Der Sieur Magny, erster Sekretär der flandrischen Domänen. Verfasser einer Geschichte gegen die Frau von Pompadour.
1761 Die Alano, alte Ladendienerin bei Frau Aucloud, Buchhändlerin im Palais. Wegen eines Buches gegen die Religion.

Ein Kommentar zu diesem Verzeichnis ist überflüssig.

IV.

Das Gerichtsverfahren

Die Lettre de cachet. — Die Verhaftung. — Höflichkeit des Polizeioffiziers. — Das Geheimnis. — Einladung zur Gefangenschaft. — Unterschiede in der Behandlung der Gefangenen. — Die Leibesuntersuchung. — Die Gemahlin des Marschalls D'Ancre. — Das Verhör der Gefangenen. — Die Folter im Mittelalter. — Entschädigungen und Renten.

Die Verhaftung einer Person geschah stets auf Grund eines Haftbefehls, der sogenannten „Lettre de cachet". Diese „Lettres de cachet" haben im Laufe der Zeit eine traurige Berühmtheit erlangt. Zur Zeit Ludwigs XV. hatte ein solcher Haftbefehl folgende Form:

„An den Herrn Grafen de Jumilhac
(Gouverneur der Bastille).

Ich schreibe Ihnen diesen Brief, um Sie zu ersuchen, den gewissen . . . . . . (folgt der Name) in mein Schloß, die Bastille, aufzunehmen und ihn dort bis auf neuen Befehl meinerseits in Gewahrsam zu halten.

Ich bitte Gott, Herr Graf de Jumilhac, daß er Sie in seinen heiligen Schutz nehme.

Geschrieben zu Compiègne, den 20. Juli 1765.

Gezeichnet: Ludwig.
Gegengezeichnet: Phelippeaux."

Die „Lettre de cachet" war von einem Schreiber abgefaßt, nur die Namen von Personen und Orten wurden bei der Ausstellung des Haftbefehls hinzugefügt.

Sobald der König einen geheimen Haftbefehl unterzeichnet hatte, begab sich ein Polizeioffizier in Begleitung einiger bewaffneter Soldaten in die Wohnung der Person, die verhaftet werden sollte. Um so wenig wie möglich Aufsehen zu erregen, bediente man sich dazu eines geschlossenen Wagens. Bei der Verhaftung berührte der Polizeioffizier den Betreffenden mit einem Stäbchen, zum Zeichen, daß von nun an der König über seine Person verfüge. Widerstand wurde selten geleistet. Er wäre ja auch vollkommen unnütz gewesen. Es sind jedoch einige Fälle vom Gegenteil bekannt.

Gewöhnlich ging die Verhaftung in Ruhe ab. Der Polizeioffizier war angewiesen, mit größter Höflichkeit zu verfahren, und wie die meisten Zeitgenossen berichten, ging er oft wirklich sehr zartfühlend vor. Um die Person, die verhaftet werden sollte, auch bestimmt in seiner Wohnung anzutreffen, suchte ihn der Polizeioffizier meist morgens in aller Frühe auf.

War die Verhaftung gelungen, so stieg der Gefangene unauffällig in den vor dem Hause wartenden Wagen ein. Der Polizeioffizier nahm an seiner Seite Platz, und nun ging es in eiligem Tempo nach der Bastille. Während der Fahrt unterhielt sich der Polizeioffizier meist höflich mit dem Gefangenen.

Da die Einkerkerung streng geheim bleiben mußte, war Befehl erlassen worden, daß bei Ankunft eines neuen Gefangenen die Häuser in der Nähe der Bastille die Läden schließen mußten. Die Personen, denen der Wagen mit dem Gefangenen begegnete, sowie die Soldaten der Wache mußten das Gesicht der Mauer zukehren oder es mit der Mütze bedecken. Trotzdem wäre die Gefahr, daß sie den Gefangenen gesehen hätten, nicht sehr groß gewesen, denn die Fenster des Wagens waren mit dichten Vorhängen verdeckt. Nachdem der Polizeioffizier sich an der ersten Wache ausgewiesen hatte, fuhr der Wagen über den Vorhof in den Gouvernementshof ein und hielt vor dem Hause des Gouverneurs.

Nicht alle Gefangenen wurden jedoch durch den Haupteingang in die Bastille gebracht. Wir erwähnten bereits die kleine Pforte, die vom Garten des Arsenals in den Ulmenhof führte. Man benutzte sie hauptsächlich, um Spione oder Personen, die auf keinen Fall gesehen werden sollten, in das Schloß zu bringen.

Ein für moderne Begriffe sonderbarer Brauch war, Personen, die verhaftet werden sollten, schriftlich aufzufordern, sich an einem bestimmten Tage in der Bastille einzufinden. Wir würden dies naiv finden. Man hat aber tatsächlich diese Form der Verhaftung angewandt. Man konnte dies natürlich nur bei Edelleuten tun, bei denen man sicher zu sein glaubte, daß sie einen königlichen Befehl nicht unausgeführt ließen.

Es kam aber auch vor, daß das Zimmer für den neuen Gefangenen noch nicht bereit war. Dann wurde der Gefangene höflich gebeten, erst am nächsten Tage wiederzukommen und die Nacht in einem benachbarten Gasthaus zu verbringen. Gewiß eine gemütliche Art der Gerichtsbarkeit!

Die erste Förmlichkeit, die der Gefangene zu erfüllen hatte, war, seinen Namen, Stand und die übrigen persönlichen Angaben mitzuteilen. War er eine Persönlichkeit vom Stande, so wurde er vom Platzkommandanten und dem Major empfangen und dann zum Gouverneur geführt. In der Glanzzeit der Bastille behielt ihn der Gouverneur meist zum Essen bei sich. Der Polizeioffizier erhielt eine Bescheinigung, daß er seinen Gefangenen richtig abgeliefert habe. Für ihn war dann sein Auftrag erledigt.

Wenn alle Förmlichkeiten erfüllt waren, führte der Major in Begleitung eines Schließers den Gefangenen in die eigentliche Zitadelle. Unterwegs wiederholte sich derselbe Vorgang, der sich bereits beim Eintritt in den ersten Vorhof abgespielt hatte. Sämtliche Personen, die ihnen begegneten, drehten sich um oder zogen den Hut tief ins Gesicht, um den Gefangenen nicht zu sehen.

Ehe der Gefangene die für ihn bestimmte Zelle betrat, wurde er in das Ratszimmer geführt, wo man ihn aufforderte, seine Taschen zu leeren und alles abzugeben, was nach der Dienstvorschrift der Bastille verboten war. Die abgenommenen Gegenstände wurden vom Schließer in einem Raum, der neben dem Ratszimmer lag, aufbewahrt, um dem Gefangenen bei seiner Entlassung aus der Bastille zurückgegeben zu werden.

Die Leibesuntersuchung soll nur bei Verbrechern und Landstreichern angewandt worden sein. Das ist jedoch ziemlich zweifelhaft. Wahrscheinlich ist man bei den Gefangenen aus den niederen Klassen weniger feinfühlend vorgegangen als bei Adligen und Wohlhabenden. Die meisten Memoirenschreiber berichten über jene peinliche Untersuchung.

Folgender Bericht über die Untersuchung einer Frau, der Gemahlin des Marschalls d'Ancre, wirft ein sonderbares Licht auf jene Untersuchung: „Die Marschallin d'Ancre," heißt es darin, „wurde von dem Hauptmann der Leibwache Du Hallier und von Fouqueroles geführt. Vor dem Aufbruch fragte man sie, ob sie keine Ringe mehr bei sich trüge. Sie wies einen Beutel vor, der jedoch nur einige Bernsteinketten enthielt. Als man sie fragte, ob sie keine auf dem Körper trüge, hob sie ihren Rock bis zum Busen hoch. Sie trug rote Beinkleider aus Florentiner Fries. Man bemerkte lächelnd, daß man auch das Beinkleid untersuchen müsse. Sie erwiderte darauf, früher hätte sie das nie geduldet, jetzt aber sei alles gleichgültig. Du Hallier betastete darauf das Beinkleid ein wenig."

Bei den Gefangenen der Bastille unterschied man im allgemeinen zwei Klassen. Zur ersten Klasse rechnete man solche, die wegen Majestätsbeleidigung, Ausschweifungen, Auflehnung gegen das Gesetz, Beleidigung eines höheren Beamten, wegen Familienangelegenheiten oder falscher Religionsauffassung und dergleichen eingekerkert worden waren.

Dazu gehörten ferner jene Personen, die einem Höfling oder einem hohen Beamten unbequem waren und solche, die man dem Urteil eines gewöhnlichen Gerichtes entziehen wollte. Die Dauer ihrer Gefangenschaft hing von dem Gutdünken des Königs ab, der ebenso wie ihre Einkerkerung auch ihre Entlassung auf Grund eines Geheimbefehls anordnete. Alle jene Personen wurden keinem eigentlichen Verhör unterworfen.

Die andere Klasse bestand aus solchen Leuten, die wegen eines staats- oder gemeingefährlichen Verbrechens angeklagt und in die Bastille gebracht worden waren. Diesen wurde in der Bastille der Prozess gemacht, und von dessen Ausgang hing die Dauer ihrer Gefangenschaft ab.

Obgleich die Bestimmung bestand, daß jeder Gefangene innerhalb von vierundzwanzig Stunden vernommen werden sollte, kam es doch oft vor, daß Tage und Wochen, oft sogar Monate vergingen, ehe das Verhör begann. Handelte es sich um eine Dame, so wurde es in ihrem Zimmer abgehalten, aber nur, wenn es sich nicht um ein schweres Verbrechen handelte, das die Entfaltung eines großen richterlichen Apparates erforderte. War der Gefangene ein Mann, was meist der Fall war, so mußte er sich in den Ratssaal verfügen, wo ihn eine Kommission vernahm.

Gewöhnlich leitete ein Kommissar vom Châtelet*) das Verhör. Kam eine wichtige Angelegenheit zur Verhandlung, so wohnten der Polizeipräfekt oder ein Staatsrat der Sitzung bei. Manchmal wurde sogar ein besonderer Gerichtshof gebildet, der aus zwei Vorsitzenden, dem Polizeipräfekten, dem Generalstaatsanwalt und einigen Richtern bestand.

Nachdem der Angeklagte den Eid abgelegt hatte, die Wahrheit zu sagen, mußte er seinen Namen, Stand, Alter, Wohnung und Beschäftigung angeben. Der Vorsitzende, in den meisten Fällen der Kommissar des Châtelets, stellte die Fragen und diktierte sie einem Aktuar. Nach Beendigung des Verhörs unterzeichneten der Vorsitzende und der Angeklagte das Sitzungsprotokoll. Es wurde am Schluß vermerkt, ob der Beschuldigte die Richtigkeit der niedergeschriebenen Aussagen anerkannte. Eine Abschrift des Schriftstücks wurde dem Hofe gesandt.

Mit großer Geschicklichkeit bemühten sich die Pariser Richter ein Geständnis aus dem Gefangenen herauszupressen. Zuerst versuchten sie es mit der Strenge. Sie schilderten dem Angeklagten die Zukunft in den schwärzesten Farben, wenn er nicht die Wahrheit sage. Im Mittelalter drohten sie vor allem mit der Folter. Erreichte man durch dieses Verfahren nichts, dann nahm man wohl auch zur Güte Zuflucht, um den Gefangenen zu einem Geständnis zu veranlassen. Half das alles nichts, dann glaubte man den Gefangenen dadurch ein-

---

*) Bis zur großen französischen Revolution war das Châtelet Sitz der königlichen Justiz von Paris, enthielt aber auch einige Gefängnisse. Im Jahre 1802 begann man das Gebäude abzureißen.

schüchtern zu können, daß man ihm mitteilte, es seien schon genügend Beweise seiner Schuld vorhanden. Oft ließ man ihn auch Schriftstücke unterzeichnen, die er gar nicht gelesen hatte, um sich dann ihrer bei einem späteren Verhör als Beweismittel zu bedienen. Solange die Untersuchung nicht abgeschlossen war, lebte der Gefangene völlig abgeschlossen. Er durfte weder Besuche empfangen, noch an jemand schreiben, die Messe besuchen oder spazierengehen.

Hatten die Richter endlich, oft nach vielen Verhören, erreicht, was sie wollten, so wurde der Angeklagte endgültig als Gefangener der Bastille betrachtet. Manchmal war im Interesse der Gesellschaft eine öffentliche Bestrafung des Uebelstäters notwendig, besonders wenn es sich um schwere Verbrechen handelte. Dann wurde ein besonderer, oft recht großer Gerichtshof eingesetzt, der den Beschuldigten aburteilte. Zu den öffentlichen Strafen gehörte das An-den-Pranger-Stellen und die Hinrichtung.

Im Mittelalter wurde bei den Verhören bisweilen die Folter angewandt.*) Es gab eine große Anzahl von Foltern, in der Bastille kamen jedoch nur die Wasserfolter und die Spanischen Stiefel in Anwendung, die beide entsetzlich waren. Bei den Frauen wurden nur die Spanischen Stiefel angewandt. Nach Beendigung der Folter wurde der Unglückliche losgebunden, und der Arzt bemühte sich, ihn wieder zu Kräften zu bringen. Von neuem ward ein Protokoll aufgesetzt und dem Verurteilten vorgelesen. Dann wurde von ihm seine Unterschrift verlangt. Natürlich hatte diese Unterschrift des zu Tode Erschöpften keine Aehnlichkeit mehr mit Schriftzügen.

---

*) Unter Ludwig XI. wurde Jean d'Armagnac, Herzog von Nemours, unter dem Verdacht einer Verschwörung gegen den König, gefesselt in einem Käfig in die Bastille gebracht. Der Unglückliche wurde oft gefoltert und schließlich am 4. August 1477 hingerichtet.

Der Folter folgte gewöhnlich die Hinrichtung. Sie wurde meist auf dem Grèveplatz vollzogen. Unter dem alten Regime kannte man drei Arten der Hinrichtung: durch den Galgen, das Beil und den Scheiterhaufen. War der Angeklagte zum Scheiterhaufen verurteilt, so wurde seine Strafe hie und da dadurch gemildert, daß der Henker beim Anziehen der Halsschrauben, die den Verurteilten am Marterpfahl festhielten, ihn erdrosselte. Diese Milderung des Urteils war jedoch nur auf höheren Befehl hin angewandt. Der Henker mußte dabei mit großem Geschick verfahren, denn der Mensch, der von Natur aus grausame Instinkte besitzt, durfte nicht um sein Schauspiel gebracht werden.

Im allgemeinen kann man auch über das Gerichtsverfahren nichts allgemein Gültiges sagen. Es veränderte sich nicht nur im Laufe der Zeit, sondern war auch je nach dem Charakter der Richter und der Regierung verschieden. Manche Gefangene waren des Lobes über ihre Richter voll, andere wieder beklagten sich bitter über sie. Es steht jedenfalls fest, daß das Verfahren meist, im guten wie im schlechten, recht willkürlich war. Das beweist am besten die Tatsache, daß oft Gefangene jahrelang in der Bastille blieben, ohne überhaupt verhört zu werden, und ohne daß man ihnen mitteilte, wessen man sie bezichtigte. Anderenteils mußte man feststellen, das oft bei unschuldig Angeklagten überraschend schnell Abhilfe geschaffen wurde, ein Verfahren, an dem sich die moderne Gerichtsbarkeit ein Beispiel nehmen kann.

Wenn man die Akten des Archivs der Bastille durchsieht, so bemerkt man nicht ohne Ueberraschung, daß manch Angeklagter für unschuldig befunden wurde. In ganz kurzer Zeit gab ihm dann zumeist ein neuer königlicher Geheimbefehl die Freiheit wieder. Ein gewisser Barbier wurde am 15. Februar 1763 eingekerkert und bereits am nächsten Tage als unschuldig entlassen. Gewiß ein empfehlenswertes Verfahren. Allerdings standen auch manche Prozesse den heutigen an Umständlichkeit und an der Dauer in nichts nach.

Oft wurde auch ein unschuldig Verhafteter für die Untersuchungshaft entschädigt, und zwar in freigebigster Weise. Ein Rechtsanwalt — um nur ein Beispiel zu erwähnen —, der achtzehn Tage eingesperrt worden war, bekam, als sich seine Unschuld herausstellte, bei seiner Entlassung 3000 Franken. Man bedenke, dreitausend Franken, eine Summe, die heute mehr als das Zehnfache wert ist. Viele Gefangenen erhielten eine Lebensrente, die bisweilen recht hoch war. So bekam Voltaire jährlich 1200 Livres, Latude eine Rente von 400 Livres. Zum Unterschied von den modernen Gebräuchen ist noch zu bemerken, daß in der damaligen Zeit eine Haft in der Bastille nichts Unehrenhaftes an sich hatte. Viele Gefangene wurden nach der Entlassung selbst wieder in Amt und Würden eingesetzt. Heute ist selbst die Untersuchungshaft eines Unschuldigen in den Augen vieler eine untilgbare Schmach, und die Entschädigung, die der Staat dafür bezahlt, wenn er dies überhaupt tut, ist recht gering.

V.

Das Leben in der Bastille

Urteil der Zeitgenossen und der Forscher. — Die Kosten für den Unterhalt der Gefangenen. — Das Leben zur Zeit der Frau von Staal. — Der Spaziergang in der Bastille. — Die Bibliothek. — Zerstreuungen für die Gefangenen. — Tätigkeit der Schriftsteller und Künster. — Kleidung, Wäsche, Körperpflege. — Die Heizung. — Das gute Essen. — Bericht Marmontels. — Entlassung und Begräbnis in der Bastille. — Anekdote von Davisard.

Ueber das Leben in der Bastille ist viel geschrieben worden, sowohl von Gefangenen selbst als auch von Gelehrten. Beide haben in einer Hinsicht stark übertrieben, manche haben alles nur in den schwärzesten Farben dargestellt und wieder andere gingen in ihren

Lobeserhebungen zu weit. Viele Gefangene, vor allem Schriftsteller, haben das Leben in der Bastille mit all seinen Reizen geschildert. Sie hatten Grund dazu, denn hätten sie die Einrichtungen des königlichen Schlosses mit herbem Tadel überschüttet, so wären sie wahrscheinlich wieder hineingekommen. Und dazu war es ihnen doch zu unangenehm. Wieder andere Schriftsteller haben buchstäblich kein gutes Haar an der Bastille gelassen. Diese haben sich aber wohl gehütet, ihre Schriften in Frankreich zu veröffentlichen. Meist entstanden diese in der Verbannung, wie bei Renneville und Linguet, oder nach dem Sturz des Königtums, wie bei Latude. Jene Werke sind nun wieder bewußt übertrieben und verleumderisch. Die Forschung hat sich bis vor kurzer Zeit meist an die letzteren Memoiren gehalten, die in zahlreichen Auflagen und Uebersetzungen erschienen. Neuere Forscher, vor allem französische, haben auf Grund der Archive der Bastille eine neue Auffassung verbreitet. Danach wäre die Bastille eine nahezu harmlose Einrichtung gewesen, besonders, wenn man sie mit den heutigen Gefängnissen vergleicht. Aber auch dieser Standpunkt scheint, trotzdem er durch viel Beweismaterial unterstützt wird, nicht ganz der richtige zu sein. So wie man früher nur die Klagen der Opfer hörte, scheint man sich jetzt nur an die offiziellen Schriftstücke der Beamten der Bastille halten zu wollen. Gewiß haben jene manchmal den Vorzug größerer Wahrhaftigkeit vor den oft lügenhaften oder wenigstens gefärbten Memoiren der Gefangenen, was sie aber vollkommen unbeachtet lassen, das sind zum Beispiel neben vielen anderen die moralischen Leiden der oft unschuldig Gefangenen. Man wird also gut tun, sich nach den Tatsachen selbst ein Urteil zu bilden und in der Beurteilung jener Werke recht vorsichtig sein.

Das Leben der Gefangenen in der Bastille ist in den verschiedenen Zeiten ebenso dem Wechsel der Gewohnheiten und Einrichtungen unterworfen gewesen

LUDWIG XVI.
(Nach einem zeitgenössischen Stich.)

wie die übrigen Einrichtungen. Auch die Gouverneure waren nicht immer die gleichen und behandelten ihre Gefangenen verschieden. Das aber steht fest, daß der Reiche und Mächtige zu allen Zeiten der Bastille ebenso gut, wie der Arme und Unterdrückte schlecht in des Königs Schloß lebten. Auch hier ward den Reichen das Paradies auf Erden zuteil — bei einem Gefängnis allerdings ein gewagter Vergleich — das die Armen erst nach dem Tode, dafür aber um so schöner, erhalten sollen. Der schreiende Gegensatz in der Behandlung der Gefangenen drückte sich besonders in der Liste aus, die die Beträge für den Unterhalt der verschiedenen Klassen von Gefangenen enthält. Danach erhielt der Gouverneur für den Unterhalt eines Prinzen von Geblüt täglich 50 Livres*), für einen Marschall 36, für einen Generalleutnant 24, für einen Parlamentsrat 15 Livres. Ein Richter, ein Schriftsteller**), ein Priester, ein Finanzbeamter, wurde mit 10 Livres eingeschätzt. Ein Vollbürger oder ein Rechtsanwalt nur mit 5 Livres. Für einen Kleinbürger, Bedienten oder sonst einen Mann niederen Standes bezahlte der König nur vier, beziehungsweise drei Livres täglich.

Fünfzig Livres täglich für einen Prinzen von Geblüt war jedoch noch nicht das höchste. Für den Kardinal von Rohan durfte der Gouverneur täglich 120 Livres ausgeben, und der fünfmonatige Aufenthalt des Herzogs von Kurland kostete der Krone nicht weniger als 22000 Livres.

Von allen Uebeln kann der Mensch die Einsamkeit auf die Dauer am wenigsten ertragen. Geteiltes Leid ist halbes Leid! Glücklich daher die Gefangenen, die nicht allein in einem Zimmer wohnen mußten. Man wundert sich auch nicht mehr über die zahlreichen Lob-

---

*) 1 Livre = 1 Franc = 81 Pfennig (nach französischer Währung vor dem Weltkrieg).
**) Die gute, alte Zeit hatte doch auch ihr Gutes, daß man einen Schriftsteller auf die gleiche Stufe mit einem Richter setzte.

preisungen der Gefangenen aus der Glanzzeit, wenn man liest, ein wie geselliges Leben sie oft im Kreise geistreicher Menschen führen durften. Wenn man den Memoiren der Frau von Staal und anderen Aufzeichnungen Glauben schenken darf, so muß es bisweilen sehr lustig in dem düsteren Schloß zugegangen sein. Der Gouverneur und die Offiziere der Bastille gaben oft prunkvolle Gastmähler, an denen die Gefangenen teilnahmen. Fontaine erzählt, daß er von den Türmen herab manchmal bis zu fünfzig Personen in dem Innenhof der Bastille vereint gesehen habe, und Bussy-Rabutin veranstaltete zu Ehren seiner Freunde und seiner Familie prächtige Diners.

Die Veränderung in der Bastille und die zunehmende Strenge in der Verwaltung in späteren Zeiten haben in den Memoiren der Zeitgenossen ihre Spuren hinterlassen. Die Gefangenen der Zeit Ludwigs XV. sprechen bereits weniger von geselligen Unterhaltungen, wohl aber mit mehr oder weniger Bitternis von einem anderen Zeitvertreib, dem Spaziergang in der Bastille und den Versuchen, die schreckliche Langeweile zu vertreiben. Sie kommen immer wieder auf die Freiheit der Gefangenen in früherer Zeit zurück, und beklagen sich bitter über die einzige Gunst, die sie genossen, den Spaziergang unter strenger Bewachung.

Dieser Spaziergang war eine besondere Gunst, die nicht allen Gefangenen zuteil wurde. Er erstreckte sich auf den Garten, die Türme und die Innenhöfe. Als der Herr Gouverneur es für geeignet hielt, den Ziergarten in einen Gemüsegarten umzuwandeln, wurde der Spaziergang hier verboten. Aus verschiedenen Gründen untersagte man auch den Spaziergang auf den Türmen, wahrscheinlich, weil die Gefangenen oft versuchten, mit den Bewohnern der Vorstadt Saint-Antoine in Verbindung zu treten. In der letzten Zeit blieb ihnen nur der große Innenhof übrig. Viel Bewegungsfreiheit hatten sie also nicht.

Ueberhaupt kann der Spaziergang auf dem Hofe nicht sehr verlockend gewesen sein. Im Winter war es hier sehr kalt, und im Sommer war man schutzlos den sengenden Strahlen der Sonne preisgegeben. Da aber die Stunden für den Spaziergang der verschiedenen Gefangenen genau festgesetzt waren, so mußten sie sich dazu bei Wind und Wetter bequemen, falls sie nicht ganz darauf verzichten wollten.

Auch Besuche zu empfangen war später nicht mehr so einfach. Dazu bedurfte es stets einer besonderen Erlaubnis. Der Besucher meldete sich mit einem Schreiben des Polizeipräfekten, das genau die Zahl der Besuche und ihre Dauer enthielt, beim Gouverneur, Platzkommandanten oder Major. Diese trafen dann die nötigen Anordnungen. Die Zusammenkünfte fanden gewöhnlich im Ratszimmer statt. War der Gefangene krank, dann durfte der Besucher bisweilen in das Zimmer des Gefangenen kommen. Doch dazu bedurfte es auch einer besonderen Erlaubnis. In der Regel fand die Zusammenkunft unter Anwesenheit von Zeugen statt. Es war nur gestattet, über ganz unverfängliche Gegenstände zu sprechen. Politik, die Gründe der Einkerkerung und dergleichen Fragen durften nicht erörtert werden.

In der Glanzzeit der Bastille kam es vor, daß Gefangene die Erlaubnis erhielten, Besuche in der Stadt zu machen. Sie mußten dann nur die Verpflichtung eingehen, sich am Abend wieder im Schlosse einzufinden.

Später mußten sich eben die Gefangenen, die von der Langeweile geplagt waren, die Zeit auf andere Weise als ihre glücklicheren und beneideten Vorgänger vertreiben. Da die Einsamkeit auf ihnen lastete, so versuchten manche mit allen möglichen Mitteln, mit ihren Nachbarn in Verbindung zu treten. Dabei zeigte sich die Erfindungsgabe des Menschen, der auf sich allein angewiesen ist, in glänzender Weise. Es wurden Verbindungen zwischen den Kaminen hergestellt, manche bohrten Löcher in Fußböden und Wände, wieder andere stellten durch die Fenster eine Verbindung her.

Für Leute, die sich zu beschäftigen verstanden, war das Leben weniger eintönig als für geborene Nichtstuer. Da vielen die Erlaubnis zum Lesen und Schreiben gegeben wurde, so legte sich mancher gelehrte Gefangene eine Bibliothek an. Aus den Büchern, die in der Bastille zurückgelassen wurden, entstand mit der Zeit eine ziemlich reichhaltige Bibliothek. Die schöne Literatur bildete darin natürlich den Hauptbestandteil. Einige Gefangene erhielten selbst die Vergünstigung, in das Bibliothekszimmer zu gehen, um sich dort die Bücher auszusuchen.

Viele arbeiteten auch in der Bastille. So begann Voltaire während seiner Gefangenschaft die „Henriade", Renneville bearbeitete die Psalmen in Reimen, und viele berühmte Gefangene schrieben ihre Memoiren.

Unter den „Freiheiten der Bastille" findet man welche, die uns sehr sonderbar vorkommen. Ein Gefangener hatte die Erlaubnis, Hunde zu halten. Ein anderer vertrieb sich die Zeit mit einer Katze, wieder andere hielten sich Vögel. Vor allem war Musik sehr beliebt, besonders Geigen- und Flötenspiel. Einer verfertigte Möbel oder andere Gegenstände aus Holz, andere wiederum stickten oder nähten. In den Zimmern, wo mehrere Gefangene beieinander waren, spielte man häufig Karten, Schach und andere Gesellschaftsspiele. Auch wurde gern dem Bachus geopfert, um so mehr, da man der Venus keine Opfer darbringen durfte.

Viele Karikaturisten zeigten ihre Kunst in der Bastille. So bemalte ein Künstler sämtliche Wände seines Zimmers mit Bildern, die das Wohlgefallen des Gouverneurs erregten. Deshalb wurde er, wenn die Zimmer mit Bildern angefüllt waren, in einen anderen Raum gebracht, der dann auch bald einer kleinen Gemäldegalerie glich. Nicht jeder Gouverneur besaß jedoch Kunstverständnis, und mancher Gefangene fand nach seiner Rückkehr vom Spaziergang seine Zimmerwände mit Kalk getüncht. Vielleicht aber freute er sich auch darüber, wieder eine neue Leinwand zur Verfügung zu haben. Oft war sicherlich die Zerstörung der Zeichnungen kein großer Verlust für die Kunst, denn viele Bilder stellten nur wertlose Karikaturen des Königs, seiner Kinder, seiner Minister und Mätressen dar.

Die Ausstattung der Gefangenen mit Kleidung und Wäsche scheint, wenigstens zu manchen Zeiten, sehr reich gewesen zu sein. Wie manche Dokumente aus den Archiven der Bastille beweisen, hat man den Gefangenen nicht nur alles im Ueberfluß geliefert, sondern oft die sonderbarsten Wünsche berücksichtigt, die oft wirklich nicht bescheiden waren. So verweigerte ein Gefangener Hemden, die für ihn angefertigt waren, weil sie keine Spitzen aufwiesen. Latude erzählt in seinen Erinnerungen, wie er hauptsächlich seine Flucht mittels der zahlreichen Wäsche, die er zu Stricken verarbeitete, ermöglichen konnte. Diese Wäsche, behauptet er, sei sein Eigentum gewesen, als er die Bastille betrat. Die Geschichtsforschung hat jedoch nachgewiesen, daß er sie von der Verwaltung des Schlosses auf seinen Wunsch erhalten hatte, ein Beweis, wie entgegenkommend in dieser Hinsicht die Beamten der französischen Könige waren.

Auch hinsichtlich der Körperpflege scheinen die Gefangenen keine großen Entbehrungen gelitten zu haben. Der Chirurg der Bastille besorgte das Haarschneiden und Rasieren. Es wird berichtet, daß das Rasiergerät, ferner Seife und Wäsche von der besten Beschaffenheit waren. Allerdings war es den Gefangenen nicht erlaubt, sich der Geräte selbst zu bedienen.

Aber über die Heizung haben die Gefangenen zeitweise Klage geführt. Den Gefangenen stand zwar Holz kostenlos zur Verfügung, doch scheint es zeitweise wirklich knapp bemessen gewesen zu sein. Die Gefangenen hatten allerdings die Erlaubnis, es von außerhalb kommen zu lassen, natürlich auf ihre eigenen Kosten.

Viele Gefangene beklagten sich auch über die Beköstigung. Es scheint aber, daß sie in diesem Punkte stark übertrieben haben. Dies bezeugen die Aufzeichnungen von Schriftstellern, denen man Glauben schenken kann, und außerdem wieder Dokumente aus den Archiven. Verglichen mit modernen Verhältnissen muß die Verpflegung in der Bastille geradezu glänzend gewesen sein.

Nehmen wir die Speisenfolge, die für die Gefangenen der niederen Klassen festgesetzt worden war. Sie lautet:

„Sonntags zum Mittagessen: Fleischbrühe, eine Scheibe Rindfleisch und zwei Pasteten. Abends eine Scheibe Rinder-, Kalbs- oder Hammelbraten oder gekochtes Fleisch. Dazu Gemüse und Salat.

Montags: Statt der beiden Pasteten zwei Koteletten oder gekochtes Fleisch, dazu Gemüse.

Dienstags: Eine Wurst, ein Schweinsfuß oder ein Rostbraten.

Mittwochs: Ein mit Fleisch gefüllter Kuchen.

Donnerstags: Kaldaunen oder einige Stücke Huhn, das, wie der Chronist boshaft hinzufügt, zu alt war, um bis zum nächsten Sonntag aufbewahrt zu werden.

Freitags: Zum Mittagessen Fisch. Entweder Karpfen, Kabeljau oder Rochen mit einem Gang Eiern. Zum Abendessen Spinat oder ein anderes Gemüse mit zwei gekochten Eiern.

Sonnabends: Die gedrängte Speisekarte der ganzen Woche."

Dazu erhielt jeder Gefangene täglich ein Pfund Brot, eine Flasche Wein und als Nachtisch, der bekanntlich auf keinem französischen Tisch fehlen darf, frische oder getrocknete Früchte. Diese Ernährung ist jedenfalls für ein Gefängnis nicht schlecht. Dabei muß man bedenken, daß es die des geringsten Tarifs ist. Am heiligen Ludwigs-, Martins- und Dreikönigstag bekam jeder Gefangene noch ein halbes Huhn oder sonst etwas Gutes als Zugabe.

Die anderen Klassen speisten natürlich viel besser. Der General Dumouriez war ganz des Lobes voll über die Küche, die man ihm bot. Wir kennen das Menu von La Bourdonnais aus dem Jahre 1750. Auf seiner Tafel waren alle erdenklichen Speisen zu finden. Er erhielt zum Beispiel zu dem gewöhnlichen Essen seiner Klasse folgende Ergänzungen: am 2. Juli ein Huhn und eine Flasche Muskatellerwein, am 7. Tee, am 12. eine Flasche Likör, am 14. Wachteln, am 15. eine Truthenne, am 16. eine Melone, am 17. ein Huhn, am 18. ein Kaninchen, am 19. eine Flasche Likör, am 20. eine Wurst und zwei Melonen. Die Archive der Bastille enthalten ferner die Zugaben, die Tavernier, einer der sieben Gefangenen des 14. Juli 1789 in einem Monat erhalten hat. Die Liste ist ziemlich reichhaltig: sechzig Flaschen Wein, dreißig Flaschen Bier, vier Flaschen Branntwein, ferner Kaffee, Zucker, Tabak, Austern, eine Truthenne, Kastanien, Aepfel und Birnen. Auch Renneville, Linguet und andere, die sich sonst sehr über die Bastille beschweren, fanden das Essen sehr gut. Linguet sagt in seiner Bosheit sogar, man habe absichtlich ein besonders gutes Essen gegeben, um die Gefangenen desto leichter vergiften zu können. Das ist natürlich nur Verleumdung.

Ganz interessant sind die Aufzeichnungen des bekannten Schriftstellers Marmontel. Seine Aufzeichnungen über das Leben in der Bastille sind allerdings ebenfalls mit Vorsicht zu benutzen, denn Marmontel hatte guten Grund, sich nicht zu sehr zu beklagen. Die Zahl seiner Neider und Feinde war sehr groß und die Bastille stets in bedrohlicher Nähe.

Marmontel war am 28. Dezember 1759 in die Bastille gekommen. Nachdem man ihm ein gutes Feuer in seinem Zimmer gemacht hatte, harrte er, in die Lektüre der Kommentare Cäsars vertieft, der Dinge, die da kommen sollten. Sein Diener Bury richtete inzwischen sein Bett.

„Zwei Stunden später", so heißt es in seinen Memoiren, „reißt mich das Geräusch meiner beiden Türen aus meiner tiefen Träumerei, und zwei Wärter erscheinen mit einem Abendessen, das anscheinend das meine ist. Sie setzten es schweigend auf den Tisch. Der eine stellt drei kleine, mit gewöhnlichen irdenen Tellern bedeckte Schüsseln vor dem Feuer nieder, während der andere ein etwas grobes, aber weißes Tuch auf einem anderen Tisch, der unbesetzt war, ausbreitet. Ich sehe dann, wie er auf die Tafel ein ziemlich sauberes Besteck, einen Zinnlöffel und eine Zinngabel, sowie ein gutes Hausbrot legt und eine Flasche Wein daneben stellt. Als so der Tisch gedeckt war, zogen sich beide zurück und schlossen die Türen meines Zimmers mit demselben Lärm zu.

Nun fordert mich Bury auf, mich zu Tisch zu setzen. Zuerst setzt er mir die Suppe vor. Es war an einem Freitag, daher Fastentag. Auf die Suppe folgt ein Gang von weißen Bohnen*), die mit frischer Butter angerichtet waren. Ich fand alles sehr gut. Der zweite Gang, der aus Stockfisch bestand, war noch besser. Der leichte Knoblauchgeschmack, die Würze und der feine Duft, den er um sich verbreitete, würde dem Gaumen des verwöhntesten Gaskogners geschmeichelt haben. Der Wein war allerdings nicht ausgezeichnet, aber er war trinkbar. Nachtisch gab es nicht. Nun, etwas mußte man doch schließlich entbehren! Jedenfalls fand ich, daß man sehr gut in der Bastille speiste.

Als ich mich von meiner Mahlzeit erhob und Bury meinen Platz einnahm — denn es war noch genug für ihn übrig geblieben —, erschienen plötzlich meine beiden Wärter wieder. Sie trugen wahre Pyramiden von Tellern in den Händen. Beim Anblick der schönen Tischwäsche und des silbernen Bestecks erkannten wir unseren Irrtum. Wir ließen uns aber nichts anmerken. Als

---

*) Ein in Frankreich besonders geschätztes Gericht.

unsere Wärter alles niedergesetzt und sich zurückgezogen hatten, sagte Bury zu mir: „Ach mein Herr, Sie haben soeben mein Essen verzehrt, Sie werden also nichts darunter finden, wenn ich das Ihrige verspeise." „Das ist nur recht und billig" antwortete ich, und die Mauern meines Zimmers waren gewiß erstaunt, ein so herzhaftes Lachen zu hören.

Dieses Mittagessen sah wirklich nicht nach einer Fastenspeise aus. Das Menu war folgendermaßen zusammengesetzt: eine vorzügliche Suppe, eine Scheibe saftigen Rinderbratens, ein zart gesottener Kapaunenschenkel, der von Fett triefte, eine kleine Schüssel mit in Essig zubereiteten Artischoken, ein Gang Spinat, eine sehr schöne Birne, frische Weintrauben, eine Flasche alten Burgunders und den besten Mokka. Das war das Mittagessen Burys, mit Ausnahme des Kaffees und der Birne, die er mir gern überließ.

Am Nachmittag kam der Gouverneur, um mich zu besuchen. Er fragte mich, ob ich mit dem Essen zufrieden sei. Dann versicherte er mir, wenn ich an seiner Tafel gespeist hätte, so würde er mir selbst die Stücke gereicht haben. Für das Abendessen schlug er mir ein Huhn vor. Ich dankte ihm vielmals und antwortete, daß der Rest des Obstes, das vom Mittagessen übrig geblieben war, mir genügen würde. Man hat nun gesehen, woraus meine gewöhnliche Kost in der Bastille bestand, und man kann daraus schließen, mit welcher Milde, oder vielmehr mit welchem Widerwillen man sich dazu verstand, den Zorn des Herzogs von Aumont gegen mich auszuspielen."

Man wird leicht begreifen, daß es Marmontel auf diese Weise nicht nur elf Tage, sondern wahrscheinlich noch recht lange hätte in der Bastille aushalten können.

Das Leben in der Bastille kann demnach nicht so furchtbar gewesen sein, wie man es früher geschildert hat. Immerhin, selbst ein goldener Käfig bleibt eben ein Käfig, und die Leiden und Qualen eines Menschen, dem die Freiheit genommen ist, sind unsäglich groß. Viele Gefangene mögen daher aufgeatmet haben, als sich ihnen die Tore zur Freiheit öffneten, aber auch manche sind schweren Herzens von dem Orte geschieden, der ihnen sicheren Unterhalt bot und viele Sorgen des Lebens ersparte.

Die Entlassung der Gefangenen geschah wiederum auf Grund eines königlichen Geheimbefehls. Sobald dieser beim Gouverneur eintraf, begab sich dieser oder auch der Platzkommandant in das Zimmer des Gefangenen, um ihm die angenehme Nachricht mitzuteilen. Schnell waren die Habseligkeiten des Gefangenen eingepackt, und nun ging es zum Major, der dem Scheidenden die Sachen zurückgab, die ihm beim Eintritt in die Bastille abgenommen worden waren. Der Gefangene mußte schriftlich das Versprechen abgeben, nichts Nachteiliges über seinen Aufenthalt zu sagen oder zu schreiben. Zum Abschied erhielt der Gefangene noch einmal ein besonders gutes Essen vorgesetzt. Vornehme Persönlichkeiten wurden wohl auch von dem Gouverneur zum Essen eingeladen.

Es kam ziemlich selten vor, daß Gefangene nicht mehr das Licht der Freiheit erblickten und im Gefängnis starben. Die Toten wurden gewöhnlich auf dem Sankt-Pauls-Friedhof beigesetzt. Die Totenmesse las der Priester in der Sankt-Pauls-Kirche. Juden, Protestanten, andere Ketzer und Selbstmörder wurden im Garten der Bastille verscharrt. Ihnen ein Grab auf dem Friedhofe der „Gläubigen" zu gewähren, gestattete der unsinnige Fanatismus und die Beschränktheit der Gesinnung der damaligen Zeit nicht.

Als nach der Einnahme der Bastille das Schloß abgetragen wurde, fand man im Garten auf der ehemaligen Bastion zwei menschliche Gerippe vor. Hier glaubte man nun endlich gefunden zu haben, was man im Schlosse selbst trotz genauester Nachforschungen nicht entdecken konnte. Man gab sich allerlei Vermutungen hin und glaubte, daß sich dort etwa unterirdische Verließe befunden hatten, in denen man Gefangene lebendig eingemauert habe. Das Tagebuch Du Juncas scheint aber gerade über diesen Punkt völlige Aufklärung zu bringen, so daß also diejenigen, die das Schloß der acht Türme unbedingt zu dem Schauplatz der größten Scheußlichkeiten machen wollen, auch diesmal wieder nicht auf ihre Rechnung kommen. Du Junca vermerkt unter dem 21. November 1704 und dem 24. April 1705, daß die Frau eines Buchhändlers ohne die Tröstungen der Religion, und ein reformierter Prediger, der nicht in den Schoß der alleinseligmachenden Kirche zurückkehren wollte, in der Bastille gestorben und im Garten verscharrt worden seien.

Man sah es übrigens nicht gern, daß Gefangene, besonders wenn es hochgestellte Persönlichkeiten waren, in der Bastille starben. Das brachte das Schloß, das ohnehin schon beim Volke in keinem guten Ruf stand, noch mehr in der Leute Mund. Dieser Umstand rettete zum Beispiel einen gewissen Davisard. Frau von Staal erzählt in ihren Memoiren diese köstliche Anekdote. „Davisard", schreibt sie, „ein ungestümer und lebhafter Mensch, dem es unmöglich war, längere Zeit an ein und derselben Stelle zu verharren, erkrankte ziemlich heftig in der Bastille. Man setzte den Regenten*) davon in Kenntnis und stellte ihm die Sache vielleicht schlimmer dar, als sie in Wirklichkeit war. Der Regent, der ein Gegner aller Gewaltmittel war, sah es nicht gern, daß seine Gefangenen ihm den Kummer machten, in der Bastille zu sterben. Damit dieser Fall nicht eintreten möge, wurde Davisard in Freiheit gesetzt. ‚Ist das auch keine Falle', fragte dieser in seiner gaskognischen Aussprache, als er den Geheimbefehl sah. ‚Nein,' entgegnete der Gouverneur, ‚es ist etwas ganz Gutes!' ‚Gebt mir meine Hosen und Strümpfe, schnell, schnell,' rief

---
*) Der Herzog von Orléans hatte an Stelle des jungen Ludwigs XV. die Regentschaft übernommen.

Davisard und aus dem Bette springen, ankleiden, abreisen und gesund werden war das Werk eines Augenblicks."

VI.

Der Mann mit der Eisernen Maske

Die Dokumente. — Der Gouverneur Saint-Mars. — Entstehung der Legende. — Voltaire. — Ein Bruder Ludwigs XIV. — Napoleon ein Abkömmling des Sonnenkönigs. — Andere abenteuerliche Vermutungen. — Die Lösung des Rätsels. — Der Graf Herkules Antonius Mattioli.

Legenden sind immer von großer Anziehungskraft auf die Menschen gewesen. Sie schienen interessanter als die wahre Geschichte, besonders, wenn ihnen eine historische Tatsache zugrunde lag, die mit einem großen Geheimnis umgeben war. Uneheliche Kinder aus großen Fürstenhäusern haben stets die Phantasie des Volkes in hohem Grade beschäftigt. Kein Wunder, daß die Naundorf, Hauser, d'Eon und viele andere eine große Anziehungskraft ausübten, selbst auf die Gelehrten.

Dasselbe ist bei dem Manne mit der „Eisernen Maske" der Fall. Schon der Name klingt hintertreppenromanhaft. Und doch sind jenem Manne eine Fülle der gelehrtesten Abhandlungen gewidmet worden. Man könnte eine ganze Bibliothek von den Schriften über jene geheimnisvolle Persönlichkeit zusammenstellen, ohne dabei die Legionen von Romanen zu berücksichtigen, deren Held die „Eiserne Maske" ist. Es ist ganz erstaunlich, mit welcher Hartnäckigkeit derartige Stoffe immer wieder behandelt werden. Man kann sich allerdings für Schriftsteller von der Art des älteren Dumas kaum etwas Geeigneteres vorstellen.

Warum aber beschäftigen sich selbst die Gelehrten so eingehend mit diesem Gegenstand? An sich kann es doch der heutigen Generation ziemlich gleichgültig sein, ob nun der Mann mit der „Eisernen Maske" wirklich ein

Bruder Ludwigs XIV. war oder nicht. Ja, wenn die Bourbonen jetzt noch regierten und der Mann mit der „Eisernen Maske" Nachkommen hinterlassen hätte, die Ansprüche auf den Thron Frankreichs erhöben! Aber so...

Der Legende liegen folgende Tatsachen zugrunde: Am 18. September 1689 trat der Gouverneur der Inseln Sainte-Marguerite und Saint-Honorat*), Bénigne d'Auvergne de Saint-Mars, das Amt eines Gouverneurs der Bastille an. In seiner Begleitung befand sich ein Gefangener, der eine schwarze Samtmaske trug. Ueber dessen Person wurde das strengste Stillschweigen beobachtet.

Du Junca, der seit dem Herbst 1690 Platzkommandant des Schlosses war, trug unter dem 18. September 1698 folgende Bemerkung in sein Tagebuch ein:

„Am Donnerstag, den 18. September 1698, drei Uhr nachmittags, ist Herr de Saint-Mars, Gouverneur des Schlosses der Bastille, hier angelangt. Er kam von den Inseln Sainte-Marguerite-Honorat, deren Gouverneur er gewesen war, und brachte in einer Sänfte einen alten Gefangenen mit, den er schon in Pignerol**) bei sich hatte. Dieser Gefangene ist immer maskiert, und sein Name wird nicht genannt.

Nachdem er ihn in das erste Zimmer des Turmes La Bazinière hatte bringen lassen, habe ich ihn selbst bei Einbruch der Nacht, um neun Uhr abends, mit Herrn de Rosarges, in das dritte Zimmer des Turmes La Bertaudière geführt, das ich einige Tage zuvor auf Befehl des Herrn de Saint-Mars habe möblieren lassen. Dieser Gefangene wird von Herrn Rosarges***) bedient und bewacht werden, der Herr Gouverneur wird ihn beköstigen.

---

*) Die bedeutendsten der Iles de Lérins (Lerinische Inseln). Sie liegen südöstlich von Cannes im Mittelmeer.

**) Jetzt Pinerolo in der italienischen Provinz Turin. Es war damals französisch und besaß ein der Bastille ähnliches Staatsgefängnis.

***) Major der Bastille.

In einem anderen Bande vermerkte der Platzkommandant folgende Notiz: „Am selben Tage, dem 19. September 1703, ist der unbekannte Gefangene, dessen Gesicht mit einer Maske aus schwarzem Samt bedeckt war, und den der Gouverneur Herr de Saint-Mars von den Inseln Sainte-Marguerite mitgebracht und schon lange in Gewahrsam hatte, gegen zehn Uhr abends, nachdem er gestern nach der Messe unpäßlich geworden war, gestorben, ohne daß er ernstlich krank gewesen wäre. Herr Giraut, unser Kaplan, nahm ihm gestern die Beichte ab. Da er vom Tode überrascht wurde, konnte er die Beichte nicht empfangen, und unser Kaplan hat ihn noch einen Augenblick vor seinem Tode auf sein Ende vorbereitet. Der unbekannte Gefangene, der solange gefangen gehalten wurde, ist am Dienstag, den 20. November, nachmittags 4 Uhr, auf dem Friedhof unseres Kirchspiels Sankt Paul bestattet worden. Im Totenregister hat man ihm einen ebenso unbekannten Namen gegeben. Der Major Herr de Rosarges und der Chirurg Arreil haben das Totenregister unterzeichnet.

Am Rande war vermerkt: ‚Ich habe seitdem erfahren, daß man ihm im Totenregister Herrn de Marchiel nannte, und daß man vierzig Livres Beerdigungskosten bezahlt hat'."

Die Tagebücher Du Juncas sind erst ziemlich spät entdeckt worden. Sie wurden mit den übrigen Dokumenten der Bastille in der Arsenalbibliothek in Paris aufgefunden und veröffentlicht*). Der Stil der Tagebücher ist sehr schlecht. Das kann man schließlich von einem Soldaten des 17. Jahrhunderts nicht anders verlangen. Es genügt vollkommen, daß sie zuverlässig sind, was man von den vielen anderen, zum Teil sehr gut geschriebenen Memoiren, nicht behaupten kann.

Die Eintragung im Totenregister der Bastille lautete: Am 19. (November 1703) ist Marchioly, ungefähr

---

*) Ueber die Archive der Bastille vgl. S. 130.

45 Jahre alt, in der Bastille gestorben. Seine Leiche ist am 20. dieses (Monats) auf dem Friedhof Sankt Paul in Gegenwart des Herrn Rosage (so!), des Majors der Bastille und Herrn Relge (!) (so!), des Chirurgen der Bastille, die beide unterzeichnet haben, beerdigt worden.

(Gezeichnet): Rosarges, Reilhe.

Bevor Herr de Saint-Mars das Amt des Gouverneurs der Bastille antrat, brachte er einige Zeit auf seiner Besitzung, dem Schlosse Palteau bei Villeneuve-le-Roi (Departement Landes) zu. Der Gefangene mit der „Eisernen Maske" begleitete ihn dorthin. Ein Großneffe des Gouverneurs, Herr de Palteau, veröffentlichte am 30. Juni 1768 in der Zeitschrift „Année litteraire" einige Angaben über den Aufenthalt des geheimnisvollen Gefangenen auf dem Gute Palteau. Diese Mitteilungen beruhen auf den Aussagen einiger Augenzeugen. Danach soll Herr de Saint-Mars stets mit dem Gefangenen allein gespeist haben. Der Gefangene saß immer so, daß er der Türe den Rücken zukehrte. Stets trug er eine Maske aus schwarzem Samt. Auf dem Tisch hatte der Gouverneur ständig zwei geladene Pistolen liegen. Die beiden Herren wurden von einem Diener bedient, der die Speisen aus einem Vorzimmer holte. Damit niemand den Gefangenen sehen konnte, schloß er stets sorgfältig die Tür des Speisezimmers. Der Gefangene mit der „Eisernen Maske" schlief in demselben Zimmer wie Saint-Mars.

Ein Brief des Gouverneurs de Saint-Mars vom 6. Januar 1696 an den Minister Barbezieux scheint sich noch auf den Gefangenen mit der „Eisernen Maske" zu beziehen. Er lautet folgendermaßen:

„Monseigneur!

Sie verlangen von mir zu wissen, wie man, wenn ich selbst abwesend oder krank bin, mit den Gefangenen verfährt, die meiner Obhut anvertraut sind, und welche

Vorsichtsmaßregeln in bezug auf die Gefangenen getroffen werden. Meine beiden Offiziere lassen zu den bestimmten Stunden das Essen bringen, so wie sie es von mir gesehen haben, und wie ich es oft noch selbst tue, wenn ich mich wohlfühle. Der eine Offizier nimmt die Schlüssel zu dem Gefängnis meines alten Gefangenen (damit ist die „Eiserne Maske" gemeint), bei dem begonnen wird, öffnet die drei Türen und tritt in das Zimmer des Gefangenen ein. Dieser gibt, nachdem er gespeist hat, die Teller und Schüsseln zurück, und der erste Offizier reicht sie dann einem Sergeanten weiter, der das Geschirr auf einen Tisch niedersetzt, der sich vor dem Zimmer befindet. Hierauf sieht der andere Offizier nach, ob die Teller nicht mit irgendwelchen Nachrichten beschrieben sind. Darauf untersucht er das Bett innen und außen, die eisernen Stäbe vor den Fenstern und oft sogar den Gefangenen selbst. Zuletzt wird der Gefangene höflich gefragt, ob er etwas brauche, und man schließt die Tür, um in gleicher Weise mit den anderen Gefangenen zu verfahren."

Aus den beiden Schriftstücken ist zu ersehen, daß der Gefangene mit einer gewissen Auszeichnung behandelt wurde. Das ist dann später sehr übertrieben worden. Die Legende überliefert weiterhin, daß der Gouverneur stets in ehrfurchtsvoller Haltung vor dem Gefangenen und entblößten Hauptes gestanden habe. Ferner soll der geheimnisvolle Fremde die feinste Kleidung und Wäsche getragen haben. Das ging soweit, daß selbst die Offiziere der Bastille glaubten und erzählten, der Gefangene sei mit ganz besonderer Hochachtung behandelt worden.

Nach der Angabe Du Juncas war der Mann mit der „Eisernen Maske" bei seiner Ankunft in der Bastille in das dritte Zimmer des Turmes La Bertaudière geführt worden, nachdem er nur wenige Stunden in dem Turm La Bazinière, der dem Eingang näher lag, zugebracht hatte.

Am 6. März mußte der Gefangene sein Zimmer an eine Wahrsagerin, namens Anne Randon, abgeben. Er kam nun in das zweite Zimmer des Turmes La Bertaudière. Hier befand sich bereits seit dem 30. Juli 1700 ein junger Bedienter, namens Tirmont, der wegen Verführung von jungen Mädchen in die Bastille gekommen war. Dieser verließ am 14. Dezember 1701 die Bastille und wird nach Bicêtre gebracht, wo er 1708 im Wahnsinn starb. Er kommt also für die Geschichte nicht in Betracht. Noch ehe Tirmont die Bastille verlassen hatte, kam ein dritter Gefangener, Jean Alexandre de Ricardville, genannt de Maranville, in dieses Zimmer. Warum man den geheimnisvollen Gefangenen mit zwei anderen Gefangenen in ein und dasselbe Zimmer brachte, ist schwer zu verstehen, denn man war doch sonst so eifrig bemüht, das Geheimnis über diesen Mann zu wahren. Maranville war bereits sechzig Jahre alt, als er in die Bastille kam. Er war wegen ungeziemter Reden gegen den Staat eingekerkert worden. Er wurde im Jahre 1708 nach Charenton gebracht, das damals noch keine Irrenanstalt, sondern eine sogenannte „prison ouverte" war, das heißt, ein Gefängnis, wo die Gefangenen untereinander verkehrten und auch Beziehungen mit der Außenwelt unterhielten.

Das sind die Tatsachen, die der Geschichte von dem Manne mit der „Eisernen Maske" zugrunde liegen. Sie sind das Ergebnis der modernen Forschung. Die Legende hat sich unabhängig von den Tatsachen gebildet. Es ist ganz erstaunlich, wie reichhaltig Schriftsteller und Phantasten das Schicksal des geheimnisvollen Mannes ausgestattet haben. Die Legende spukt heute noch in vielen Köpfen, die sich mit den Ergebnissen der modernen Forschung nicht abfinden können.

Es ist nicht möglich, auch nur annähernd alle jene Vermutungen und phantastischen Erzählungen anzuführen, die sich über die Persönlichkeit gebildet haben. Wir müssen uns damit begnügen, die Entwicklung der Legende in großen Zügen darzustellen. Als der eigentliche Urheber der Irreführung ist kein geringerer als Voltaire zu bezeichnen. Er brachte als erster die Vermutung auf, der Mann mit der „Eisernen Maske" sei ein Bruder Ludwigs XIV. Natürlich glaubte er selbst diesen Unsinn nicht, sondern er hat in seiner Spottsucht sich damit einen Scherz leisten wollen und sich königlich amüsiert, als man so auf seinen Witz hereinfiel. Jedenfalls hat er nie eine derartige Wirkung erwartet.

Die „Eiserne Maske" ist die erste Unwahrheit an jener Geschichte. Sie war aus Samt. Aber „eisern" klang geheimnisvoller, grausamer und daher interessanter. Für Schriftsteller von einer Phantasie, wie sie Dumas der Aeltere besaß, war dies ein Stoff, wie sie sich ihn nicht besser wünschen konnten. Sie haben daher auch jene Legende weidlich ausgenützt.

Die Vermutung, daß die „Eiserne Maske" ein Bruder Ludwig XIV. sei, fand im Volk am meisten Glauben. Der Baron von Gleichen wies nach, daß man den wirklichen Thronerben gefangen hielt, um einem Kinde, das die Königin mit dem Kardinal Marzarin gezeugt hatte, den Thron zu verschaffen. Unter Napoleon I. behauptete man, Ludwig XIV. sei nur ein Bastard gewesen. Den wirklichen Thronerben habe man auf die Insel Sainte-Marguerite verbannt und später mit der Tochter eines Gefangenenwärters vermählt. Ein Kind, das dieser Ehe entsproß, sei nach Korsika gebracht und dort einer Vertrauensperson übergeben worden. Dieses Glückskind, das italienisch Buona-Parte, auf deutsch etwa „Gut-Teil" genannt wurde, sei kein anderer, als ein Vorfahre Napoleons gewesen. Demnach sei Napoleon I. ein direkter Nachkomme der Bourbonen, und der französische Thron stand ihm nach dem Gesetz der Legitimität zu!

Doch mit diesem Unsinn gab man sich nicht zufrieden. Es mußte noch toller kommen. Man suchte verschiedene Varianten zu dieser Auffassung. Aus dem Bruder Ludwig XIV. wurde sein Vater. Dieser soll einer Verbindung der Königin Anna mit einem armen Edelmann entsprossen sein. Viel Glauben fand auch die Legende, daß der geheimnisvolle Gefangene ein Zwillingsbruder Ludwigs XIV. gewesen sei, den man beseitigte, um Streitigkeiten bei der Erbfolge zu beseitigen. Manche wollten wissen, daß die „Eiserne Maske" identisch mit dem Grafen von Vermandois, Admiral von Frankreich, sei, ein Sohn Ludwigs XIV. und des Fräuleins de Lavallière. Es steht aber einwandfrei fest, daß dieser schon im Jahre 1683 in Gourtrai starb. Damit war es also auch nichts. Auch François de Vendôme, Herzog von Beaufort, konnte es nicht sein, wie behauptet wurde; denn dieser starb sogar schon im Jahre 1669 bei der Belagerung von Candia.

Die Liste ist noch nicht zu Ende. Der Schriftsteller Paul Lacroix stellt die Hypothese auf, daß der Mann mit der „Eisernen Maske" niemand anders als der Oberintendant Foucquet*) gewesen sei. Ein anderer behauptet, er sei identisch mit dem Grafen Kéroualze, wieder andere mit dem Herzog von Monmouth, dem Lothringer Ludwig von Oldendorf, dem Generalleutnant Vivien Labbé de Bulonde. Ganz findige Köpfe wollten in der geheimnisvollen Persönlichkeit, die in der Bastille gefangen gehalten wurde, den armenischen Patriarchen von Konstantinopel und Jerusalem, namens Avedick, erkennen, den man auf Veranlassung der Jesuiten gefangen genommen und nach Frankreich geführt hatte. Sogar für den Lustspieldichter Molière hat man ihn gehalten. Nun muß man allerdings zugeben, daß einige von diesen Vermutungen nicht so ganz aus der Luft gegriffen sind, abgesehen von den ganz absurden. Viele Gelehrte wußten für ihre Vermutungen ein großes wissenschaftliches Beweismaterial zu erbringen, und manche haben nach dem Erscheinen neuer Dokumente ihren Irrtum eingesehen und sich der modernen Ansicht

---

*) Vergleiche Seite 88.

angeschlossen. Man darf um so weniger mit Mißachtung über jene Arbeiten hinweggehen, als die ganze Frage immer noch nicht einwandfrei gelöst ist, wenn man auch annehmen kann, daß auf Grund der vorhandenen Dokumente eine andere Auslegung nicht möglich ist, und man wahrscheinlich das Richtige getroffen hat.

Am glaubwürdigsten erscheint die Annahme, daß es sich bei dem Mann mit der „Eisernen Maske" um den Grafen Herkules Antonius Mattioli, dem Staatssekretär des Herzogs Karl Ferdinand von Mantua, handelt. Es sprechen sich nicht allein die angesehensten und ernsthaftesten Forscher für diese Vermutung aus, sondern diese Lösung scheint auch die einzig mögliche zu sein. Allerdings ist der geheimnisvolle Glanz damit dahin, denn die Geschichte ist durchaus nüchtern und wenig romanhaft!

Mattioli war im Jahre 1640 geboren. Es gelang ihm schon in jungen Jahren, die Gunst Karls III. und später Karls IV. von Mantua zu erwerben. Ludwig XIV., der mit dem Herzog von Mantua in Beziehungen stand, hatte mit Mattioli die betreffenden Verträge abgeschlossen. Für sein entgegenkommendes Verhalten hatte der französische König dem mantuanischen Staatssekretär eine gewisse Summe bezahlt. Mattioli trieb aber doppeltes Spiel. Er unterrichtete andere Höfe von den Unterhandlungen und strich dafür ebenfalls Geld ein. Ludwig XIV. war der Betrogene. Er war außer sich vor Wut und beschloß, sich zu rächen. Es gelang dem französischen Gesandten in Venedig, dem Abbé d'Estrades, Mattioli zu veranlassen, sich nach Versailles zu begeben, wo ihm eine bestimmte Summe ausgezahlt werden sollte. Der Staatssekretär ging in die Falle. Verabredungsgemäß überschritt d'Estrades mit Mattioli die Grenze. Unterwegs wurde der Wagen von Bewaffneten angehalten. Bald befand sich Mattioli in der Festung Pignerol in sicherem Gewahrsam. Anfang 1694 wurde er der Obhut des Herrn de Saint-Mars anvertraut und nach der Insel Sainte-Marguerite gebracht. Von dort aus kam er 1698 in die Bastille, wo er im Jahre 1703 starb.

Die Verhaftung Mattiolis war eine der gröbsten Verletzungen des Völkerrechts. Man stelle sich vor, ein Monarch läßt eines schönen Tages den Vertreter einer befreundeten Macht verhaften und spurlos verschwinden. Ludwig XIV. hatte also wirklich Interesse daran, daß seine Handlungsweise nicht bekannt wurde. Damit erklärt sich die Maske des Gefangenen und die Geheimhaltung seiner Persönlichkeit ohne weiteres.

Es würde zu weit führen, alle Beweisgründe anzuführen, die zu der Vermutung veranlassen, daß Mattioli der Mann mit der „Eisernen Maske" gewesen ist. Festzuhalten ist aber, daß der Gefangene unter seinem richtigen, wenn auch verstümmelten Namen in das Totenregister der Bastille eingetragen wurde.

VII.
Andere berühmte Gefangene

Der Herzog von Biron. — Seine Hinrichtung in der Bastille. — Die Affäre Condé. — Heinrich IV. und die schöne Herzogin von Condé. — Der Herzog von Condé in der Bastille. — Die Gefangenschaft des Marschalls Bassompierre. — Seine Memoiren. — La Porte. — Der Prozeß des Finanzministers Foucquet. — Die Hinrichtung des Prinzen Rohan. — Die Giftmischeraffäre. — Konstantin de Renneville. — Seine Memoiren über die Bastille.

*

Marschall Richelieu, der Liebling der Frauen. — Das Abenteuer mit der Herzogin von Burgund. — Die Orgie der Gräfin de Glacé. — Das Leben Richelieus in der Bastille. — Voltaire als Gefangener. — Sein Brief an den Regenten. — Madame de Staal. — Ihre Liebesabenteuer im Staatsgefängnis.

Die Geschichte der Gefangenen ist in gewissem Sinne die Geschichte der Bastille selbst. Wir sehen in der ersten Zeit vor allem Persönlichkeiten von hohem Adel in dem Staatsgefängnis unter der Anklage irgendeiner Intrige oder Verschwörung gegen das Königtum.

. Da ist als einer der bekanntesten Charles de Gontaut, Herzog von Biron, zu nennen, der einem der vornehmsten französischen Adelsgeschlechter entstammte. Durch seinen Ehrgeiz, seine Tapferkeit, die ihn zu einem der gefürchtesten Gegner in der Schlacht machten, hatte er nach und nach die höchsten Würden des Königreichs erhalten. Er wurde Admiral, Marschall, Pair von Frankreich, Herzog und schließlich Gouverneur von Burgund. Doch strebte er nach Höherem: Er versuchte, im Verein mit den Feinden Frankreichs, Heinrich IV. zu stürzen, um selbst freie Hand für seine ehrgeizigen Pläne zu haben. Heinrich IV. aber vereitelte seine Umtriebe. Er lockte ihn nach Paris und ließ ihn dort am 15. Juni 1602 verhaften und in die Bastille bringen. Einstimmig wurde er vom Parlament wegen Verschwörung gegen den König und den Staat für schuldig erklärt und am 31. Juli 1602 im Hofe der Bastille enthauptet. Dies ist eine von den wenigen Hinrichtungen, die in der Bastille vorgekommen sind.

Der Affäre Condé liegt folgende Begebenheit zugrunde: Heinrich IV., der bekanntlich eine große Leidenschaft für das zarte Geschlecht hatte, liebte die Prinzessin Condé, die Frau seines Neffen, des Vaters des großen Condé. Um seine Gattin den Nachstellungen des Königs zu entziehen, entfloh der Prinz mit seiner Gemahlin ins Ausland.

Linguet sagt darüber in seinen Memoiren folgendes: „Der alte und tugendhafte König Heinrich IV. gab sich in seinen letzten Lebensjahren noch einer Leidenschaft hin, die ebenso skandalös als lächerlich war: Er liebte nämlich die Prinzessin Condé, die Frau seines Neffen. Da er wußte, daß der Prinz jung, verschwenderisch und ehrgeizig war, hatte er sie ihm in der Hoffnung zur Gemahlin gegeben, ihn durch Geld und Zerstreuungen dahin zu bringen, daß er auf das Tun und Treiben seiner Gattin nicht achtete. In dieser Hoffnung scheiterte er jedoch vollkommen, denn der junge Prinz liebte seine

Frau und verlangte weder Vergnügungen noch Reichtum. Er floh mit seiner Gemahlin nach Brüssel.

Diese Flucht konnte von anständig denkenden Menschen nur gebilligt werden. Im Rate des Königs aber wurde sie wie eine große Staatsangelegenheit behandelt. Alle Minister äußerten ihre Meinung, wie man am schnellsten eine Mätresse in die Arme des Königs zurückführen könne, die der unbequeme Gatte zu entführen gewagt hatte. Einige stimmten sogar für den Krieg. Als der Herzog von Sully um seine Ansicht befragt wurde, antwortete er: ‚Hätte man mich vor drei Monaten handeln lassen, so würde ich unseren Mann schon in die Bastille gesteckt haben und dort hätte ich für ihn bürgen können.'

Eine solche Sprache erlaubte man sich im Staatsrat. Der diesen Ausspruch tat, war einer der besten Minister, die Frankreich je gehabt hat. Seine Worte waren gegen einen Prinzen von Geblüt gerichtet, der das Verbrechen begangen hatte, eine schöne Frau zu haben und nicht zu dulden, daß sie die Mätresse seines Onkels wurde."

Etwas stimmt an den Ausführungen Linguets nicht, nämlich der Ausspruch Sullys. Nach seinen Memoiren soll er gesagt haben, er habe diese Flucht vorausgesehen und würde sie verhindert haben, wenn der König ihm dazu die Ermächtigung gegeben hätte. Ob nun Sully den König bestärkt oder ihm abgeraten hat, tut in diesem Falle nichts zur Sache, denn die Tatsache bleibt nichtsdestoweniger bestehen.

Condé kehrte nach der Ermordung Heinrichs IV. nach Paris zurück. Trotzdem sein Verfolger tot war, machte er doch mit der Bastille Bekanntschaft. Er wurde wegen zahlreicher Umtriebe im Jahre 1616 im Louvre verhaftet und zuerst in die Bastille, dann nach Vincennes gebracht. Im Jahre 1619 befreite ihn der Connétable, Herzog von Luynes. Von nun an wurde Condé ein treuer Anhänger des Königtums.

François de Bassompierre, einer der elegantesten Höflinge und geschicktesten Diplomaten seiner Zeit, war ein Günstling Heinrichs IV. und der Königin Maria von Medici. Seine kriegerischen Erfolge verschafften ihm den Marschallstab. Da er der Partei der Königin Maria von Medici angehört hatte, wurde er auf Befehl Richelieus am 23. Februar 1631 in die Bastille gebracht. Erst der Tod Richelieus erlöste den Vierundsechzigjährigen im Jahre 1643 aus der Gefangenschaft. In der Bastille schrieb der Marschall seine Memoiren, die interessant geschrieben, aber wenig zuverlässig sind.

La Porte, ein ergebener Anhänger der Königin Anna von Oesterreich und später Kammerherr Ludwigs XIV. wurde im Jahre 1637 auf Veranlassung Richelieus in die Bastille gebracht. Man versuchte, ihm in zahlreichen Verhören ein Geheimnis zu entreißen, das die Königin Anna bloßgestellt hätte. La Porte aber blieb standhaft.

Im allgemeinen war sein Leben wie das der übrigen Gefangenen der damaligen Zeit, also sehr angenehm. La Porte spricht daher auch in seinen Memoiren, die 1756 in Genf erschienen, viel von den Freiheiten der Bastille.

Großes Aufsehen erregte in Frankreich die Verhaftung des angesehenen Oberintendanten der Finanzen Nicolas Foucquet, eines sehr einflußreichen und wohlhabenden Mannes in Frankreich. Foucquet wurde am 5. September 1661 auf Veranlassung Ludwigs XIV. in Nantes durch d'Artagnan*) verhaftet. Die Anklage lautete auf Veruntreuung von ungeheuren Summen aus der Staatskasse und wegen Majestätsbeleidigung.

Nachdem Foucquet einige Zeit in mehreren Ge-

---

*) Graf d'Artagnan, die bekannte Figur aus Dumas' „Die drei Musketiere". D'Artagnan war damals Unterleutnant in der 1. Kompagnie der Musketiere, der berühmten Leibgarde des Königs. Er wurde später Hauptmann dieser Elitetruppe. D'Artagnan fiel vor Maastricht im Jahre 1673. Er hat sehr interessante Memoiren hinterlassen.

fängnissen unter strenger Bewachung zugebracht hatte, wurde er am 18. Juni 1663 in die Bastille überführt.

Als Grundlage diente der Anklage eine große Anzahl Schriftstücke, die beschlagnahmt worden waren. Sie stellten allerdings den Finanzminister außerordentlich bloß. So konnte man ihm nachweisen, daß er innerhalb von zwei Jahren achtzehn Millionen für seinen Haushalt verausgabt hatte. Foucquet hat in ungeheurem Luxus gelebt. Sein Haus war nie ohne Gäste. So hatte er sich durch sein Geld viele Anhänger im Staate verschafft und war schließlich dazu übergegangen, für seinen eigenen Schutz Festungen anzulegen. Er war also eine Gefahr für den König geworden.

Foucquet verteidigte sich mit großem Geschick. Er weigerte sich hartnäckig, seine Richter anzuerkennen und berief sich darauf, daß er als Mitglied des Parlaments nur diesem verantwortlich sei, und nur von diesem abgeurteilt werden könnte.

Die Richter wandten alle möglichen Schliche an, um ihn zum Geständnis zu bewegen, aber es war aus dem Gefangenen nichts herauszubringen. Er bestand darauf, stets ein treuer Diener des Königs gewesen zu sein und blieb standhaft in seiner Weigerung, das Gericht als kompetent anzuerkennen. Auch hinsichtlich seiner Veruntreuungen wußte er sich geschickt zu verteidigen. Neben anderen belastenden Dokumenten besaß das Gericht eine Anzahl Frauenbriefe an Foucquet, die nicht uninteressant sind*).

Trotz der Verteidigung des Finanzministers schien das Gericht so von seiner Schuld überzeugt zu sein, daß es zur Verurteilung schritt. Ein Teil der Richter beantragte die Todesstrafe, die anderen stimmten für Verbannung. Am 20. Dezember 1664 sprach das Kammer-

---

*) Bezeichnend ist ein Brief des Abbé Bélebat an Foucquet, der lautete: „Ich habe heute etwas für Sie gefunden. Es ist ein niedliches, schönes Mädchen aus gutem Hause, und ich hoffe, daß Sie sie für 300 Pistolen haben können!"

gericht das Urteil aus. Es lautete auf ewige Verbannung aus dem Reiche und Beschlagnahme seiner Güter.

Der König war aber der Ansicht, daß der einflußreiche Mann noch großen Schaden anrichten könnte, wenn er ins Ausland ginge. So wandelte er die Verbannungsstrafe in Gefängnis auf Lebenszeit um.

Der ehemalige allmächtige Minister wurde aus der Bastille nach der Festung Pignerol an der Grenze von Piemont gebracht und beschloß dort im Jahre 1680 sein Leben. Die Volkssage hat ihn dann später mit der „Eisernen Maske" in Verbindung gebracht.

Louis, Prinz von R o h a n - G u é m é n é e , Großjägermeister von Frankreich stammte aus einem der ältesten und stolzesten Geschlechter. Er wurde am 11. September 1674 wegen einer Verschwörung verhaftet und in die Bastille gebracht. Er hatte mit den Holländern einen Vertrag geschlossen, wonach er sich verpflichtete, Quilleboeuf und andere Städte der Normandie gegen Geld auszuliefern.

Sein Unterhändler, ein Edelmann namens Latréaumont, wurde in Rouen durch einen Major namens Brissac verhaftet. Bei seiner Gefangennahme zog er eine Pistole hervor und gab einen Schuß auf Brissac ab, verfehlte ihn jedoch. Daraufhin wurde er von einem der Gardisten Brissacs über den Haufen geschossen.

Mit dem Tode Latréaumonts war der einzige Zeuge für die Schuld Rohans beseitigt. Da man weiter keine Beweise für eine Anklage hatte, wäre wohl Rohan wieder in Freiheit gesetzt worden, wenn er sich nicht selbst verraten hätte. Einer der Richter wandte die List an, ihm mitzuteilen, der König hätte versprochen, ihn zu begnadigen, wenn er ein Geständnis ablegte. Rohan fiel auf diesen Trick herein und gestand seine Schuld. Von nun an war sein Schicksal besiegelt.

Während Rohan in der Bastille saß, versuchten seine Anhänger jede Nacht, ihn von dem Tode Latréaumonts in Kenntnis zu setzen. Sie riefen ihm durch Sprachrohre zu, daß Latréaumont tot sei und nichts ausgesagt habe. Der Prinz jedoch verstand diese Mitteilungen nicht.

Als Rohan zu ahnen begann, daß er zum Tode verurteilt werden würde, tobte er wie ein Wahnsinniger, so daß man ihn in Ketten legen mußte. Am 27. November 1674 wurde er mit einigen Mitschuldigen enthauptet. Er starb mit Würde und Festigkeit.

Die Giftmischeraffäre erregte in Frankreich ungefähr dasselbe Aufsehen wie zu unserer Zeit der Prozeß Dreyfuß. Die Hauptpersonen dieses berüchtigten Prozesses sind die Marquise de Brinvilliers, geborene Dreux d'Aubrey, und ihr Geliebter, der Rittmeister Godin, genannt Sainte-Croix. Der Oberst Marquis de Brinvilliers, ein verschwenderischer Mensch, betrachtete das Vermögen seiner Gattin als ein angenehmes Mittel, in Luxus und Ausschweifungen zu leben. Frau von Brinvilliers führte ebenfalls mit ihrem Geliebten ein wüstes Leben, so daß die Familie des Rittmeisters, die natürlich wußte, wer die Ursache seines ausschweifenden Lebens war, veranlaßte, daß Sainte-Croix seiner Mätresse entzogen wurde. Man steckte ihn daher in die Bastille.

Im Gefängnis teilte der Rittmeister mit dem berüchtigten Italiener Exili das Zimmer und wurde von diesem in die Kunst des Giftmischens eingeweiht. Sainte-Croix, der nach Verlauf eines Jahres aus der Bastille entlassen wurde, wandte bald darauf die erlernte Kunst mit Erfolg an. Gemeinsam mit seiner Geliebten vergiftete er deren ganze Familie, um sich ihres großen Vermögens zu bemächtigen. Die Brinvilliers hatten bereits vorher mehrfach die Wirkung des Giftes an Menschen dadurch erprobt, daß sie an Arme vergiftete Biskuits verteilten.

Im Jahre 1676 starb Sainte-Croix plötzlich durch Unvorsichtigkeit an Gift, das er selbst bereitet hatte. Bei der Haussuchung entdeckte man eine Kiste, die zahlreiche Gifte enthielt. Nun wurde der Brinvilliers der

Boden zu heiß, sie entfloh und hielt sich in England und Belgien auf. Daraufhin verurteilte sie das Parlament in contumaciam zum Tode. Es gelang der Polizei jedoch, die Verbrecherin in Belgien zu ermitteln und zu verhaften. Man brachte sie nach Paris. Unterwegs versuchte sie, sich das Leben zu nehmen, indem sie zuerst Glas, dann Nadeln verschluckte.

Auf der Folter gestand die Brinvilliers ihre Verbrechen ein und nannte auch Mitschuldige. Das Parlament bestätigte am 15. Juli 1676 das Todesurteil. Am folgenden Tage wurde es bereits vollzogen. Die Marquise zeigte sich dabei so mutig und standhaft, daß das Volk nicht an ihre Schuld glauben wollte und sie daher wie eine Heilige betrachtete.

Constantin de Renneville ist durch sein Memoirenwerk über die Bastille sehr bekannt geworden. Er entstammte einer altadligen Familie des Anjou und wurde in den fünfziger Jahren des 17. Jahrhunderts in Caen geboren.

Die französische Regierung sandte Renneville mehrmals als geheimen Agenten ins Ausland. Als sie jedoch an seiner Treue zweifelte und ihn der Spionage gegen Frankreich verdächtigte, ließ sie ihn im Jahre 1702 verhaften und in die Bastille bringen. Ob der Verdacht begründet war oder nicht, ist nicht erwiesen. Es scheint jedoch, als wäre man mit Renneville recht willkürlich verfahren.

Constantin, wie er in der Bastille genannt wurde, blieb volle 11 Jahre in der Bastille, also bis zum Jahre 1713. Während seiner Gefangenschaft folgte er seiner Neigung, Schriften religiösen Inhalts zu schreiben. So entstanden im Gefängnis seine „Gesänge der heiligen Schrift"*) und andere christliche Werke. Nach seiner Entlassung aus der Bastille kehrte Renneville seinem Vaterlande den Rücken und begab sich nach Holland.

---

*) Cantiques de l'Ecriture Sainte, paraphrasés en sonnets. Amsterdam 1715.

Dort veröffentlichte er seine berühmt gewordenen Memoiren über die Bastille unter dem Titel: „Die französische Inquisition oder Geschichte der Bastille"*).

Der König Georg I. bezeugte ein gewisses Interesse für das Schicksal Rennevilles und seine Memoiren. Nachdem der erste Band erschienen war, ließ er ihn, wie Renneville erzählt, auffordern, seine Geschichte der Bastille fortzusetzen. Die Memoiren Rennevilles sind im Stile jener Werke geschrieben, die der Bastille ihren Ruf als einen Ort des Schreckens und des Despotismus verschafften. Sie enthalten sehr fesselnde Schilderungen über das Leben der Gefangenen in dem Staatsgefängnis, sind aber teilweise recht einseitig. Das ist aber ganz erklärlich. Wenn man elf Jahre gefangen war — vielleicht sogar schuldlos —, wird man den Kerker nicht loben können, der einem die schönsten Jahre des Lebens raubte. Dazu kommt, daß Renneville in seinen Erinnerungen zahlreiche Anekdoten eingefügt hat, die er von seinen Mitgefangenen erfuhr. Diese Schilderungen sind zum großen Teil erfunden oder arg entstellt.

Renneville war von Natur rachsüchtig und falsch. Er verleumdet in seinen Erinnerungen viele Personen und stempelt sie sogar zu Spionen, während es erwiesen ist, daß er es war, der seine Mitgefangenen bei den Beamten der Bastille anschwärzte. Man hat versucht, Renneville als edlen Charakter hinzustellen und darauf hingewiesen, daß seine Frömmigkeit mit unedlem Denken unvereinbar gewesen sei. Die Geschichte hat aber mehr als einmal bewiesen, daß Frömmelei und Heuchelei durchaus vereinbar sind.

Ueber das Ende Rennevilles ist nichts bekannt. Es liegt daher nahe, daß er ähnlich wie der Mann mit der Eisernen Maske später heimlich gefangen genommen wurde und in irgendeinem Verließ sein Leben beschloß. Ein Ueberfall, der einmal in Amsterdam durch drei

---

*) L'Inquisition française, ou Histoire de la Bastille. Amsterdam, Lakeman 1715—1719. 5 Bde.

Banditen auf ihn gemacht wurde, läßt vermuten, daß ihn die französische Regierung verfolgen ließ.

Trotz all ihrer Fehler sind die Erinnerungen Rennevilles ein bedeutendes Werk der Bastillen-Literatur, schon aus dem Grunde, weil sie eine der ersten Schriften gegen den französischen Despotismus darstellt. Sie ist also in gewissem Sinne ein Vorläufer der Revolution. Ein Abschnitt von Rennevilles Werk ist daher in diesem Buche aufgenommen worden. Das Originalwerk der Memoiren ist übrigens äußerst selten und ein Schatz für den Bücherliebhaber geworden. Eine zweite Ausgabe erschien 1724, darauf kamen zahlreiche Nachdrucke und Uebersetzungen heraus.

*

Die bis jetzt erwähnten Gefangenen waren alle wegen eines politischen Vergehens oder wegen eines Verbrechens in die Bastille gekommen. In dem Kapitel über die Gründe der Gefangenschaft wurde festgestellt, daß unter dem alten Regime angesehene Familien ihre Söhne in die Bastille bringen ließen, wenn sie verschwenderisch lebten oder es zu toll mit den Frauen trieben. Ein hervorragender Vertreter dieser Gefangenengattung von Duellanten und Lebemännern ist der junge Louis François Armand Duplessis, Herzog von Richelieu. Zum erstenmal kam er am 22. April 1711 wegen eines galanten Abenteuers mit der Herzogin von Burgund in die Bastille. Auf frischer Tat war der Zwanzigjährige von Herrn de Cavoie ertappt worden. Wie die Chronik nicht zu erwähnen vergaß, hatte er bei dieser Ueberraschung nicht einmal ein Hemd an. Er blieb nicht weniger als vierzehn Monate in der Bastille.

Das zweite Mal ereilte ihn das Geschick, als er auf einem Ball allzu offen über eine Orgie plauderte, deren Heldin eine Madame de Matignon, Gräfin de Glacé, gewesen war. Dabei soll es sehr toll zugegangen und die Gräfin nicht allein durch die Hände ihrer Gäste, sondern auch ihrer Bedienten gegangen sein. Der erzürnte Gatte forderte Richelieu und wurde von diesem im Zweikampf getötet. Nun nahm sich aber das Parlament der Sache an. Der hohe Adel hätte aber niemals geduldet, daß das Parlament über Herzöge und Grafen in deren Privatangelegenheiten ein Urteil sprach. Um Richelieu der Gefahr zu entziehen, steckte man ihn am 4. März 1716 wieder in die Bastille. Wir haben also hier den Fall, daß eine Person in das Staatsgefängnis gebracht wurde, um dem Urteil eines Gerichts zu entgehen. Diesmal dauerte die Gefangenschaft des jungen Herzogs nur wenige Monate.

Die Veranlassung zu seiner dritten Einkerkerung bildete wieder eine Frau. Es war diesmal Mademoiselle de Valois, die spätere Herzogin von Modena. Die junge Dame war leidenschaftlich in den schönen Mann verliebt. Das hinderte diesen aber nicht, nebenbei noch ein Dutzend andere Geliebte, zum größten Teil aus den vornehmsten Hofkreisen, zu haben. Wegen dieser Liebschaft wurde er am 28. Mai 1719 wiederum in die Bastille gebracht und bis zum August desselben Jahres gefangen gehalten. Bei dieser Einkerkerung war aber auch die Politik im Spiele: Richelieu gehörte zu denen, die wegen der Verschwörung Cellamares verhaftet wurden, und es liegt nahe, daß der eigentliche Grund seiner Gefangenschaft diesmal in der Politik zu liegen scheint. Nach seiner Entlassung aus dem Staatsgefängnis wurde der Herzog nach Conflans verbannt.

Richelieu war einer der glänzendsten Vertreter des alten Adels. Mit körperlicher Schönheit, Eleganz und vornehmem Auftreten verband der Herzog eine Tapferkeit, die bis zur Tollkühnheit ging. Er war nicht nur auf dem Felde der Liebe Sieger. Seine Fähigkeiten als Feldherr und seine große Tapferkeit, die er in zahlreichen Feldzügen bewies, brachte ihm den Marschallstab ein. Richelieu wurde später einer der Vertrauten Ludwigs XV. und einer der Hauptbeteiligten an dessen

Ausschweifungen. Sein großer Adelsstolz brachte ihn in scharfe Gegnerschaft zu der Marquise de Pompadour, die bekanntlich dem niederen Adel entstammte. Die nach seinen Papieren herausgegebenen Memoiren sind ihm zum großen Teil untergeschoben.

Während der Gefangenschaft Richelieus wurde die Rue Saint-Antoine eine der elegantesten Straßen von Paris. Es fanden sich zahllose Verehrerinnen des Kavaliers ein, um durch ihre Anwesenheit gegen die Verhaftung des Lieblings der Frauen Einspruch zu erheben. Richelieu beantwortete von den Türmen der Bastille aus bisweilen die Huldigungen der schönen Frauen mit zahllosen Kußhänden, bis der Gouverneur ihm den Spaziergang auf den Türmen untersagte.

Wenige Jahre vor seinem Tode machte der alte Herzog dem Staatsgefängnis seinen letzten Besuch. Richelieu war damals über neunzig Jahre alt. Trotz seiner zahllosen Liebschaften und seiner Ausschweifungen erreichte er also ein patriarchalisches Alter. Dabei blieb er bis ins hohe Alter sehr rüstig. Die große Revolution erlebte er aber nicht mehr.

Einer der bedeutendsten Männer der Feder, die in der Bastille als Gefangene zurückgehalten wurden, war Voltaire. François Marie Arouet, wie er in Wirklichkeit hieß, kam, wie das fast selbstverständlich ist, seiner spitzen Zunge wegen in die Bastille. Er hatte einige Verse unter dem Titel „Puero regnante" geschrieben, in denen er den Regenten und dessen Tochter, die Herzogin von Berry, mit herbem Spott überschüttete. Seine Gefangenschaft dauerte fast ein Jahr, vom 17. Mai 1717 bis zum 14. April 1718. Voltaire war damals erst zweiundzwanzig Jahre alt. Es scheint, daß man dem jungen Dichter viel Freiheit gelassen hat, wie es damals im Gefängnis der Kavaliere üblich war. So konnte Voltaire sich literarisch betätigen. Die Frucht seines Aufenthalts in der Bastille war der Entwurf zur „Henriade" und die Beendigung seiner Tragödie

„Oedipus". Der Regent trug dem satyrischen Dichter seine Spottverse nicht nach. Er gab ihm sogar ein Jahrgeld von vierhundert Talern und erhöhte diese Summe später sogar auf 2000 Livres*).

Bei dieser Haft blieb es bei Voltaire jedoch nicht. Der Dichter kam ein zweites Mal in die Bastille. Diesmal war es wegen eines Streites mit dem Chevalier de Rohan-Chabot. Er blieb jedoch nur zwölf Tage im Staatsgefängnis und hatte während dieser Zeit noch mehr Freiheit als das erstemal. Er durfte seinen Bedienten mitnehmen, der auf Kosten des Königs ernährt wurde. Er selbst speiste an der Tafel des Gouverneurs und konnte Besuche empfangen, sooft es ihm beliebte. Die Gefangenschaft war also für ihn eher eine angenehme Abwechslung als eine Strafe.

In dem Dankschreiben, das Voltaire an den Regenten richtete, nachdem dieser ihn zu fördern versichert hatte, zeigt sich der Dichter in der ganzen Feinheit seines Geistes: „Monseigneur," schreibt er, „ich danke Eurer Königlichen Hoheit für die Freundlichkeit, auch fernerhin für meinen Unterhalt sorgen zu wollen, jedoch bitte ich, mir selbst die Sorge um meine Wohnung zu überlassen."

Unter den Frauen, die in der Bastille gefangen waren, ist Mademoiselle de Launay, die spätere Madame de Staal, wohl die bekannteste. Sie war Kammerfrau, Ehrendame und intime Vertraute der Herzogin von Maine gewesen. Die bekannte Verschwörung des Gesandten Cellamare, an der der Herzog von Maine teilnahm, brachte auch sie in die Bastille, da ihre Anhänglichkeit an das Haus Maine bekannt war, und sie dem Komplott, wie sie selbst in ihren Memoiren erwähnt, durchaus nicht fernstand.

Fräulein de Launay betrat das Staatsgefängnis am 10. Dezember 1718. Ueber ihren Aufenthalt in dem

---

*) 1600 Mark.

Schloß ist sie in ihren Erinnerungen des Lobes voll. Man behandelte sie mit Achtung und mit großer Liebenswürdigkeit. Sie bekam nicht allein eins der besten Zimmer, sondern sie durfte auch ihre Kammermädchen behalten. Auch sonst war man äußerst entgegenkommend und suchte ihr den Aufenthalt so angenehm wie irgend möglich zu machen. Die Geselligkeit im Schloß half ihr über die Langeweile hinweg, und sie schied mit den schönsten Erinnerungen aus der Gefangenschaft.

In den Memoiren erzählt sie eine reizende Anekdote aus ihrem Leben in der Bastille:

Ihre Wohnung lag neben der des Platzkommandanten, Herrn de Maisonrouge, eines älteren Herrn vom Schlage der vornehmen Kavaliere des alten Regime. Dieser verliebte sich sterblich in das junge Mädchen und hielt um ihre Hand an. Fräulein de Launay schlug sie jedoch aus. Das hinderte den alten Herrn nicht, seine Aufmerksamkeiten gegen sie zu verdoppeln. Er tat alles, um ihr das Leben in der Bastille so angenehm wie möglich zu gestalten. In seiner selbstlosen Liebe ging er so weit, daß er ihr von einem jungen Edelmann erzählte, der in ihrer Nähe wohnte, und als sie Interesse für diesen bezeigte, besorgte er sogar Briefe an ihn, nur weil er glaubte, ihr damit ein Vergnügen bereiten zu können.

VIII.
Latude, der Abenteurer der Bastille

Latude und die Legende. — Ein dummer Streich. — Gefangenschaft Latudes in der Bastille und in Vincennes. — Seine Entweichungen. — Haft in Charenton und Bicêtre. — Madame Legros. Latude als Held der Revolution. — Seine Memoiren.

„Henri Masers de Latude," so beginnen die meisten biographischen Notizen über den Gefangenen, der nahezu die Hälfte seines Lebens in französischen Gefängnissen zubrachte, „war der Sohn eines Edelmannes

aus der Provinz Languedoc, des Marquis de Latude."
Dann folgen ausführliche Schilderungen über die grundlose Gefangenschaft des berühmten Mannes und seine entsetzlichen Leiden in den Gefängnissen.

Diese Angaben über den Gefangenen, der selbst seinem berühmten Leidensgenossen, den Baron von Trenck, den Rang abgelaufen hat, treffen nicht zu. Latude war weder ein Mann von Adel und Stand, noch ein Verfolgter der französischen Regierung, und die Berichte, die über ihn entstanden sind, gehören ins Reich der Legende. Latude war ein Abenteurer, der es zuwege gebracht hat, ein ganzes Volk hinters Licht zu führen, und zwar so gründlich, daß mehr als ein Jahrhundert vergehen mußte, bis man den Schwindel merkte.

Der berüchtigte Gefangene wurde am 23. März 1725 in Montagnac in der Provinz Languedoc als unehelicher Sohn eines Mädchens, namens Jeanneton Aubrespy, geboren. Der Vater ist unbekannt geblieben. Die Mutter konnte ihrem Kinde keine gute Erziehung geben, da sie die Mittel dazu nicht besaß. Immerhin lernte der junge Jean Henry, so wurde er genannt, so viel, daß er im Alter von siebzehn Jahren als Gehilfe eines Feldschers in die königliche Armee eintreten konnte. Um diese Zeit nahm er bereits die erste Aenderung seines Namens vor und nannte sich Jean Danry.

Nach der Auflösung der Armee nach dem Aachener Frieden hielt sich Danry in Paris auf. Er kam bald in schlechte Gesellschaft, und da er zu einem verschwenderischen Leben keine Mittel und zur Arbeit keine Lust besaß, so suchte er sein Glück auf andere Weise. Er ersann dazu folgenden Plan, der ihn mit einem Schlage zum wohlhabenden und angesehenen Manne machen sollte.

Er packte in eine Schachtel einige jener unschuldigen Knallinstrumente ein, wie man sie auf der Messe an Kinder verkauft, band sie so zusammen, daß sie beim

Oeffnen des Pakets explodieren mußten, und bedeckte sie mit einer dünnen Schicht Vitriol- und Alaunstaub. Diese im Grunde genommen harmlose Sendung gab er auf die Post mit der Adresse der Marquise de Pompadour. Ein Zettel besagte, die Marquise möge das Paket persönlich öffnen.

Dann begab sich Danry, wie wir ihn jetzt nennen wollen, nach Versailles, um die Pompadour von einem großen Komplott in Kenntnis zu setzen, das gegen ihr Leben gerichtet sei. Der junge Mann wußte wohl, daß die königliche Mätresse stets in Angst schwebte, vergiftet zu werden, und er glaubte, daß seine Mitteilung der Wichtigkeit entsprechend, belohnt werden würde. Er sollte sich gründlich täuschen.

Zunächst wurde Danry mit seiner Nachricht gut aufgenommen. Man fürchtete wirklich ein Komplott gegen den König und die Pompadour, und nun setzte man die ganze Polizei der Hauptstadt in Bewegung, um die Teilnehmer zu ermitteln.

Das hatte zur Folge, daß der gute Danry als erster verhaftet wurde. Die scharfsinnige Pariser Polizei hatte gleich Verdacht geschöpft. Am 1. Mai 1749 wurde er in die Bastille eingeliefert. In den Verhören suchte sich unser Abenteurer zunächst durch Lügen herauszureden, dann verweigerte er jede Antwort, und als er schließlich ein Geständnis ablegte, tat er es nur unvollkommen und konnte auch dann noch nicht das Lügen lassen. Dadurch stempelte er die im Grunde harmlose Dummheit, die er begangen hatte, zu einem Verbrechen gegen des Königs Majestät. Man glaubte an das Komplott, das nur in der Phantasie des Mannes bestanden hatte, und vermutete in ihm einen der Mitverschworenen, der das wichtigste Geheimnis, die Namen der anderen Attentäter, kannte.

Von der Bastille wurde Danry nach Vincennes gebracht, wo sonst eigentlich nur Gefangene von Stand festgehalten wurden. In dieser ganzen Zeit behandelte man ihn wie einen Edelmann. Er hatte sich also nicht zu beklagen. Trotzdem weigerte er sich nach wie vor, ein der Wahrheit entsprechendes Geständnis abzulegen. Am 15. Juni 1751 gelang ihm die Flucht aus dem Turm von Vincennes.

Diese Flucht machte seine Lage sehr ernst. Der Hof, der noch an eine Verschwörung gegen das Leben des Königs glaubte, bot die ganze Polizei auf, um den Flüchtling einzufangen. Es dauerte nicht lange, und Danry saß wieder in der Bastille hinter Schloß und Riegel. Nun änderte er sein Verhalten. Er tobte in seiner Zelle, schrieb in die Bibliotheksbücher der Bastille Beleidigungen gegen die Marquise de Pompadour und die Minister hinein, kurz, er gebärdete sich wie ein Wahnsinniger. Trotzdem behandelte man ihn anständig und gab ihm sogar einen Stubengenossen, damit er die Gefangenschaft leichter ertrage. Sein Gefährte war ein Wirt aus Marseille, namens Antoine Alègre. Man hatte ihn fast aus demselben Grunde in die Bastille gebracht wie Danry. Alègre war ein kluger, aber auch gemeingefährlicher Mann. Die Schilderung, die Latude in seinen Memoiren über ihn entworfen hat, entspricht durchaus nicht den Tatsachen.

Trotz der guten Behandlung beharrte Danry in seiner aufsässigen Haltung. Er schreibt fortwährend Briefe über Briefe, Klagen über Klagen. Bei dem Polizeipräfekten beklagt er sich, daß man ihm Tinte und Feder vorenthielte — was nicht einmal zutraf —, und um seiner Beschwerde mehr Gewicht zu geben, schrieb er mit seinem eigenen Blut auf ein Wäschestück. Das wirkte aber nur theatralisch und trug nicht dazu bei, die Sympathie für ihn zu vergrößern.

Bald darauf änderten aber sowohl Danry als auch Alègre ihre Haltung. Sie verhielten sich ruhig, waren höflich und verlangten nur stets die Erfüllung eines Wunsches, nämlich, viel Leibwäsche zu erhalten. Trotzdem Danry damals genug Wäsche besaß, läßt ihm der Kommissar der Bastille zwei Dutzend Hemden, das

Stück zu zwanzig Livres, sowie die feinsten Battisttaschentücher anfertigen. Der Bibliothekar der Pariser Arsenalbibliothek, Funck-Brentano, der auf Grund der Archive der Bastille eine ausgezeichnete Biographie Latudes geschrieben hat, berichtet diese Tatsachen nach den vorhandenen Urkunden.

Man kann also auf Grund dieser Berichte Danry von neuem der Lüge überführen. In seinen Memoiren erzählt er nämlich, diese Wäsche sei sein Eigentum gewesen. Auf alle Fälle läßt die Tatsache, daß ein politischer Gefangener Hemden von der feinsten Art dutzendweise vom Gefängnis geliefert erhält, einen Rückschluß auf die Behandlungsweise zu.

Von diesen Wäschestücken fertigten Danry und Alègre die historisch berühmte Strickleiter an und entflohen mit ihrer Hilfe in der Nacht vom 25. auf den 26. Februar 1756. Es scheint, als ob Allègre die Seele des Unternehmens gewesen sei. Da er später wahnsinnig wurde, hatte es Danry leicht, sich als den alleinigen Helden auszugeben.

Die beiden Flüchtlinge wanderten ins Ausland. Alègre wurde bereits in Brüssel verhaftet, Danry von Holland ausgeliefert. Am 9. Juni 1756 saß er bereits wieder als Gefangener in der Bastille. Diesmal steckte man den Ausreißer in ein Verließ.

Gewiß ist das Leben unseres Abenteurers in jenen unterirdischen Höhlen kein angenehmes gewesen, besonders, da er eine Zeitlang in Ketten gelegt wurde. Immerhin sind seine Behauptungen in seinen Memoiren sehr übertrieben. Als ganz besonders lügenhaft stellen sich zum Beispiel seine Angaben über seine Kleidung heraus. Er spricht immer von den verfaulten Lumpen, die er auf dem Körper trug. Dabei muß man sich wundern, welche Unmenge Kleider ihm die Verwaltung der Bastille geliefert hat. Das geht auch aus den Briefen Danrys selbst hervor. Seine Forderungen gingen ins Unermeßliche: Mit Pelz gefütterte Schlafröcke, Handschuhe, seidene Taschentücher von bestimmter Form und Farbe und so weiter. Und was das Sonderbarste an der Sache ist: Man befriedigte die recht kostspieligen Launen des Gefangenen. Am 1. September 1759 wurde Danry aus dem Verließ entlassen und in ein gewöhnliches Gefangenenzimmer zurückgebracht. Sowie es ihm besser ging, änderte er seine Haltung. Er schrieb von neuem an den Minister, Marschälle und andere Persönlichkeiten von Rang Briefe auf Briefe. Er beleidigte, drohte, erklärte schließlich, er würde seine Entlassung aus dem Gefängnis nur annehmen, wenn man ihm 60 000 Livres Entschädigung bezahlen würde. Kein Wunder, daß er schließlich allen Leuten, die mit ihm zu tun hatten, auf die Nerven ging.

Als im Jahre 1759 Sartine Polizeipräfekt von Paris wurde, erhielt Danry unter anderen Gunstbezeugungen die Erlaubnis, auf den Türmen spazieren zu gehen. Er benützte diese Freiheit, um mit zwei Mädchen der Vorstadt Saint-Antoine in Verbindung zu treten. Einige Zeit darauf erkrankte die Marquise von Pompadour. Man forderte Danry auf, sie brieflich um seine Freiheit zu bitten. Er lehnte dies rundweg ab, antwortete mit den gröbsten Beleidigungen, forderte nunmehr 100 000 Livres Entschädigung und schrieb zu guter Letzt dem Polizeipräfekten, seinem Wohltäter, einen Brief voller Beleidigungen. Von nun an tobte er noch schlimmer, und man hat den Eindruck, als gefiele er sich in der Rolle des Verfolgten, und als wäre es ihm gar nicht sonderlich um eine Entlassung in aller Form zu tun.

Seinen Hütern wurde es schließlich zu bunt. Der Polizeipräfekt schlug daher vor, ihn in ein anderes Gefängnis bringen zu lassen. Am 15. September 1764 überführte man den Gefangenen von neuem nach Vincennes. Von einer Schildwache hatte Danry den Tod des Oberstleutnants Henri Vissac de la Tude vernommen, der 1761 in Sedan gestorben war. Er beschloß, sich von nun an als dessen Sohn auszugeben.

Von nun an nannte er sich Masers de la Tude, bisweilen auch Henri Masers d'Aubrespy oder auch de Masers d'Aubrespy. Mit einer erstaunlichen Hartnäckigkeit verfocht er seine adlige Abstammung und erreichte schließlich, daß man ihm Glauben schenkte. Nach dieser beträchtlichen Standeserhöhung forderte er nunmehr 150 000 Livres Entschädigung und außerdem — den Ludwigsorden. Die Angaben, die er in seinen Memoiren über seine adlige Abstammung und Erziehung macht, sind natürlich auch falsch.

In Vincennes wurde Danry oder Latude, wie wir ihn nun nennen wollen, ebenfalls gut behandelt, so gut, daß er während eines Spazierganges bei starkem Nebel am 23. November 1765 einfach entweichen konnte.

Diesmal fand er bei den beiden Mädchen der Vorstadt Saint-Antoine, deren Bekanntschaft er von den Türmen der Bastille aus gemacht hatte, einen Unterschlupf. Man sollte nun glauben, unser Abenteurer hätte sich nun ruhig verhalten, um nicht von neuem erwischt zu werden. Aber nein! Er schreibt von neuem Briefe über Briefe: an den Marschall von Noailles, an den Kriegsminister, Herzog von Choiseul und andere. Von Sartine, dem Polizeipräfekten, forderte er in einem Schreiben die Auszahlung der verlangten Entschädigung von 150 000 Livres. Man teilte ihm mit, er könne eine bestimmte Summe in einem bezeichneten Hause abholen. Latude geht hin und — wird von neuem verhaftet.

Man schickt ihn wieder nach Vincennes. Von nun an behandelt man den immer mehr Tobenden wie einen Halbwahnsinnigen. Am 27. September 1775 entschloß sich daher der Polizeipräfekt, ihn in das Irrenhaus Charenton bringen zu lassen.

Der Roman unseres Abenteurers und Helden ist noch lange nicht zu Ende. Zunächst wechselte er wieder einmal seinen Namen. Er nannte sich Danger und legte sich den Titel eines Ingenieurs bei. Abgesehen von diesen Eitelkeiten scheint er aber in Charenton nichts weiter angestellt zu haben. Auf Veranlassung hochgestellter Gönner, die sich für sein Schicksal interessierten, wurde er am 5. Juni 1777 tatsächlich in Freiheit gesetzt. Dies hat er seinen zahlreichen Briefen und Denkschriften, worin er seine Leiden beschrieb, zu verdanken.

Danry war unter der Bedingung aus Charenton entlassen worden, sich sofort in die Provinz Languedoc zu begeben. Er kümmerte sich jedoch um diesen Befehl nicht und blieb ruhig in Paris. Er war jedoch ein zu abenteuerlicher und ehrgeiziger Geist, als daß er sich hätte ruhig verhalten können. So nimmt er von neuem seinen Feldzug gegen die „Bedrücker", vor allem gegen den gütigen Polizeipräfekten Sartine auf. Ueberall suchte er Gönner in hohen Kreisen zu erwerben, er verbreitete Druckschriften über seine Leiden, kurz, er war nicht gewillt, im Dunkeln zu verkümmern, sondern wollte um jeden Preis zu Reichtum und Ansehen gelangen.

So wie er früher zugleich gebeten und gedroht hatte, so handelte er auch jetzt. Von einer hochgestellten Dame suchte er Geld zu erlangen. Als er es nicht gleich erhielt, nahm er zu Drohungen seine Zuflucht. Man ließ ihn als Erpresser verhaften und fand bei ihm eine größere Geldsumme. Am 1. August 1777 wurde er ins Gefängnis eingeliefert. Diesmal kam er jedoch nicht in die Bastille, sondern in das Gefängnis für Diebe und Strolche, nach Bicêtre. Zunächst änderte er wieder einmal seinen Namen und nannte sich Jeder. Wie er in seinen Memoiren angibt, tat er dies, „um den Namen seines Vaters nicht zu verunglimpfen, daß er auf die Gefangenenliste jenes schändlichen Ortes gesetzt wurde." Das war echt Latude. Mit diesem Vater meinte der Abenteurer, der nie den Namen seines Vaters gekannt hatte, den Marquis de la Tude.

Wir kommen jetzt zu dem merkwürdigsten Abschnitt der Lebensgeschichte unseres Helden. Seine Gefangenschaft war sehr hart, tausendmal härter als in der Bastille. Hier war er nun tatsächlich auf Wasser und Brot gesetzt, während er in der Bastille oft die besten Leckerbissen verlangt und erhalten hatte. Aber auch in dieser Lage bot der Gefangene eine Energie auf, die wirklich einer besseren Sache würdig gewesen wäre. Er schreibt von neuem an alle möglichen Persönlichkeiten von Rang und erreicht, daß sich verschiedene für sein Schicksal interessieren. Diese Briefe und Denkschriften sollten ihn retten und die Legende über seine Person begründen.

Das ging folgendermaßen zu: Ein Schließer, den Latude beauftragt hatte, eine Denkschrift über seine Gefangenschaft zu befördern, verliert diese auf der Straße. Eine Frau aus dem Volke, namens Legros, ihres Zeichens Ladnerin, findet und liest sie. Von der Erzählung des Gefangenen gerührt, widmet sie ihre ganze Zeit der Befreiung des Unglücklichen. Sie sucht alle Würdenträger der Hauptstadt auf, um für ihren Schützling die Entlassung zu erwirken. Bald war sie eine der bekanntesten Persönlichkeiten in Paris und der Vicomte de la Tude in aller Munde. Persönlichkeiten von hohem Rang, wie der Kardinal von Rohan, ferner der Polizeipräfekt Sartine verwenden sich für ihn, die berühmtesten Advokaten verteidigen seine Sache, ein Edelmann bietet Latude eine Pension von 600 Livres, nur um die Ehre allein beanspruchen zu können, sein Befreier zu sein, die Académie française, D'Alembert an der Spitze, tritt für ihn ein. Schließlich kommt die Angelegenheit vor den König Ludwig XVI. Der milde und gutmütige Fürst wird das Unrecht seiner Vorgänger und Beamten wieder gutmachen.

Der König prüft die Akten Henris, Danrys, Dangers, Jeders, Masers de la Tude, d'Aubrespys und spricht sein Urteil. Der Gefangene bleibt in Haft, lautet es. Ludwig XVI. mußte wohl zu der Ueberzeugung gekommen sein, daß Leute vom Schlage Latudes gefährlich waren. Aber die „Freunde" des Gefangenen geben sich mit diesem Urteil nicht zufrieden, besonders, da die Königin auf ihrer Seite ist. Sie erreichen auch schließlich, daß der Vicomte de la Tude, so heißt es in dem königlichen Befehl, mit einer Pension von 400 Livres in Freiheit gesetzt wird.

Das war es, was Latude gewünscht hatte. Die Bestätigung seiner adligen Abstammung durch den König, Geld und Ruhm. Sein Name war in aller Munde. Personen von Stand setzten ihm ihrerseits Pensionen von 1000, 500, 300 Livres aus. Seine Wohnung wird fast von Besuchern erstürmt. Herzöge, Marschälle, Gesandte, vor allem aber deren Frauen und Töchter, Fremde von höchstem Rang und Ansehen streiten sich um die Ehre, ihn besuchen zu dürfen oder ihn bei sich zu empfangen.

Latude fand sich bald wieder in seine frühere Rolle zurück. Er fordert im Jahre 1789 eine Entschädigung für die unschuldig erlittene Gefangenschaft von dem Polizeipräfekten Sartine 900 000, von dessen Nachfolger 900 000 und von den Erben der Marquise de Pompadour 300 000 Livres. Da brach die Revolution aus.

Sie kam für Latude wie gerufen. Zwar legte er jetzt weniger Wert auf seinen Titel Vicomte und ein adliges Auftreten, dafür spielte er sich aber um so mehr als Mann der Revolution, als Opfer des Despotismus auf. Diese Rolle war für ihn wie geschaffen. Es erschienen mehrere Berichte über sein Leben, die von federgewandten Leuten unter Leitung des ehrwürdigen Gefangenen geschrieben waren. Im Jahre 1790 veröffentlichte Latude seine Memoiren unter dem Titel: „Der enthüllte Despotismus oder Memoiren von Henri Masers de Latude." Ein Advokat, namens Thiéry, hatte sie nach den Angaben Latudes verfaßt. Sie sind sehr fesselnd geschrieben, aber dermaßen unwahr, daß sie für die Forschung überhaupt nicht in Betracht kommen. Jedes Ereignis ist entstellt und nach den persönlichen Wünschen des Abenteurers zurechtgestutzt. Nichtsdestoweniger, aber gerade deswegen, hatten sie einen großen Erfolg, aber niemand hat bisher daran gedacht, die Memoiren auf ihre Glaubwürdigkeit zu prüfen. Der Kuriosität halber ist ein Bruchstück aus seinem Buch in diesem Werk abgedruckt worden.

So wurde Latude einer der berühmtesten Männer der Revolution. Es schien beinahe, als sei er der Befreier des Volkes gewesen. In dieser Rolle gefiel er sich ungemein. Und wie in seinen früheren Jahren Unglück über Unglück hereingebrochen war, so blieb ihm die Glücksgöttin nun um so treuer. Die Gesetzgebende Versammlung setzte ihm eine Pension von 2000 Livres aus und zahlte außerdem die von Ludwig XVI. bewilligten 400 Livres weiter. Die Klage gegen die Erben der Pompadour ging durch, und diese wurden zu einer Entschädigung von 60 000 Livres verurteilt.

Als Napoleon zur Regierung kam, fand sich Latude auch wieder sehr leicht in die neue Situation. Das Interesse für den nunmehr greisen Mann erlosch auch unter dem Kaiserreich nicht. Junot setzte ihm eine Pension aus, und seine Gemahlin, die spätere Herzogin von Abrantes, empfing ihn in ihrer Wohnung. Sie war aber von dem geschwätzigen Mann sehr enttäuscht.

Bis ins hohe Alter blieb Latude rüstig und gesund. Seine Leiden während der langen Gefangenschaft schienen seiner Gesundheit keinen Abbruch getan zu haben. Er starb an einer Brustfellentzündung am 1. Januar 1805 in Paris im Alter von 80 Jahren.

Bei dieser seltsamen Lebensgeschichte fragt sich wohl ein jeder, was die moderne Justiz mit solch einem Manne angefangen hätte. Nach modernem Rechte wäre er ohne Zweifel als politischer Verbrecher, Schwindler und Erpresser ebenfalls hinter Schloß und Riegel gesetzt worden. Es ist daher vollkommen müßig, die Leiden dieses minderwertigen Menschen zu bejammern, wo es Tausende gibt, die das Mitleid der Menschheit unendlich mehr verdienen.

IX.

Im Zeitalter der Aufklärung

Die Schriftsteller La Beaumelle, Marmontel und Morellet. — Ein fröhliches Gefängnis. — Prozeß und Hinrichtung des Gouverneurs Lally-Tollendal. — General Dumouriez. — Zwei Skandalgeschichten. Madame de Saint-Vincent und Madame Rogé. — Der Wechsel des Marschalls Richelieu. — Ein betrogener Liebhaber.

Der französische Schriftsteller La Beaumelle wurde im April 1753 in die Bastille gebracht. Er hatte sich mit Voltaire entzweit und dessen Schrift „Le Siècle de Louis XIV." ohne Erlaubnis nachgedruckt. In der von ihm herausgegebenen Ausgabe enthielt das Werk beleidigende Aeußerungen gegen das Haus Orléans. Seine Gefangenschaft dauerte nur sechs Monate.

Im August 1756 gab ein anderes Werk aus seiner Feder zu einer neuen Verhaftung Anlaß. Es waren die Memoiren der Madame de Maintenon und gefälschte Briefe. Diesmal dauerte seine Gefangenschaft ein ganzes Jahr. La Beaumelle konnte sich in der Bastille ebensowenig wie Voltaire und Richelieu über schlechte Behandlung beklagen. Er durfte Besuche empfangen, spazierengehen und Briefe schreiben, so viel ihm beliebte. Auf seinen Wunsch gab man ihm den Abbé d'Estrées zum Stubengenossen. Für seine Arbeiten hatte er sich eine Bibliothek von 600 Werken angeschafft, wozu ihm der Gouverneur die Regale hatte anfertigen lassen. Da er ein großer Feinschmecker war, ließ er sich aus der Stadt die seltensten Leckerbissen kommen. In der Bastille beendigte er die Uebersetzung von Tacitus „Annalen" und Horaz „Oden".

Auch Marmontel, der geistvolle Verfasser der „Contes moraux", hatte sich über seine Gefangenschaft, die übrigens nur neun Tage dauerte (vom 28. Dezember 1759 bis 7. Januar 1760), nicht zu beklagen. Wegen einer Satire auf den Herzog von Aumont forderte man ihn höflich auf, sich in der Bastille einzufinden. Die

Schilderung, die er darüber in seinen für die Sittengeschichte Frankreichs äußerst wichtigen Memoiren entworfen hat, ähnelt einer Lustspielszene. Die Beschreibung, die Marmontel von seiner Ankunft im Gefängnis in seinen „Erinnerungen" entworfen hat, wurde in dieses Werk aufgenommen*).

Der Abbé M o r e l l e t, der zahlreiche Schriften über Nationalökonomie, Philosophie und Literatur geschrieben hat, und von dem wir auch bemerkenswerte Memoiren über seine Zeit besitzen, kam am 11. Juni 1760 auf Veranlassung von Malesherbes in die Bastille. Malesherbes war damals Direktor des Buchhandels und glaubte sich berechtigt, die Einsperrung Morellets durchzusetzen, da jener ohne Erlaubnis eine kleine Broschüre unter dem Titel „Préface de la comédie des Philosophes ou vision de Charles Palissot" hatte drucken und verbreiten lassen. Diese Schrift enthielt zahllose Beleidigungen gegen hochgestellte Persönlichkeiten, die der geistreiche Mann mit Hohn und Spott buchstäblich überschüttete.

Nicht ungern trat Morellet seine Strafe an, denn er vermutete sehr richtig, daß eine Haft in der Bastille ihn in weiten Kreisen bekannt machen würde. Die sechs Wochen, die er im Gefängnis zubrachte, verliefen für ihn auf die angenehmste Weise. Zu seiner Unterhaltung schrieb er noch eine Abhandlung über die Pressefreiheit.

Großes Aufsehen erregte in Frankreich der Prozeß des Grafen Thomas Artur von L a l l y , B a r o n s v o n T o l l e n d a l , Generalleutnants und Gouverneurs der französischen Besitzungen in Ostindien. Er hatte sich im Kampfe gegen die Engländer infolge der großen Uebermacht der Gegner, mangelhafter Unterstützung aus Frankreich und Meuterei und Verrat unter seinen eigenen Leuten am 16. März 1761 in Pondichéry auf Gnade und Ungnade ergeben müssen. Als er erfuhr,

---

*) Vergleiche Seite 71.

daß man ihn des Verrats bezichtigte, erwirkte er in England seine Entlassung aus der Kriegsgefangenschaft und begab sich zu seiner Rechtfertigung nach Paris. Dort wurde er verhaftet und in die Bastille geworfen. Die Anklage behauptet, er habe den Verlust der französischen Besitzungen in Ostindien verschuldet.

Lally versuchte sich zu rechtfertigen. Alle seine Eingaben, worin er seine Unschuld nachwies, waren jedoch ohne Erfolg. Der unglückliche Feldherr wurde wegen Hochverrats und Unterschlagung zum Tode verurteilt. Als ihm keine Zweifel mehr über sein bevorstehendes Schicksal blieben, unternahm er einen Selbstmordversuch, aber ohne Erfolg. Daraufhin ward die Hinrichtung beschleunigt. Auf einem Henkerskarren wurde der ehemalige Gouverneur zur Richtstätte geführt.

Am 9. Mai 1769 enthauptete ihn der Henker auf dem Grèveplatz.

Auf Veranlassung des Sohnes des Gouverneurs hob der König im Jahre 1778 das Urteil auf und stellte so die Ehre des unschuldig Verurteilten wieder her.

Der General Dumouriez, der sich später in den Kriegen der Revolution einen Namen gemacht hat, war im Jahre 1772 von Ludwig XV. mit einer geheimen Sendung an den schwedischen Hof betraut worden. Er sollte unter anderem den König Gustav III. gegen den schwedischen Adel unterstützen. Der Herzog von Aiguillon war dabei nicht ins Vertrauen gezogen worden, obgleich er Minister war. Um sich wegen dieser Zurücksetzung zu rächen, ließ er Dumouriez in Hamburg unter dem Vorwand verhaften, an einer Intrige gegen den Staat beteiligt zu sein und in die Bastille bringen.

Nach zehnmonatiger Gefangenschaft wurde Dumouriez aus der Bastille entlassen und nach Caen gebracht. Erst nach dem Tode Ludwigs XIV. im Jahre 1775 erhielt er seine Freiheit zurück. Er hat Memoiren hinterlassen, in denen er seinen Aufenthalt in der Bastille ausführlich erzählt. Nach seinem Bericht hat er es verstanden, sich durch ein energisches Auftreten Achtung sowohl bei den Offizieren als auch bei den Schließern und Invaliden zu verschaffen.

Bezeichnend für das Pariser Sittenleben zur Zeit Ludwigs XV. sind die Prozesse der Madame de Saint-Vincent und der Madame Rogé. Madame de Saint-Vincent forderte von dem Marschall Richelieu 100 000 Taler auf Grund eines Wechsels, den dieser für empfangene Gunstbezeugungen ausgestellt haben sollte. Da der Marschall den Wechsel als gefälscht erklärte, kam die Dame am 25. Juli 1774 in die Bastille. Sie wurde allerdings am 30. wieder freigelassen, aber noch bewacht. Der Prozeß entwickelte sich zu einem großen Skandal, in dem allerlei intime Dinge an die Oeffentlichkeit kamen. Bei der Gegenüberstellung soll der Marschall zu seiner Gegnerin geäußert haben: „Aber Madame, besehen Sie sich doch einmal im Spiegel, bezahlt man dergleichen mit einer derart riesigen Summe?", worauf die Saint-Vincent schlagfertig antwortete: „So eingebildet bin ich nicht! Aber betrachten Sie sich selbst und sagen Sie mir, ob eine geringere Summe imstande sein würde, Sie erträglich zu machen!" So die Fama.

Das Urteil lautete, die Wechsel seien gefälscht. Aus Mangel an Beweisen mußte jedoch das Verfahren gegen die anspruchsvolle Dame eingestellt werden.

Madame Rogé stammte aus ganz kleinen Verhältnissen. Sie hatte ein wüstes Leben geführt und war in Lyon als Kurtisane berüchtigt. Im Jahre 1749 heiratete sie einen Töpfer namens Rogé, der nicht gerade mit Glücksgütern gesegnet war. Ein Prozeß führte sie im Jahre 1770 nach Paris. Dort erneute sie ein Verhältnis mit dem früheren Direktor der Lyoner Handelskammer, namens Parent.

Parent bürgte für sie bei dem Einkauf von großem Landbesitz. Da aber ihre Vermögenslage bekannt war, und sie den Besitz des ehemaligen Jesuitenklosters

HENRI MASERS DE LATUDE

Saint-Joseph in Lyon kaufte, so vermutete die Polizei in ihr eine Agentin der Jesuiten. Man ließ sie verhaften und brachte sie am 16. Februar 1777 in die Bastille. Auf die Erklärung Parents hin, daß er das Geld zu den Ankäufen gegeben habe, wurde sie aber bereits nach einigen Tagen entlassen.

Doch nun kam die Verwicklung. Nach ihrer Entlassung aus der Bastille führte die ehemalige Dame der Straße ein vornehmes Leben. Sie besaß nun plötzlich ein elegantes Haus, hielt sich Dienerschaft und warf das Geld nur so zum Fenster hinaus. Ein Jahr darauf erklärte Parent Bankerott. Er forderte von der Rogé die Rückgabe einer Summe von 900 000 Livres. Die Rogé erklärte aber, ihm nicht einen Pfennig schuldig zu sein. Es kam zum Prozeß. Obgleich man Frau Rogé nichts nachweisen konnte, wanderten sowohl sie als auch ihr Galan in die Bastille. Der Prozeß machte aber keine Fortschritte. Es blieb daher aus Mangel an Beweisen nichts anderes übrig, als die Rogé zu entlassen, obwohl man von ihrer Schuld überzeugt war. Parent aber wurde von seinen Gläubigern verfolgt und schließlich von seiner Familie für unzurechnungsfähig erklärt. Wenn auch der Betrug der Rogé klar auf der Hand liegt, so ist Parent jedoch selbst an seinem Unglück schuld, denn welcher vernünftige Mensch leiht schließlich einer Halbweltdame 900 000 Livres, die nach heutigem Geldwert mehreren Millionen Mark entsprechen.

X.
Der Revolution entgegen

Madame Gotteville. — Die Druckerpresse der Kurtisane. — Leben des Advokaten Linguet. — Seine Verhaftung. — Veröffentlichung der Memoiren über die Bastille. — Ihre Wirkung. — Die Beeinflussung der historischen Forschung.

*

Graf Cagliostro, der Gaukler. — Wie man die Welt betrügt. — Seine Reisen und Schicksale. — Das Halsband der Königin. — In der Bastille gefangen. — Die Richter der Inquisition. — Der Marquis de Sade. — Liebe und Ehe. — Der Philosoph des Verbrechens. — Hinter Schloß und Riegel.

Nicht minder interessant ist die Geschichte, die von der Madame G o t t e v i l l e erzählt wird. Die Gotteville war eine der begehrtesten Kurtisanen in Paris. Sie führte ein tolles Leben, hatte tausend Liebschaften, trat bald vornehm wie eine Königin auf, bald trieb sie sich in den übelsten Spelunken herum.

Als ihre Hilfsquellen, die bisher, wie die boshaften Pariser behaupteten, von dem Polizeipräfekten Lenoir, von Beaumarchais und einigen Lebeleuten gespeist wurden, zu versiegen drohten, ließ sie sich im Haag nieder und betätigte sich literarisch, das heißt sie schrieb Satiren auf bekannte hochgestellte Persönlichkeiten, übte also eigentlich eine Erpressertätigkeit aus.

Auf Veranlassung des französischen Gesandten im Haag wurde sie von der holländischen Regierung ausgeliefert und am 24. Mai 1784 in die Bastille gebracht.

Charakteristisch für ihr Temperament war eine Begebenheit, die sich nach der Ueberlieferung bei der Durchsuchung ihrer Papiere abspielte. Sie erklärte nämlich, daß sie die Beschlagnahme ihrer Papiere nicht dulden würde. Als der Polizeioffizier sie dennoch an sich nehmen wollte, prügelte sie ihn regelrecht durch, schlug ihm die Perrücke vom Kopf und trat ihn mit den Füßen. Dann warf sie ihre Papiere ins Feuer.

Madame Gotteville blieb ein Jahr in der Bastille. Sie wurde dann in einem Kloster unschädlich gemacht. Ihre Druckerpresse war beschlagnahmt und in die Bastille gebracht worden. Als sie von den Erstürmern des Schlosses gefunden wurde, hielt man das sonderbare Möbel für ein Folterwerkzeug.

Am 14. Juli 1736 wurde Simon Nicolas Henri L i n g u e t in Reims als Sohn eines Professors geboren, den die Regierung wegen seiner jansenistischen Neigungen verfolgte. Nach erfolgreichen Studien und Reisen wählte Linguet den Beruf eines Advokaten, trotzdem er eine Abneigung gegen diesen Stand hegte.

Seine hervorragende Rednergabe, die sich in großen Prozessen glänzend bewährte, verschaffte ihm bald in ganz Frankreich großes Ansehen. Bald war er einer der berühmtesten und reichsten Rechtsanwälte des Landes. Seine Reden waren voll Feuer, sein Stil originell und packend. Die sonderbarsten Paradoxe stellte er auf. Er verteidigte die unmöglichsten Dinge und hatte Erfolg über Erfolg. Später konnte er sich rühmen, von hundert Prozessen neunzig gewonnen zu haben. Da er sich nicht scheute, selbst Persönlichkeiten, die dem Hofe nahestanden, in der heftigsten Weise anzugreifen, hatte er bald viele Feinde, und da er auf ihre Angriffe mit viel Geschick und einer rücksichtslosen Schärfe antwortete, wuchs ihre Zahl in beängstigender Weise. Durch seinen Widerspruchsgeist und die ewigen Streitereien führte Linguet schließlich einen Zustand herbei, der ihm zum Verhängnis werden sollte.

Den ersten Erfolg in der Bekämpfung des gewandten Gegners hatten seine Feinde im Jahre 1773 zu verzeichnen. Auf Grund einer Lettre de cachet wurde Linguet wegen Beleidigung eines Kriegsgerichtes nach Chartres verbannt. Nach Verlauf von zwei Monaten wurde er allerdings wieder zurückberufen, aber bereits 1774 ging man von neuem gegen ihn vor: Das Parlament strich ihn von der Liste der Advokaten.

Das war für Linguet ein harter Schlag. Da er nun ohne Beschäftigung war, suchte er sich einen neuen Beruf. Er wurde Redakteur bei dem „Journal de politique et de littérature". Auf Antrag der Akademie verlor er auch diese Stellung, da er sich nicht ruhig verhalten konnte. Sein Protest beim König blieb ohne Erfolg. Linguet wandte sich daher nach England und gründete dort die berühmte Zeitschrift „Annales politiques civiles et littéraires du dix-huitième siècle". Diese Zeitschrift wurde eine der vielgelesensten in Europa, und der Verfasser gewann eine geistige Macht, mit der die Regierungen zu rechnen hatten. Aber auch in England wollte man mit dem scharfen Kritiker nichts zu tun haben, der sich nicht einmal scheute, das Land, das ihm Schutz bot, anzugreifen. Linguet kehrte im Jahre 1778 nach dem Festlande zurück und begab sich zunächst nach Brüssel. Durch seine Annalen war er ein berühmter, aber auch ein reicher Mann geworden.

Von der belgischen Hauptstadt aus regneten Angriffe auf Angriffe auf seine Gegner nieder. Linguet kannte keine Schonung. Er belegte manche hochstehende Persönlichkeit mit dem schlimmsten Fluch, der einen Mann treffen kann: dem Fluch der Lächerlichkeit. Aber auch die Gegner waren nicht untätig. Sie stellten gegen den spitzzüngigen Journalisten eine förmliche Anklage auf. Linguet antwortete in noch schärferer Weise als gewöhnlich. Doch nun war sein Schicksal besiegelt. Als er einmal von Brüssel nach Paris kam, wurde er am 27. September 1780 auf offener Straße verhaftet und in die Bastille gebracht. Während seiner Haft litt der bewegliche, arbeitsame Mann sehr unter der erzwungenen Untätigkeit. Auch körperlich litt er unter den nicht gerade gesunden Verhältnissen in dem Gefängnis. Alles das vermochte aber seinen Geist nicht zu beugen. Nach zwanzigmonatiger Gefangenschaft wurde er am 19. Mai 1782 freigelassen und nach Rethel in der Champagne verbannt.

Seine Gegner täuschten sich gewaltig, wenn sie glaubten, den unermüdlichen Streiter kaltgestellt zu haben. Statt in der Provinz zu bleiben, reiste Linguet nach London und veröffentlichte von dort aus sein vernichtendes Werk über die Bastille und den Despotismus der französischen Regierung. Der Titel dieser Schrift lautete: „Mémoires sur la Bastille". Diese Memoiren erschienen zuerst in den „Annalen" und hatten einen Riesenerfolg.

Als die Revolution ausbrach, kehrte Linguet nach Frankreich zurück. Er trat dem Klub der Cordeliers bei und hielt in der Verfassunggebenden Versammlung große Reden. Doch die Revolutionäre mißtrauten ihm, denn trotz seiner Schriften gegen den Despotismus hatte er stets das absolute Königtum unterstützt. Er zog sich daher ins Privatleben zurück. Ein Befehl des Wohlfahrtsausschusses riß ihn aus diesem beschaulichen Dasein heraus. Er wurde vor dem Revolutionstribunal angeklagt, sich dem König als Verteidiger angeboten, die Spekulanten durch seine Schrift unterstützt zu haben und ein Schmeichler und Apostel des Despotismus gewesen zu sein. Linguet wurde zum Tode verurteilt und am 27. Juni 1794 mit der Guillotine hingerichtet. Auf dem Wege zur Richtstätte las er Seneca. Er starb mit Ruhe und Würde.

Seine Schrift über die Bastille machte ihn unsterblich. Es gibt in der Tat wenig Werke, die eine derartige Wirkung auf weite Kreise erzielten. Linguet gehört zu jenen Schriftstellern, die den Gedanken einer Vernichtung der Bastille im französischen Volke einpflanzten und dadurch — bei Linguet unbewußt — viel zum Ausbruch der Revolution beitrugen.

Die erste Ausgabe der Memoiren in Buchform erfolgte im Jahre 1783 im Verlag von Thomas Spilsbury in London. Seitdem sind viele Ausgaben und Uebersetzungen erschienen.

Auch von dem Rechtsanwalt Linguet gilt das, was

bisher von den meisten Gefangenen der Bastille, die über ihre Erlebnisse geschrieben haben, gesagt wurde: Dichtung und Wahrheit sind so gut miteinander verschmolzen, daß man sie nicht mehr auseinanderhalten kann. Linguet kannte in seinen Angriffen keine Grenzen, daher klingt manches phrasenhaft oder ist als falsch zu erklären. Aus seinem Werke geht der zu ständigen Widersprüchen geneigte Charakter dieses Mannes deutlich hervor. Jedenfalls erklären alle diese Memoirenwerke zur Genüge, warum sich die Bastilleforschung solange in denselben falschen Bahnen bewegte.

*

Der Name des Grafen Cagliostro war im 18. Jahrhundert in aller Munde. Man kannte ihn als Geisterbeschwörer, Magnetiseur, Alchemist, Zauberer und in ähnlichen phantastischen Rollen. In den höchsten Kreisen der europäischen Gesellschaft, ja selbst an verschiedenen Höfen war der Pseudograf ein gern gesehener Gast.

Im Dezember 1789 wurde Cagliostro plötzlich in Rom verhaftet und wegen Stiftung eines verbotenen Ordens vor das Inquisitionsgericht gestellt. Zwei Jahre später veröffentlichte ein Jesuitenpater auf Grund der Akten des Cagliostro-Prozesses eine Broschüre über das Leben des sogenannten Grafen Cagliostro. Da kamen Dinge ans Licht, die selbst der kühnste Phantast nicht zu träumen gewagt hätte, und das sonderbarste, einzig dastehende an der Sache war, daß die Inquisition, die dunkelste und reaktionärste Einrichtung der Weltgeschichte, die unerhörten Schwindeleien des Abenteurers ans Licht brachte.

Guiseppe Balsamo, so war der wirkliche Name des Abenteurers, hatte im Jahre 1743 in Palermo, der Hauptstadt des sonnigen Siziliens, das Licht der Welt erblickt. Bereits im jugendlichen Alter zeigte sich sein Schwindlertalent. Als er wegen Urkundenfälschung von den Behörden seiner Vaterstadt verfolgt wurde, wandte er sich nach Messina und unternahm von dort aus mit einem geschickten Taschenspieler Reisen nach Aegypten und nach dem Orient, wobei er sich neben verschiedenen orientalischen Sprachen vor allem die Kunst seines Gefährten zu eigen machte. Von nun an lebte er fast ausschließlich von seinen Zauberstückchen und Betrügereien. Im Jahre 1770 heiratete er in Italien die Tochter eines Gürtlers, Lorenza Feliciani. Er gab dann seine Frau als eine vornehme Dame von Adel aus und zog aus ihrer außerordentlichen Schönheit klingenden Gewinn, denn er scheute sich nicht, sie in den Kreisen vornehmer Lebeleute zu verschachern.

Als er in Rom von neuem wegen Urkundenfälschung verfolgt wurde, wandte er sich zunächst nach Spanien und Portugal, lebte dann in London und Paris und war bald wieder durch Goldmachen und Anfertigen von Verjüngungswässerchen auf der Höhe. Nach einigen Reisen durch Holland und Deutschland trat der Abenteurer in seiner Vaterstadt Palermo unter dem glänzenden Namen eines Marchese Pellegrini auf, doch wurde er verhaftet und erlangte seine Freiheit nur durch Vermittlung eines mächtigen Fürsten, der an den Reizen der schönen Lorenza Gefallen gefunden hatte. Hierauf durchzog er in der Uniform eines preußischen Offiziers Südfrankreich, Malta und Spanien, verkaufte Schönheitswasser, Mittel zum Goldmachen, Lotterietabellen und gelangte schließlich nach England.

In London befestigte sich sein Ruhm. Der Schwindler legte sich den vornehm klingenden Namen eines Grafen Cagliostro bei. Cagliostro war der Name eines seiner Verwandten, der aber nichts weniger als die Grafenwürde besaß. In der englischen Hauptstadt fand er in der Freimaurerloge Aufnahme und gewann gewaltigen Einfluß. Als er später mit einem neuen freimaurerischen System auftrat, das aus Aegypten stammen sollte, wurde er wie ein göttliches Wesen verehrt. Im Jahre 1784 gründete er in Lyon die „Große Mutterloge zur triumphierenden Weisheit" und brachte dadurch sein System zum Abschluß. Nun war sein Ansehen so befestigt, daß er von seiner geheimnisvollen hohen ägyptischen Abkunft erzählen konnte. Seine Behauptung, daß er dreihundert, und seine reizende junge Frau siebzig Jahre alt sei, fand daher auch gläubige Zuhörer.

Die Welt will betrogen sein, und Cagliostro besorgte es gründlich. Die Verehrung, die man ihm zollte, war unbeschreiblich. Vornehme Damen trugen mit Stolz sein Porträt. Den göttlichen Namen des Abenteurers ritzte man auf Ringen und kostbaren Fächern ein. Selbst die höchsten Kreise ließen sich täuschen. Das geschickte Auftreten des Gauklers, seine Eleganz, seine alles übersteigende Verschwendung schlugen die vernünftigsten Menschen mit Blindheit. In Kurland wurde er mit großer Achtung von der schöngeistigen Freifrau Elise von der Recke aufgenommen. Der Bischof von Straßburg, Kardinal Rohan, der zum Mystizismus neigte, nahm ihn mit nach Paris und führte ihn in die Hofkreise ein. Das sollte ihm zum Verderben werden.

Infolge seiner Beziehungen zu dem Kardinal Rohan wurde er verdächtigt, an der berüchtigten Halsbandaffäre beteiligt zu sein. Dieser Skandal brachte das Volk ungemein gegen die Königin Maria Antoinette auf, trotzdem diese an dem ganzen Handel unschuldig war. Der Kardinal Rohan hatte die Gunst des Königspaares verloren und sann nun auf Mittel und Wege, sie wieder zu erringen. Eine Schwindlerin redete ihm ein, er könne die Königin wieder versöhnlich stimmen, wenn er ihr einen Schmuck verschaffe, den sie sehnlichst wünschte, aber wegen Mangel an Mitteln nicht erlangen könne. Rohan ging auf den plumpen Schwindel ein, kaufte den Schmuck, ein Diamantenhalsband für 1 600 000 Livres und lieferte ihn der Gauklerin aus. Schließlich wurde aber der Betrug entdeckt und Rohan während einer großen Feierlichkeit in der Kirche verhaftet.

Cagliostro erlitt dasselbe Schicksal. Bei einem Abendessen, wo der Gaukler die Geister Heinrichs IV., Rousseaus und Voltaires heraufbeschwören wollte, versicherte man sich seiner Person und steckte ihn in die Bastille. Die „Mémoires historiques" teilen einen Brief mit, den er über seine Gefangenschaft geschrieben haben soll: „Zynische Unverschämtheit", heißt es darin, „gemeiner Betrug, falsches Mitleid, bitterer Spott, zügellose Grausamkeit, Ungerechtigkeit und Tod haben in diesem Strafgefängnis ihren Sitz, und eine barbarische Verschwiegenheit ist das geringste von den Verbrechen, die dort begangen werden. Ich befand mich sechs Monate lang nur fünfzehn Fuß von meiner Frau entfernt und wußte es nicht. Andere liegen hier seit dreißig Jahren begraben, sie gelten für tot und beklagen, daß sie es nicht wirklich sind. Wie die Verdammten Miltons haben sie nur so viel Licht in ihrem Abgrunde, um die undurchdringliche Finsternis zu unterscheiden. Sie wären ganz verlassen, wenn es nicht einen ewigen Gott gäbe, der ihnen eines Tages Gerechtigkeit widerfahren lassen wird. Als Gefangener habe ich es zuerst ausgesprochen, und als freier Mann wiederhole ich es: Es gibt kein Verbrechen, das nicht durch sechs Monate Bastille völlig gesühnt wäre."

Cagliostro sollte bald die Erfahrung machen, daß es härtere Gefängnisse gäbe als die Bastille. Wenige Jahre später verurteilte ihn das Inquisitionsgericht wegen „freimaurerischer Tätigkeit" — also nicht wegen seiner Schwindeleien — zum Tode. Der Papst Pius VI. begnadigte ihn jedoch und verwandelte die Todesstrafe in lebenslängliche Haft.

Der Marquis de S a d e, der bekannte Sexualverbrecher und Schriftsteller, ist ohne Zweifel der berüchtigtste Gefangene der Bastille. Er war einer der letzten, die man in dem Staatsgefängnis unschädlich machte, und nur ein Zufall verhinderte, daß der Marquis nicht den Siegern der Bastille in die Hände fiel.

Donatien Alphonse François, Marquis de Sade, wurde am 2. Juni 1740 in Paris geboren. Er erhielt eine sorgfältige Erziehung, trat nach seiner Entlassung aus dem berühmten Collège Louis le Grand in das Regiment der Chevaulegers ein und brachte es bis zum Hauptmann. Er nahm in einem Kavallerieregiment am Siebenjährigen Kriege teil.

Schon früh zeigten sich bei de Sade Spuren von sittlicher Entartung. Dazu kam, daß der junge Marquis durch die Sittenlosigkeit seiner Zeit in seiner Veranlagung bestärkt wurde. Sein Vater, der anscheinend seine Neigung bereits früh erkannt hatte, glaubte das Leben seines Sohnes durch eine Heirat in ruhigere Bahnen lenken zu können. De Sade hatte nämlich bereits im Alter von zwanzig Jahren wegen Ausschweifungen mit dem Gefängnis Bekanntschaft gemacht.

Das 18. Jahrhundert war bekanntlich das Jahrhundert der galanten Abenteuer. Das ganze Leben, Kunst, Theater und Literatur waren auf Genußsucht der rohesten und niedrigsten Art zugeschnitten. Nur in einer solchen Zeit konnte sich die Entartung bis zu diesem Grade entwickeln. Nur in einer Zeit, wo die käufliche Dirne das Ideal der Frau darstellte, vermochte ein solcher Mensch Einfluß und Anerkennung zu finden.

Auf Veranlassung seines Vaters heiratete der junge Marquis die älteste Tochter des Präsidenten von Montreuil, der ein guter Freund seines Vaters war. Er fühlte jedoch eine unwiderstehliche Abneigung gegen seine Gattin. Dafür liebte er deren Schwester um so leidenschaftlicher. Frau de Sade verehrte jedoch ihren Gatten außerordentlich und blieb ihm stets treu und ergeben, trotzdem er ihre Liebe mit den schlimmsten Beleidigungen und Roheiten vergalt. Dies ist um so erstaunlicher, als de Sade gleich nach seiner Heirat das lasterhafteste Leben führte.

War schon das 18. Jahrhundert an und für sich in der Veranstaltung von Orgien sehr erfinderisch, so übertraf doch der Marquis de Sade in dieser Beziehung alles Dagewesene. Er schuf sich damit einen traurigen Ruhm. Bereits wenige Monate nach seiner Heirat wurde er in den Turm von Vincennes eingekerkert, weil er in einem Bordell Ausschweifungen begangen hatte, die nicht zu beschreiben sind.

Es ist hier nicht der Ort, auf das Leben de Sades näher einzugehen. Seine Schicksale sollen hier nur im Zusammenhang mit der Bastille behandelt werden. De Sade hat einen großen Teil seines Lebens im Kerker zugebracht, im ganzen siebenundzwanzig Jahre in elf verschiedenen Gefängnissen.

De Sade wurde im Jahre 1784 aus Vincennes nach der Bastille überführt. Es wurde ihm erlaubt, die Besuche seiner Gattin zu empfangen. Da er sie aber bei ihren Besuchen in Vincennes mit den zynischsten Schmähungen überhäuft hatte, waren stets einige Personen im Besuchszimmer anwesend, um die Gräfin vor ihrem Gatten zu schützen. Dabei war Frau de Sade stets seine Wohltäterin gewesen und hatte ihm mehrmals zur Flucht verholfen.

Ueber den Aufenthalt des berüchtigten Gefangenen in der Bastille ist folgendes zu erwähnen:

Im Juni 1789 soll der Marquis einen Angriff auf seine Wachen versucht haben. Dabei bedrohte ihn jedoch ein Posten mit seinem Gewehr, und de Sade trat den Rückzug in sein Zimmer an. Im nächsten Monat setzte er sich mit den Spaziergängern der Rue Saint-Antoine durch ein Sprachrohr in Verbindung und ließ eine Flut von Schimpfworten auf den Gouverneur de Launay los. Dies verursachte einen Menschenauflauf und hatte zur Folge, daß de Sade am 4. Juli 1789 in die Irrenanstalt Charenton überführt wurde. Infolgedessen war er nicht Zeuge der Erstürmung der Bastille, die zehn Tage später stattfand. Am 29. März 1789 wurde der Marquis durch den Beschluß der Konstituierenden Nationalversammlung freigelassen.

Unter dem Konsulat verhaftete man ihn jedoch von neuem. Den Grund zu dieser neuen Verhaftung bildete hauptsächlich ein Pamphlet, das gegen Bonaparte, seine Frau, Frau Tallien und Barras gerichtet war. Diese Personen schilderte er, natürlich unter anderen Namen, wie sie sich in einem Bordell unzüchtigen Handlungen hingeben. Der zweite Grund waren seine pornographischen Schriften, die allerdings alles, was in dieser Hinsicht geschrieben ist, an Perversität in den Schatten stellen. Ein Teil dieser Schriften ist in der Bastille und in anderen Gefängnissen entstanden.

Der Marquis de Sade starb in Charenton am 2. Dezember 1814, im Alter von 74 Jahren. Er ist ohne Zweifel eins der größten Probleme der Sexualwissenschaft.

XI.
Die Einnahme der Bastille

Die ersten Pläne zur Abtragung des Schlosses. — Ausbruch der Revolution. — Der Sturm auf die Bastille. — Dichtung und Wahrheit. — Rache des Volkes. — Das Schicksal der Archive. — Ihre Geschichte. — Die Sieger der Bastille. — Abtragung des Bollwerks. — Die Julisäule. — Fortbestehen der Legende.

Bevor die Revolution im Jahre 1789 zum Ausbruch kam, haben edeldenkende französische Staatsmänner versucht, den Staat von oben herab neu zu ordnen. Das Königtum sollte es sich angelegen sein lassen, die zahlreichen Mißbräuche des Despotismus abzuschaffen. Die revolutionären Ideen hatten bereits so stark Wurzel gefaßt, selbst Angehörige der privilegierten Stände waren davon ergriffen, daß eine Aenderung bald erfolgen mußte, wenn sie noch rechtzeitig genug kommen sollte.

Ludwig XVI. hatte den guten Willen, einen Ausgleich mit dem Volk herbeizuführen. Aber der gute Wille allein genügte nicht. Es mußte auch die Tat folgen. Der König war aber nicht tatkräftig genug, um seinen Willen durchzusetzen. Er begann allerdings mit Reformen, aber erst als es schon zu spät war!

So kam die Revolution. Das Volk erzwang, was die Regierung zu tun unterließ. Diesem Ansturm auf alles, was die Freiheit des Volkes unterband, fiel auch die Bastille zum Opfer.

Die neuere Forschung hat gezeigt, was die Bastille in den letzten Jahren vor der Revolution geworden war. Sie war zu einem Schatten herabgesunken. Von ihrer früheren feudalen Größe war keine Spur mehr vorhanden. In den Augen des Volkes blieb sie aber nichtsdestoweniger das Bollwerk des Despotismus.

Es klingt geradezu sonderbar, wenn man vernimmt, daß die französische Regierung wenige Jahre vor der Revolution sich mit dem Gedanken getragen hat, die Bastille als unzeitgemäße Einrichtung einfach abzutragen. Tatsächlich sind aus dieser Zeit Pläne vorhanden, die sich mit der Abschaffung des Schlosses beschäftigen. Selbst über die Verwendung des freien Platzes sind zahlreiche Vorschläge gemacht worden. So gedachte man, die Bastille abzutragen, jedoch einen Turm als Erinnerung an das mittelalterliche Bollwerk stehen zu lassen. Ein anderer Vorschlag lautete, auf dem freien Platz ein Denkmal Ludwigs XVI., des Befreiers, zu errichten!

Im Archiv der Bastille, das sich gegenwärtig in der Pariser Arsenalbibliothek befindet, sind sogar zwei Denkschriften des letzten Platzkommandanten des Schlosses aus dem Jahre 1788 vorhanden, die die Abtragung der Bastille und den Verkauf des Platzes zugunsten des königlichen Schatzes vorschlugen. Auch der Minister Breteuil, der das Staatsgefängnis in Vincennes bereits abgeschafft hatte, war für die Aufhebung des Staatsgefängnisses. Aber es blieb bei den Plänen. Sie wären sicherlich noch im 18. Jahrhundert zur Ausführung gekommen, wenn nicht die Revolution mit einem Schlage alles über den Haufen geworfen hätte.

Allgemein bezeichnet man mit der Erstürmung der Bastille den Beginn der großen französischen Revolution.

Richtiger wäre es wohl, wenn man die Eröffnung der Generalstände am 5. Mai 1789 als Ausgangspunkt ansähe, wenn es schon ein bestimmter Tag sein muß. Man ist aber gewöhnt, die Geschichte in Abschnitte einzuteilen, und hat daher ein Ereignis gewählt, das sich besonders stark und leicht in das Gedächtnis einprägt. Das kann man allerdings von der Erstürmung der Bastille sagen, die durch den geschichtsschöpferischen Volksgeist zu einem großen, epochemachenden Ereignis geworden ist.

Schon seit langem fühlte man in Paris, daß etwas geschehen müsse, um die seit Jahrhunderten verletzten Rechte des Volkes wieder herzustellen. Die Anhänger des alten Regimes wollten nichts von Reformen wissen, sondern suchten ihre alte Macht zurückzugewinnen und veranlaßten den König, den Minister Necker zu entlassen, auf den man in den weitesten Kreisen die größten Hoffnungen gesetzt hatte. Als von Versailles die Nachricht von Neckers Entlassung eintraf, wollte zunächst niemand an diese Tatsache glauben. Das Aufgeben Neckers bedeutete doch die Wiederkehr der alten, unhaltbaren Zustände, das Ende der Hoffnung auf Freiheit und den Anfang einer Reaktion. Redner traten allerorts auf und suchten die niedergedrückten Gemüter der Bürger wieder aufzurichten. Ja, sie forderten das Volk sogar zum bewaffneten Widerstand gegen König und Regierung auf. Und als man erfuhr, daß auf höheren Befehl die Tore von Paris geschlossen wurden und die königlichen Truppen sich allerlei Uebergriffe zuschulden kommen ließen, kannte das Volk keine Hemmungen mehr und schritt zur Selbsthilfe. Im Stadthause trat am 13. Juli ein Ausschuß zusammen, der die Bewaffnung der sechzig Distrikte der Stadt anordnete. Die Sturmglocken läuteten den ganzen Tag und von allen Seiten strömten die Bürger nach dem Stadthause, um sich zur Verfügung des Ausschusses zu stellen und Waffen zur Verteidigung ihres Rechts zu verlangen. Aber Waffen gab es nicht und nun hieß es, sich welche mit Gewalt zu verschaffen. Zunächst eilte man nach dem Invalidenhaus, machte die Wachen unschädlich, und im Triumph wurden Flinten, Säbel und Kanonen ins Stadthaus geschafft. Mit Jubel wurde empfangen, wer ein neues Waffendepot entdeckte, und alles eilte dorthin. Am Abend des 13. Juli wurde im Stadthause bekannt, daß die Soldaten eines Schweizerregiments große Mengen Munition nach der Bastille gebracht hatten. Nun hieß es: Auf zur Bastille.

Vom frühen Morgen des 14. Juli an wälzte sich ein Haufe schlecht bewaffneter Bürger, Arbeiter und Angestellter nach der Vorstadt Saint-Antoine, wo ein düster aussehender, hoher, von acht runden Türmen flankierter Bau den meist von Arbeitern bewohnten Stadtteil mit seinen Geschützen beherrschte. Es war die Bastille, diese Zwingburg, die seit Jahrhunderten die Pariser Bevölkerung in Furcht und Schrecken gehalten hatte. Es ist bekannt, daß das Volk, wenn es sich in seinen Rechten verletzt fühlte, nach einem Ableiter seines Zornes sucht. Hatte man am Morgen des 14. Juli den Marsch zur Bastille nur mit der Absicht angetreten, sich Waffen und Munition zu holen, so mag manchem unterwegs der Gedanke gekommen sein, sich dieses Symbols des Despotismus französischer Herrscher zu bemächtigen.

Die Bastille war schon lange nur noch ein Staatsgefängnis, das zuletzt nicht mehr als sieben Gefangene in seinen Mauern beherbergte. Dies wußte das Volk nicht, wäre ihm auch gleichgültig gewesen, denn es galt jetzt, jahrhundertalte Schmach zu rächen. In der Bastille befanden sich nur achtzig Invaliden und dreißig Schweizer, die vom Gouverneur de Launay befehligt wurden. Es war zwar genügend Munition in der Bastille vorhanden, doch reichten die vorrätigen Lebensmittel nicht länger als zwei Tage. Es scheint also, als ob die Regierung nicht mit einem so plötzlichen Angriff durch das Volk gerechnet hätte. Von der energischen Haltung des Gouverneurs benachrichtigt, der die Tore nicht öffnen wollte, schickte der Ausschuß im Rathaus gegen 11 Uhr zwei Abgeordnete in die Bastille. Sie wurden vom Gouverneur sehr liebenswürdig empfangen und konnten auch feststellen, daß de Launay keine feindlichen Absichten gegen das Volk hegte. Währenddessen vergrößerte sich die Menge vor den Toren immer mehr, und da sie die beiden Abgesandten nicht zurückkehren sah, nahm sie eine immer bedrohlichere Haltung an. Aber wie dem festen Schlosse beikommen? Da gelang es zwei kühnen Burschen, sich von einem Nachbargebäude aus in den sich an die Bastille anschließenden Hof hinunterzulassen und die Ketten der äußeren Zugbrücke zu zerbrechen, so daß die Brücke mit Getöse herunterfiel. Als de Launay die Menge in den äußeren Hof eindringen sah, befahl er seinen Leuten zu schießen. Das Volk aber, das glaubte, der Gouverneur habe den Befehl zum Herunterlassen der Zugbrücke gegeben, um das Volk im Vorhof um so leichter zusammenschießen zu können, war aufs äußerste gegen die Garnison erbittert und kannte nun kein Erbarmen mehr.

Mittlerweile waren neue Deputationen an den Gouverneur gesandt worden, doch Mißverständnisse über Mißverständnisse häuften sich und machten die Verhandlungen zwischen beiden Teilen unmöglich. Der Angriff auf die Bastille war jetzt in vollem Gange. An der Spitze von dreihundert Mann der französischen Garden traf der Unteroffizier Hulin vor dem Schlosse ein. Er führte vier Kanonen mit sich, die man erst am Morgen aus dem Invalidenhause geholt hatte. Auch Leutnant Elie vom Infanterieregiment „Königin" beteiligte sich am Angriff. Als Hulin, der später General unter Napoleon und Kommandant von Berlin wurde, seine Geschütze gegen die Mauern der Feste richten wollte, ließ ihm der Gouverneur sagen, daß er zwanzigtausend Pfund Pulver in der Bastille habe, und sich, den

EINNAHME DER BASTILLE
am 14. Juli 1789
(Nach einem Stich von Berthault.)

ganzen Stadtteil und die Angreifer in die Luft sprengen würde, wenn man die schon lange angetragene Kapitulation nicht annehmen wolle.

Inzwischen war es fünf Uhr geworden. Elie war bereit, den Eingeschlossenen den Abzug zu gestatten und trat mit ihnen in Unterhandlungen ein. Aber das Volk, das durch die Beschießung der Garnison fast hundert Tote und ebensoviel Verwundete verloren hatte, wollte nichts von Ergebung wissen und schrie unaufhörlich: „Keine Kapitulation! Nieder mit den Brücken!" Aber schon ließen die Schweizer die Zugbrücken nieder, da sie glaubten, ihre Ergebung sei angenommen. Aber in ihrer maßlosen Wut drängte sich die Menge in die Höfe der Bastille, bemächtigte sich der Offiziere und Mannschaften, befreite die wenigen Gefangenen, und nahm an Waffen, was zu nehmen war. Alle Offiziere wurden entweder noch in der Bastille oder auf dem Wege zum Stadthause niedergemacht. Nur mit Mühe konnte das Leben der Soldaten gerettet werden. So ungerecht man mit den Offizieren verfuhr, die nur ihre Pflicht getan hatten, so ist doch die grenzenlose Erbitterung eines bis aufs äußerste gereizten und aller Rechte beraubten Volkes verständlich und entschuldbar.

Bei der Erstürmung der Bastille gingen auch zum großen Teil die Archive der Bastille verloren. Zu jener Zeit bestanden die Archive des Schlosses aus einer wohlgeordneten Sammlung von Schriftstücken, die in vielen hundert Schachteln aufbewahrt wurden. Die Zahl der Schriftstücke belief sich auf mehrere Hunderttausend. Man sieht, daß man sich schon vor hundert Jahren auf Bureaukratie verstand. Die Ordnung in diesem Archiv muß musterhaft gewesen sein. Jedes Schriftstück wurde sauber abgeschrieben, numeriert und an seinem Platz eingeordnet.

Der Major der Bastille, Chevalier, der bereits mehrmals erwähnt wurde, war sogar von der Regierung beauftragt worden, eine Geschichte der Gefangenen zu schreiben.

Es ist wirklich zu bedauern, daß dieser Plan nicht zur Ausführung kam. Sicherlich hätte die Nachwelt Aufklärung über zahlreiche Personen und Ereignisse erhalten, die uns arg entstellt oder gar nicht überliefert worden sind.

Bei der Wut des Volkes ist es verständlich, daß alles drunter und drüber ging. Die gefüllten Kartons wurden aus den Gestellen heruntergenommen, verbrannt, zertreten oder beschmutzt. Man bemächtigte sich der großen Folianten mit den Gefangenenregistern und vernichtete sie ebenfalls. Der innere Hof der Bastille war buchstäblich mit Papierfetzen übersät, denn die Volksmenge hatte einfach alles aus den Fenstern geschleudert.

Das Komitee der Wähler hatte den Bürger Dusaulx und einige andere Wähler kurze Zeit nach der Einnahme beauftragt, von den Archiven zu retten, was noch zu retten war. „Meine Herren," hatte einer der Wähler im Komitee ausgerufen, „retten wir die Papiere! Man behauptet, daß die Papiere der Bastille geplündert würden. Laßt uns schnell die Reste der Schriftstücke retten, die die Zeugen des unwürdigsten Despotismus sind. Sie sollen unseren Enkeln Abscheu vor der Vergangenheit einflößen!" In dieser Absicht wurden die Dokumente gesammelt. Wer hätte sich vorgestellt, daß sie gerade das alte Regime von vielen furchtbaren Anklagen entlasten würden?

Als Dusaulx sich mit seinen Gelehrten an die Arbeit machte, fand er zwar noch eine große Anzahl Kartons auf den Gestellen, aber die meisten waren leer. Zweifellos hatten manche Gelehrte und Sammler die Zeit benützt, um die wertvollen Papiere ihrer Sammlung einzuverleiben. So erwarb ein Attaché der russischen Gesandtschaft einen großen Teil der Schriftstücke. Später kaufte Kaiser Alexander I. von Rußland diese Sammlung. Sie befindet sich jetzt in der Staatsbibliothek in Petersburg. Als die Pariser Behörden später die Bürger auffordern ließen, die in ihrem Besitz befindlichen Papiere der Bastille wieder zurückzugeben, folgten viele der Aufforderung, so daß ein großer Teil der Dokumente wieder gesammelt werden konnte.

Am 2. November 1791 beschloß die Kommune, die Archive in der Pariser Stadtbibliothek aufzubewahren. Dort versanken sie vollkommen in Vergessenheit. Ein Beschluß vom Jahre 1797 wies die Dokumente der Arsenalbibliothek zu. Da man dort nicht wußte, was man mit den ungeordneten Papieren anfangen sollte, es waren nämlich sechshunderttausend Stück, brachte man sie einfach in einem abgelegenen Raum unter, und niemand kümmerte sich mehr um sie.

Erst im Jahre 1840 entdeckte sie zufällig ein Bibliothekar der Arsenalbibliothek, François Ravaisson. Bei der Reparatur seiner Küche stieß er auf einen Haufen Papier, der bei der Oeffnung des Fußbodens sichtbar wurde. Das erste Dokument, das er fand, war eine Lettre de cachet. Der Schatz war wiedergefunden. Jetzt suchte man das Unterlassene wieder gutzumachen. Ein halbes Jahrhundert eifriger Arbeit war nötig, um das einigermaßen wieder herzustellen, was am 14. Juli 1789 in wenigen Stunden vernichtet worden war. Jetzt kann jeder die Archive der Bastille in der Arsenalbibliothek einsehen. Die Bibliothek besitzt auch Abschriften der in Sankt Petersburg aufbewahrten Papiere. Erst diese Dokumente haben es ermöglicht, die zahlreichen Legenden über das Gefangenenschloß zu widerlegen und die wahre Geschichte der Bastille zu schreiben.

Wer waren nun die Leute, die die Bastille stürmten?

Während sich am Anfang aus Furcht vor Strafe keiner der „Angreifer" melden wollte, fanden sich über 863 Personen ein, als bekannt wurde, daß es Pensionen und Auszeichnungen zu holen gab. Daß sich da natürlich zahlreiche Leute meldeten, die nur von weitem zugesehen hatten oder gar nicht einmal dabei waren, ist selbstverständlich. Noch im Jahre 1874 (!) wurden Jahrgehälter an Bastillensieger ausbezahlt.

Ueber die sieben Gefangenen, die bei der Erstürmung vorgefunden wurden, ist bereits gesprochen worden. Die Legende des Grafen Solages, der seit undenklichen Zeiten in den finsteren Verließen des Schlosses geschmachtet haben soll, ist bekannt. Leider hat dieser Mann überhaupt nicht gelebt, und die ganze Geschichte ist vollkommen erfunden.

Am 25. Juli 1789 beschlossen die Wähler von Paris, die Bastille endlich abtragen zu lassen. Es sollte kein Stein von dem Bollwerk des Despotismus auf dem anderen bleiben. Die Arbeiten leitete der „Patriot" Palloy. Im Jahre 1791 waren die Arbeiten nahezu beendet. Die Steine des Schlosses wurden größtenteils zum Bau der schönen Concordiabrücke verwendet. Jetzt tauchte die Frage auf: was soll mit dem freien Platz geschehen? Es wurde vorgeschlagen, eine Säule in der Art der römischen Trajanssäule zu errichten. Palloy faßte diesen Gedanken auf und machte den Vorschlag zur Errichtung einer „Freiheitssäule". Sein Vorschlag fand Zustimmung. Am 16. Juni 1793 entschied die Gesetzgebende Versammlung, der Grundstein zu dieser Säule solle am 14. Juli gelegt werden und der Platz den Namen „Freiheitsplatz" erhalten.

In den unruhigen Revolutionsjahren konnte der Plan jedoch nicht zur Ausführung gelangen. Als Bonaparte aus Aegypten zurückgekehrt war, schlug er vor, auf dem Platz der Bastille einen riesigen Elefanten mit einem Springbrunnen aufzustellen. Es wurde auch ein Entwurf in Gips hergestellt, doch kam das Denkmal nicht zur Ausführung. Endlich entschied man unter dem König Louis-Philippe, zur Erinnerung an die Julirevolution, eine Säule zu errichten. Am 28. Juli 1831 wurde der Grundstein dazu gelegt. Neun Jahre später wurde sie eingeweiht. Die Säule ist innen hohl und gewährt eine prächtige Aussicht auf die Weltstadt.

So ist nun jede Spur von dem gewaltigen Gebäude verloren. Nur die Stiche der Zeitgenossen zeigen uns, wie das Schloß der französischen Könige ausgesehen hat. Aber die Bastille hat für das Volk ihre Schrecken nicht verloren, im Gegenteil, mit dem Fall ihrer Mauern wuchsen die Anklagen gegen die Besitzer des Schlosses.

Die Geschichtsforschung hat nun Klarheit gebracht. Mit unendlicher Mühe haben zahlreiche Gelehrte die Dokumente der Bastille ans Licht gezogen und sie sorgfältig miteinander verglichen, um dann vorsichtig die Ergebnisse der Welt bekanntzugeben. So entstand Schritt für Schritt die wahre Geschichte der Bastille, bis sie klar und deutlich, unwiderlegbar der modernen Welt überliefert wurde.

ZWEITER TEIL

AUGENZEUGEN SPRECHEN

I.
Constantin de Renneville
Meine Leidensjahre

Ankunft in der Bastille. — Meine Wohnung und ihre Einrichtung. — Eine furchtbare Chronik. — Ich erhalte ein anderes Zimmer. — Schmutz und Ungeziefer überall. — Man stiehlt meine Wäsche. — Der Neffe des Gouverneurs.

Auf dem Wege zur Bastille war unsere Kutsche bereits durch eine Wache durchgefahren. Bei unserer Ankunft hatten sich die anwesenden diensttuenden Soldaten das Gesicht mit ihren Mützen verdeckt. Wir fuhren in einen großen Hof ein. Durch ein grüngestrichenes Tor gelangten wir an eine Treppe. Man öffnete zwei Flügeltüren. Wir stiegen etwa fünfundzwanzig oder dreißig Stufen empor und traten durch zwei eisenbeschlagene Türen in einen Raum ein, der mir wie ein ungeheures Grab vorkam. Er war ungefähr sechzig Fuß lang, fünfzehn Fuß breit und dreizehn oder vierzehn Fuß hoch.

„Was für ein Verbrechen habe ich denn begangen," rief ich aus, „daß man mich in dieses entsetzliche kahle Loch wirft?" Darauf antwortete mir ein Mann, der noch schrecklicher war als der Ort, wo ich mich befand, es sei das schönste Zimmer in der Bastille, und man hielte hier eigentlich nur Fürstlichkeiten gefangen. Nachdem man mir alles abgenommen hatte, was ich besaß, wurden die Türen hinter mir mit großem Lärm zugeschlagen und ich war allein. Eine verzehrende Unruhe hatte sich meiner bemächtigt. Die Gedanken jagten sich in meinem Hirn, aber es wollte mir nicht gelingen, die Ursache meines Unglücks zu entdecken. Alle ausgestandenen Leiden zogen an meiner Seele vorüber. Am schmerzlichsten war mir der Gedanke an meine verlassene Gattin, die allein ihrer Trauer überlassen war. Sie befand sich in einem fremden Lande, wo sie weder Hilfe noch Trost zu erwarten hatte. Unser Kind war noch so klein, daß es sie nicht trösten konnte, sondern noch eher ihren Kummer vermehrte.

Nachdem ich mehrmals in meiner riesigen Höhle auf- und abgegangen war, suchte ich mich dadurch zu zerstreuen, daß ich die Einrichtung in Augenschein nahm. Da stand ein kleines, von Würmern zerfressenes Holzbett mit einem armseligen Strohsack, einer Wollmatratze, einem Kopfkissen und einer alten Decke. Die Bettvorhänge waren aus Brokatelle. Drei große, mit steifer Leinwand bezogene und gut gepolsterte Lehnstühle ergänzten die Einrichtung. Die vollkommen von Rauch geschwärzten Wände waren mit dem Namen meiner unglücklichen Vorgänger bedeckt. Ich las verschiedene Inschriften, die die Gefangenen hingeschrieben hatten, so wie es ihnen in den Sinn gekommen war. Auf dem Kaminsims las ich die Worte:

„Dat veniam Corvis, vexat censura Columbas."

Hier waren einst die Marschälle Luxembourg, Biron, Bassompierre und andere weniger berühmte Männer gefangen gewesen. Unter ihnen auch Herr de Sacy, der in diesem Raume den größten Teil der heiligen Schrift übersetzt hatte. Neben dem starkvergitterten Fenster, das noch ein Netzgitter besaß, damit der Gefangene nicht von Neugierigen gesehen werden konnte, entdeckte ich mehrere Namen und den Rat in italienischer Sprache: „Vergifte oder erwürge Dich!" Einige hatten diesen wohlgemeinten Rat befolgt. An anderer Stelle las ich den Ausspruch: „Patientia levius fit malum!"

Ich war eben damit beschäftigt, diese fürchterliche Chronik zu lesen, als ich die Riegel meines traurigen

Gelasses rasseln hörte. Um bis zu mir zu gelangen, mußte man fünf Türen öffnen, und das Klirren der Schlüssel, das dumpfe Geräusch der Türangeln, hallte in den hohen Zimmern und dem Treppenhaus unheimlich wider. Zwei Kerle, wahre Scheusale, brachten mir mein Essen. Um mir die Langeweile zu vertreiben, schrieb ich ebenfalls einige Verse an die Wand, wollte sie jedoch gleich wieder auslöschen. „Was," sagte ich zu mir selbst, „in dieser Gruft willst du Verse dichten? Du könntest höchstens deine Grabschrift schreiben, denn du bist in der Blüte deiner Jahre hier begraben!"

Zweieinhalb Monate war ich in diesem Raume eingesperrt. Am 31. Juli, gegen 3 Uhr nachmittags, hörte ich den bekannten Lärm der Schlüssel und Riegel. Einige Augenblicke später trat der Major der Bastille mit zwei Schließern in mein Zimmer ein. Unter tiefen Verbeugungen forderte er mich auf, mich anzukleiden. „Was," rief ich aus, „sollte der Augenblick meiner Befreiung gekommen sein!" — „Nein," erwiderte er, „nur eine Veränderung, eine kleine Veränderung, auf Befehl des Herrn Gouverneurs, der Ihr Zimmer neu weißen lassen will." Während ich meinen Schlafrock auszog, um mich anzukleiden, ergriffen die beiden Schließer meine Habseligkeiten, und der Major reichte mir die Hand, um mich aus dem Zimmer und über die Treppe zu geleiten. Man schloß hinter mir die Tür. Ich betrat diesen Turm nie wieder.

Der Major führte mich in den Turm La Bertaudière. Ich schritt über einen Hof, ohne einer Menschenseele zu begegnen. Meine Begleiter sprachen kein Wort. Dann stiegen wir eine Treppe von zwanzig bis dreißig Stufen hinauf und traten in einen Raum ein. Es war darin so dunkel, daß man darin nicht das geringste sehen konnte. Meine Kleider wurden in die Nische einer Schießscharte geworfen. Darauf schloß man die Tür hinter mir zu. So gut ich es vermochte, sah ich mich in dem Raum um. Es war eine achteckige Kammer, die zwölf bis dreizehn Fuß lang und ebenso breit und hoch war. Auf dem Fußboden lag der Unrat einen Fuß hoch. Alle Schießscharten waren verstopft, mit Ausnahme von zweien, die man aber stark vergittert hatte. Das Tageslicht, das ins Zimmer drang, wurde außerdem durch ein enges Netzgitter getrübt, das vor den beiden Schießscharten angebracht war. Und damit ja nicht zu viel Licht in das Innere des Raumes gelangte, hatte man noch eine dicke, schmutzige Scheibe angebracht. Man konnte nur mit Mühe die Gegenstände im Zimmer erkennen, und wenn man lesen wollte, mußte man sich selbst beim hellsten Sonnenschein den Schießscharten nähern. Oft war ich gezwungen, im August eine Kerze anzuzünden, um meine Mahlzeit einzunehmen.

Die Wände des Zimmers waren schmutzig und mit Unrat bedeckt. Nur die Decke war ziemlich rein; sie war ganz weiß und sauber gegipst. Die Einrichtung bestand aus einem kleinen, alten, wackligen Klapptisch und einem ebenso alten, zerbrechlichen, ganz zerrissenen Rohrstuhl, auf den man sich nur mit einer gewissen Angst zu setzen wagte. Das Zimmer war voller Flöhe, und im Augenblick war mein Körper davon wie besät. An den unsauberen Wänden standen unzählige Namen von Leuten, die hier gefangen gehalten worden waren. In dieses Zimmer brachte man mir ein Gurtbett, eine kleine Matratze, ein Kopfkissen und eine alte, von Motten zerfressene Decke, die von Ungeziefer strotzte. Nie hatte ich solche Gäste gehabt, und ich litt furchtbar darunter. Ich konnte mich ihrer nur mit der größten Mühe erwehren. Ich beklagte mich bitter bei dem Schließer über die unwürdige Art und Weise, mit der man mich behandelte und nach dem Grund oder Vorwand all dieser Schmach. Statt einer Antwort, riet er mir, mich in Geduld zu fassen, es sei nur zu meinem Besten, daß man so verfahre. Darauf schloß er geschwind die Türe und ließ mich in Ruhe über meine traurige Lage nachdenken.

Diesmal erschien beim Abendessen kein Offizier. Man erwartete, daß ich mich beklagte, und wollte sich diese Unannehmlichkeit ersparen. Während des Essens und in der ganzen Nacht war ich in sehr schlechter Stimmung. Den Grund dafür wird man leicht erraten. Dazu kam, daß das Zimmer mit üblen Gerüchen angefüllt war, und ich außerdem jede Viertelstunde durch die Glocke der Schildwache gestört wurde. Diese befand sich nämlich so nahe bei meinem Zimmer, daß ich immer den Eindruck hatte, sie wäre neben meinem Bett. Auch das beständige ‚Werda-Rufen' der Wachen, das in einem entsetzlichen Ton geschah, war mir unerträglich. Auch die Unliebenswürdigkeit der Beamten trug nicht gerade dazu bei, meine Stimmung zu verbessern. Als ich nämlich einen Besen verlangte, um mein Zimmer zu reinigen, wurde er mir schlankweg verweigert. Einige Zeit darauf bat ich um ein Hemd. Auch das wurde mir abgeschlagen. Das Hemd, das ich auf dem Leibe trug — es war aus sehr feinem Stoffe — war mit der Zeit braun geworden. Ich trug es bereits ununterbrochen fünf Monate lang. Später hatte ich Gelegenheit, es waschen zu lassen. Ich trug es dann noch vier Jahre lang. Natürlich mußte ich es oft flicken. Diese Arbeit ist übrigens eine Hauptbeschäftigung der Gefangenen. Sollte man es für möglich halten, daß zu derselben Zeit, wo ich mit Ungeziefer bedeckt war und monatelang ein und dasselbe Hemd auf dem Leibe hatte, ein Offizier der Bastille — es war sogar der Neffe des Gouverneurs — und ein Schließer meine feinen, mit Mechelner Spitzen geschmückte Wäsche trugen. Während es mir an allem mangelte, mußte ich meine Hemden und Krawatten auf dem Leibe des Neffen des Gouverneurs feststellen. Als ich ihm mitteilte, daß ich mich darüber beklagen würde, drohte er mir, mich in Eisen schließen und in ein Verließ werfen zu lassen. Der Schließer drohte mir nicht, als ich ihm denselben Vorwurf machte, sondern lachte nur und versprach mir, mir meine Wäsche zurückzuerstatten. Sowohl er als auch der Neffe des Gouverneurs gaben sie mir zurück, aber erst, als sie so abgetragen war, daß sie sie selbst nicht mehr verwenden konnten.

*

Ich trete in Verbindung mit meinen Nachbarn. — Zimmertelegraphie. — Man gibt mir einen Gefährten. — Ein deutscher Leidensgenosse. — Der gefangene „Ketzer". — Ein schamloser Priester. — Der Freidenker und sein Diener. — Selbstmordversuch.

Wenn der Schließer mein Essen in den Turm brachte, gab ich mir alle Mühe, etwas über meine Umgebung zu erfahren. Ich merkte dabei, daß er im ganzen sieben Zimmer aufsuchte, und zwar drei über und drei unter mir. Ich hoffte, daß mich diese Beobachtung in die Lage setzen würde, mit meinen Nachbarn in Verbindung zu treten. Um mich oben bemerkbar zu machen, begann ich gegen die Decke zu klopfen. Ich erhielt jedoch keine Antwort. Dann versuchte ich es mit dem Fußboden, ebenfalls ohne Ergebnis. Damit mußte ich mich zufrieden geben. Ich hing meinen Gedanken nach und betete viel, und während der drei Stunden, wo die Sonne ein wenig in meine Höhle schien, las ich, den Arm auf den Rand der Schießscharte gestützt.

Doch der Wunsch verließ mich nicht, mit jemand in Verbindung zu treten. Der Mensch bedarf eben der Gesellschaft, und bei mir wurde das Verlangen nach einem lebenden Wesen noch durch meine vollkommene Abgeschlossenheit vergrößert. Die Gefangenen unter mir antworteten nie, die über mir jedoch gaben mir schließlich durch Klopfen zu verstehen, daß sie mich gehört hatten. Es war aber nicht möglich, oder zum mindesten sehr gefährlich, den Fußboden zu durchbohren, denn die Decke bei mir war sehr glatt und schneeweiß, so daß man die geringste Beschädigung bemerkt hätte. Nachdem ich lange über ein Mittel nachgedacht hatte, wie ich mich wohl verständlich machen könnte, entdeckte ich endlich etwas.

Meine Methode war mühsam und verlangte viel Aufmerksamkeit und Vorsicht. Aber gerade dadurch hatte ich mehr Beschäftigung und langweilte mich nicht so schrecklich all die endlosen Tage und Nächte hindurch. Ich erfand ein Alphabet, das ich meinen Nachbarn durch Klopfen mit einem Stock übermittelte. Um zum Beispiel ein ‚a' zu bezeichnen, klopfte ich einmal, für ein ‚b' zweimal, für ein ‚c' dreimal und so fort. Zwischen jedem Buchstaben machte ich eine kleine Pause, und nach jedem Wort folgte eine längere Unterbrechung. Ich wiederholte meine Erfindung so lange, bis die Gefangenen über mir mich verstanden. Es war eine angenehme Ueberraschung für mich, als sie nach demselben System mich fragten, wer ich sei. Wir unterhielten uns nun jeden Abend nach 10 Uhr, da um diese Zeit in der Bastille vollkommene Ruhe herrschte.

Später, als ich einen Gefährten erhalten hatte, bediente ich mich dieses unbequemen Mittels nicht mehr, um mich zu unterhalten. Die Verbindung hörte für vier Jahre auf. Später war ich sehr erstaunt, als ich andere Gefangene auf dieselbe Weise mit einer erstaunlichen Leichtigkeit und Schnelligkeit sprechen hörte. Meine Kunst war inzwischen sehr vervollkommnet worden. Man nannte sie ‚die Kunst, mit dem Stock zu sprechen'. Die Offiziere wußten das und verhielten sich weniger streng, wenn die Gefangenen sich nur durch die Fenster und Kamine unterhielten.

Der achte September brachte mir eine große Ueberraschung. Morgens gegen vier Uhr wurde der Turm, in dem ich gefangen saß, geöffnet und gleich darauf trat der Schließer in mein Zimmer ein. Er brachte ein Gurtbett und die übrige Einrichtung für einen Gefangenen mit. Ich fragte ihn, was das zu bedeuten habe. „Sie werden einen Gesellschafter erhalten," antwortete er, „einen braven Mann!" Dieses Lob erteilte er einem

Menschen, den er nie gesehen hatte. Mein zukünftiger Gefährte kam erst drei Tage später. Eines Morgens gegen 8 Uhr wurde meine Tür geöffnet, und ein Mann von gutem Wuchs trat in mein Zimmer ein. Er war in einem beklagenswerten Zustand. Als er mich bemerkte, fiel er mir um den Hals und erzählte mir, er habe seit zwei Jahren außer seinen Wärtern kein menschliches Wesen gesehen. Den Major behandelte er mit stolzer Verachtung, so daß dieser vorzog, das Zimmer zu verlassen, um nicht noch schlimmeres zu erfahren. Die erste Frage, die wir mit großer Ungeduld und Spannung gegenseitig an uns richteten, war: „Wer sind Sie? Woher kommen Sie? Wie sind Sie hierher gekommen?" Mein Gefährte war Offizier in einem Dragonerregiment gewesen, und sein männliches, ehrenhaftes, mit Narben bedecktes Gesicht war ein Beweis für die Ungerechtigkeit seiner Richter, die ihn seit zwei Jahren in diesem furchtbaren Gewahrsam gefangen hielten. Sein Verbrechen bestand darin, daß er ein Dokument gefälscht hatte, um zu beweisen, daß er von Adel sei. Uebrigens bezeugten verschiedene Papiere unstreitbar seine adlige Abstammung. Da ihm aber einige schurkische Schreiber das Originaldokument entwedet hatten, war er fast zu diesem Schritt gezwungen, denn er fürchtete, seine Stellung zu verlieren, wenn er seine adlige Abkunft nicht beweisen konnte.

Im Gefängnis verkehrte er mit seinen Leidensgenossen auf sehr einfache Weise. Er schrieb mit großen Buchstaben ein Wort mittels Kohle auf ein Brett und hielt es ans Fenster. Wenn sein Nachbar es gelesen hatte, so wischte er es aus und schrieb ein neues. Der Gouverneur bekam jedoch Wind von der Sache und ließ vor dem Fenster ein Brett anbringen.

Wir lebten in gutem Einvernehmen miteinander. Ich war nicht wenig über die Heftigkeit erstaunt, mit der mein Gefährte die Schließer und Offiziere der Bastille behandelte. Aber noch mehr wunderte ich mich, daß er damit Erfolg hatte. Nach Verlauf von zwanzig Tagen erhielt er seine Freiheit wieder, während ich noch lange vergeblich darauf wartete. Als er fort war, forderte man mich auf, meine Sachen zu packen, da man mir eins der schönsten Zimmer der Bastille anweisen wollte. Ich stieg bis ins oberste Stockwerk des Turmes hinauf. Man öffnete mir ein achteckiges Zimmer, eine sogenannte Calotte, dessen Wände wie bei Dachkammern ganz schräg waren, so daß man sich nur in der Mitte des Raumes bewegen konnte. Ein Feldbett hatte kaum Platz darin. Die Aussicht wurde durch dicke Gitter versperrt. Trotzdem konnte man einen großen Teil von Paris überblicken. Im Sommer war das Zimmer unerträglich heiß und im Winter furchtbar kalt.

In diesem Raume saß ein junger Mann auf seinem Bett; er trug einen Schlafrock aus gestreiftem Atlas. Als die Tür wieder geschlossen war, umarmte ich meinen Gefährten. Es war ein junger Mann von neunzehn bis zwanzig Jahren, aus Leipzig gebürtig. Er sah traurig, bleich und sehr abgemagert aus. Wir unterhielten uns in lateinischer Sprache und kamen uns bald näher. Er hieß Link, war der Sohn eines berühmten Arztes und nach Paris gekommen, um Französisch zu lernen. Seine Geliebte, eine Französin, machte ihm unsere Sprache besonders wert. Er besuchte die medizinische Fakultät im königlich Botanischen Garten. Dann brach plötzlich der Krieg zwischen Frankreich und Oesterreich aus. Dieser Krieg bildete den Grund oder vielmehr den Vorwand zu seiner Gefangenschaft.

Bald herrschte zwischen uns beiden die größte Vertraulichkeit. Mein Gefährte tat mir alles, was ihm möglich war, zuliebe, und ich bemühte mich ebenfalls, seine Haft erträglicher zu machen. Einen Monat später kamen wir wieder in ein anderes Zimmer. Dieses war nun wirklich eins der schönsten der Bastille. Es war dreizehn Fuß hoch, zwanzig Fuß lang und breit, besaß eine schöne Decke und einen Kamin, der selten qualmte, dazu noch ein großes Fenster, zu dem drei Stufen hinführten. Durch die Gitterstangen hindurch vermochte der Blick über die Vorstadt und den Boulevard Saint-Antoine zu schweifen.

Kaum hatten wir uns an diesem Tage zu Tische gesetzt, als ein ganz zerlumpter Mensch in unser Zimmer eintrat. Sein elendes Gesicht war aufgedunsen. Wir nahmen regen Anteil an seinem Schicksal, denn er war in einem bedauernswerten Zustand und von äußerst anständiger Gesinnung. Er hieß Berthon und war ebenfalls der Sohn eines Arztes. Er hatte das Verbrechen begangen, sich zur protestantischen Kirche zu bekennen. Um seiner Gefangenschaft mit all ihren Greueln ein Ende zu machen, hatte er sich bereit erklärt, seinen Glauben abzuschwören. Aber man geruhte nicht, ihn anzuhören. Schließlich genehmigte man doch sein Gesuch, und seine Befreiung erfolgte bald darauf. Er überbrachte den Freunden von Link Nachrichten und trug dadurch auch zu dessen Befreiung bei. Ich blieb jedoch noch einige Zeit mit dem jungen Manne zusammen, der mich wie einen Vater und ich ihn wie meinen eigenen Sohn liebte.

Eines Abends, als wir gerade am Feuer saßen, hörten wir durch den Kamin verworrene Stimmen unter uns. Wir bohrten ein Loch in den Kamin und ließen an einem Faden einen Zettel hinunter, um den unter uns Wohnenden mitzuteilen, wer wir wären. Man riß den Zettel mit Heftigkeit ab, antwortete jedoch nicht. Bald darauf bat man mich, das Kaminloch wieder zu verstopfen, aus Furcht, es könnte von den Offizieren der Bastille oder von ihren Begleitern entdeckt werden.

Am 18. Januar 1703 führte man uns einen Priester zu. Er war von mittlerer Größe und hatte einen unangenehmen Ausdruck im Gesicht. Seine Augen waren gerötet, seine Gesichtsfarbe jedoch ziemlich frisch. Er sah eigentlich wie ein Packträger aus. Mit gierigen Blicken betrachtete er die Reste unseres Mittagessens.

Wir boten sie ihm an. Bald aber mußten wir die Erfahrung machen, daß er ein böswilliger Mensch ohne jede Erziehung, ohne Scham und Gefühl war. Er hieß Antoine Sorel und war Pfarrer von Leri.

Seine Schamlosigkeit und seine Ueberspanntheit stimmten Link traurig. „Ach Gott," sagte er zu mir, „was hat man uns für einen Gesellschafter gegeben? Er ist eher ein Teufel als ein Priester!" Ich tröstete ihn, so gut ich es vermochte. Der Pfarrer erzählte uns seine Abenteuer mit einer solchen Schamlosigkeit, daß wir ihn verachten mußten. Bald haßten und fürchteten wir ihn wegen seiner Bosheit. Der glückliche Link verließ bald darauf das Gefängnis. Ich konnte mich über seine Abwesenheit nur durch das Bewußtsein hinwegtrösten, daß er in Freiheit war.

Am Tage nach seiner Befreiung ertönte aus dem Kamin eine Stimme. Ein Gefangener begrüßte uns und erkundigte sich, wer wir seien. Wir antworteten auf seine Fragen und erkundigten uns ebenfalls nach unseren Nachbarn in ähnlicher Weise. Der eine von ihnen hieß Mathurin Philibert. Er war ein gutmütiger, anständiger und geschickter Mann, der ohne Erlaubnis das Amt eines Arztes ausgeübt und viel Erfolg gehabt hatte. Der Neid seiner Kollegen war die Ursache, daß er in die Bastille kam.

Der andere hieß Philibert La Salle. Er war Diener bei einem Freidenker gewesen. Sein Herr wurde verhaftet und gezwungen, in einem Wagen Platz zu nehmen, der ihn zur Bastille führte. Der ahnungslose La Salle bestieg den Hintersitz. Als der Wagen in der Bastille hielt, stieg La Salle ab und öffnete die Tür der Kutsche. Wegen dieses Dienstes, den er seinem Herrn erwiesen hatte, behielt man ihn in der Bastille als Gefangenen zurück. Er blieb mehrere Jahre in dem furchtbaren Gefängnis. Wahrscheinlich kam sein Herr wegen einer unvorsichtigen Aeußerung in die Bastille. Sein Diener war jedoch auf alle Fälle unschuldig und kannte nicht einmal das Verbrechen seines Herrn. Trotzdem wurde er eingekerkert. Und als man ihn endlich freiließ, wurde er vom Polizeipräsidenten an die königliche Armee ausgeliefert, um als Dragoner in ein Regiment eingereiht zu werden.

Dieser Philibert La Salle war mit einem gewissen Charas, dem Sohn eines berühmten Arztes, gefangen gewesen. Dieser hatte sich in London niedergelassen und war auf einer Reise nach Paris gekommen. Dort wurde er gefangen genommen. Seine Mutter und sein Bruder suchten ihn vergeblich in der Bastille. Man sagte ihnen ständig, er sei nicht darin. Als er fünf Jahre in der Bastille gesessen hatte, packte ihn infolge der schlechten Ernährung und Kleidung und seiner hoffnungslosen Lage die Verzweiflung, und er beschloß, seinem Leben ein Ende zu machen. Er schliff sein Messer auf einem Sandsteinkrug und brachte sich damit eine Wunde bei. Aber das Sterben wollte ihm nicht gelingen. Er wurde in seinem Blute aufgefunden und wieder geheilt. Man hörte jedoch nicht auf, ihn zu quälen. Als endlich seine Mutter und sein Bruder erfahren hatten, wo er sich befand, setzten sie alles in Bewegung, um ihn frei zu bekommen. Es gelang ihnen schließlich auch, aber der Gefangene war vollständig erschöpft und siech und blieb es sein ganzes Leben lang.

*

Der Abbé Rollet. — Verkehr mit einem englischen und deutschen Gefangenen von Rang. — Richter und Opfer. — Ich werde in ein finsteres Verließ gebracht. — Die Ratten. — Man droht mir, mich in Ketten zu legen. — Van der Brug. — Schicksale anderer Gefangener. — Ein vereiteltes Klistier.

Unter den Gefangenen, die mit unseren Nachbarn eingesperrt waren, befand sich auch ein Abbé, namens Rollet. Er war in die Bastille gekommen, weil er verbotene Bücher gekauft hatte. Seine Freunde verhalfen ihm jedoch durch ihren Einfluß zur Freiheit. Durch ein glänzendes Mittel gelang es ihm, sie von seinem Schicksal in Kenntnis zu setzen. Er wußte, daß die Brote, die die Gefangenen den Schließern gaben, von diesen an die Soldaten verkauft wurden. Rollet bohrte in sehr geschickter Weise ein Loch in ein Brot, legte einen Brief hinein und machte es sorgfältig wieder zu. Als der Soldat, der das Brot gekauft hatte, es zerschnitt, fand er einen Zettel, der die Adresse einer Dame trug. Darin stand, daß der Ueberbringer des Briefes von der betreffenden Dame durch ein Amt oder durch eine Geldsumme belohnt werden sollte. Der Soldat verfehlte nicht, den Zettel abzugeben. Er wurde Unteroffizier, und einige Zeit darauf hatte der Geistliche seine Freiheit wieder.

Der Verkehr durch den Kamin brachte uns in unserem Unglück etwas Zerstreuung. Sie blieb aber nicht die einzige. Bald darauf machten einige Gefangene über uns ebenfalls ein Loch in ihren Kamin, so daß wir mit ihnen in Verbindung treten konnten. Einer von ihnen war ein gelehrter und geistreicher Kapuziner. Er teilte uns mit, daß er ein deutscher Fürst sei. Der andere war der Chevalier Thomas Burnet, der Sohn des berühmten Erzbischofs von Salisbury, ein liebenswürdiger Gelehrter von seltenem Verdienst. Der dritte war ein Pariser Bürger. Der Kapuziner erzählte uns seine Geschichte oder vielmehr einen Roman, den er erfunden hatte. Der Chevalier Thomas Burnet gab uns einen Bericht über seine Reisen in Europa. Er war in Paris nur aus dem Grunde verhaftet worden, weil er Ausländer war und den König Wilhelm*) hochschätzte.

Zuletzt erzählte der Pariser Bürger seine Abenteuer und sein Unglück. Seine Frau hatte auf eine vorübergehende Nachbarin Spülwasser geschüttet, und dies war

---

*) König Wilhelm III. von England, geboren 1650, gestorben 1702. Er war einer der schärfsten Gegner der Eroberungspolitik Ludwigs XIV.

die Ursache zu einem Prozeß geworden, der den Greis in die Bastille brachte. Herr d'Argenson hatte ihn zuerst zu zwanzig Livres Buße und Bezahlung des beschädigten Kleides verurteilt. Er wollte gegen das Urteil Einspruch erheben. Darauf erhöhte der Polizeipräsident die Strafe auf fünfzig Livres. Der Greis beschwerte sich von neuem, und der Polizeipräsident erhöhte wiederum die Strafe, zuerst auf hundert Livres, dann auf fünfzig Taler und schließlich auf hundert Taler. Nun äußerte der Greis, er danke Gott, daß es noch höhere Richter wie ihn gäbe. Auf diesen Ausspruch hin wurde er nach Châtelet gebracht und kam von da aus in die Bastille, da er, wie man sich ausdrückte, durch seine Gesuche zu viel Papier verschmieren ließ.

Der Greis hatte durch seine Krankheit und noch mehr durch die Heilmittel und Eingriffe des Chirurgen gelitten. Durch Herrn du Junca, der ihn sehr schätzte, erhielt er seine Freiheit wieder. Er fand seine Familie in tiefer Trauer, entehrt und im Elend vor. Seinen Sohn, der Leutnant bei den Grenadieren war, hatte man in dieselbe Höhle geworfen wie den Vater, nur, weil er um dessen Freilassung gebeten hatte. Er brachte zwei Jahre im Gefängnis zu, ohne Strümpfe, Schuhe und Feuer zu haben. Ohne den Trost eines gutmütigen und ehrlichen Bauern namens Sandro hätte er sich in seiner Verzweiflung den Tod gegeben. Auf diesen Bauern werden wir später noch zu sprechen kommen.

Diese häufigen Unterhaltungen machten unser Schicksal erträglicher. Wir beklagten das Los anderer leidender Gefangener, aber wir beklagten es wenigstens gemeinsam.

Der Kapuziner verfaßte Verse in lateinischer, ich in französischer Sprache. Wir lasen sie uns gegenseitig vor. So verging die Zeit verhältnismäßig schnell. Einige Zeit darauf erhielten wir den Grafen von Brederode zum Gesellschafter, den seine Frau hatte in die Bastille einsperren lassen. Ob er nun wirklich aus der berühmten

Familie stammte, deren Namen er trug, oder ob er nur ein Abenteurer war, weiß ich nicht, jedenfalls war er ein liebenswürdiger, heiterer Mensch von offenem Charakter. Er trug viel zur Lebhaftigkeit unserer Unterhaltung bei.

Auf eine Anklage Sorels hin wurde ich von meinen Freunden getrennt, die ich im Unglück liebgewonnen hatte. Man befahl mir, das Zimmer zu verlassen und zwang mich, mich bis aufs Hemd auszuziehen. Als man mich so halbnackt dastehen sah, beschloß man, mir wenigstens das Hemd zu lassen.

So bekleidet, wurde ich in ein Verließ gebracht, wo nie ein Sonnenstrahl hineingelangt war. Trotzdem es bereits Ende September war, ließ man mich in diesem Zustand ohne Kleider liegen. Meine Füße, die in dem feuchten Kot steckten, begannen bald gefühllos zu werden. Schließlich brachte man mir meinen Schlafrock und meine Pantoffeln. Ich hüllte mich darin ein und wartete vergebens auf mein Abendessen. Die Nacht war endlos. Die Ratten griffen mich gruppenweise an, und ich hatte nur meine Pantoffeln, um sie zu vertreiben. Erst der anbrechende Tag befreite mich von ihnen.

Gegen Morgen kam ein Schließer und brachte mir Brot und Wein und stellte beides auf einen Stein, der von Schmutz starrte. Er war aber wenigstens vor den Ratten sicher. Um zehn Uhr hörte ich draußen, wie schwere Ketten mit großem Geklirr über die Treppen geschleppt wurden. Man brachte sie in mein Verließ und zeigte sie mir Stück für Stück: die Halsringe, die Handfesseln usw. Alles war vorhanden. Man teilte mir mit, daß man sie mir anlegen würde, wenn ich mich in meiner dunklen Höhle nicht ruhig verhalten würde. Ich beklagte mich in ruhiger Weise; der Schließer hörte mir zu und schien selbst von meiner Unschuld überzeugt zu sein. Trotzdem ließ man mich drei Wochen lang in dem finsteren Loch liegen.

Ich betrachtete jeden Tag die Ketten und versuchte mehrmals, sie einzeln hochzuheben. Einige davon waren so schwer, daß ich sie nicht von der Erde aufheben konnte. Man holte sie endlich weg, um sie einem Priester anzulegen, der dem Neffen des Gouverneurs sein Abendessen ins Gesicht geworfen hatte.

Endlich, es war am 11. Oktober 1703, holte man mich aus diesem Grabe heraus. Man führte mich in ein Zimmer, wo sich bereits zwei Gefangene befanden, von denen der eine im Zimmer stand, während der andere sich hingelegt hatte. Als ich eintrat, erhob sich der liegende Gefangene. Er war ein riesengroßer Mann und ganz nackt. Ich stellte fest, daß er sogar bedeutend größer als ich und im Verhältnis zu seiner Größe noch außerordentlich breit war. Sein feuerrotes Gesicht wies eine große Narbe auf, die sich quer über Backe und Nase zog. Der Körper war dick und fleischig, der Rücken übermäßig breit.

Dieser grobe und brutale Mensch hatte seinen schüchternen Stubengenossen gezwungen, ihn zu bedienen. Jener hieß Francillon und war sechzig Jahre alt. Er war sechs Fuß groß, gerade gewachsen, wohlgestaltet, kräftig und gesund. Man hatte ihn seiner Religion wegen in das Gefängnis getan, in dem wir alle schmachteten. Infolge seines sanften Charakters unterwarf sich Francillon der Roheit van der Brugs, so hieß nämlich der Riese, der zuerst Kutscher gewesen war, dann Soldat und schließlich Offizier wurde, um zu guter Letzt wegen eines Diebstahls in die Bastille zu kommen.

Mein neues Zimmer war ebenfalls achteckig. Auf der rechten Seite befand sich ein Fenster mit einem starken Gitter, das es fast vollkommen verdeckte. In der linken Ecke stand ein kleiner Kamin und etwas weiter weg das Betpult van der Brugs, das aus Latten gezimmert und mit Lumpen behangen war. In einem Winkel bemerkte man einen Taubenschlag, in dem einige Tauben brüteten.

Andere hatten bereits Junge. Sie machten viel Spektakel und vor allem viel Schmutz. Dann kam das Bett des Riesen und schließlich dasjenige Francillons, das für ein Kind von zehn Jahren berechnet schien. Einige Schritte davon stand der „Thron" van der Brugs, der ebenfalls aus Latten verfertigt war. Er besaß ein Polster, zu dem Francillon seine Decken hatte hergeben müssen. Die Reste der Wandbekleidung dienten zur Vervollständigung dieses Sitzes.

Das war sein Thron, wenn er Francillon Audienz gab, sein Sessel, wenn er sich zu Tisch setzte, sein Richterstuhl, wenn er ein vernichtendes Urteil über das schlechte Essen abgab oder wenn er über alles und jedes urteilte, sein Dreifuß, wenn er Orakel verkündete, sein Ruhebett, wenn er nach dem Essen schlief, sein Kanapee, wenn er rauchte, sein Nachtstuhl, wenn er ein Heilmittel genommen hatte, was er sehr oft tat. Ich mußte oft über den Mann lachen, aber schließlich wurde er mir durch seine Grobheit, seinen Schmutz, seine Bosheit und sein heftiges Wesen zuwider.

Er verschlang sowohl das Essen meines Gefährten als auch das meine. Was man ihm aus Gutmütigkeit gab, nahm er bald als sein Recht in Anspruch. Ein Gefühl von Dankbarkeit war ihm unbekannt. Er besaß weder Anstand noch Schamgefühl.

Auch er verkehrte mit anderen Gefangenen. Darunter war ein Herr de Lespinas, der durch eine leichtsinnige Frau ins Gefängnis gekommen war, und außerdem ein Greis von achtundsiebzig Jahren. Der alte Mann war in seiner Jugend Protestant geworden. Er hatte sich in Holland niedergelassen und war dann in sein Vaterland zurückgekehrt, um eine Erbschaft anzutreten. Man ließ ihn verhaften und in die Bastille bringen, wo er so lange von einem Verließ ins andere geschleppt wurde, bis er seine Religion abschwor. Er wurde dann freigelassen, jedoch in eine kleine Stadt verbannt, wo er starb.

Auch mit Sandro, einem einfachen Menschen, standen wir in Verkehr. Dieser war ein Mann von mittlerer Größe, angenehmem Gesichtsausdruck und von sanftem Charakter. Alle Gefangenen, die das Schicksal mit ihm zusammenführte, hatten ihn gern. Er war nach Paris gekommen, um Holzarbeiten zu verkaufen, die er durch eine Mauleselin tragen ließ. Bei seiner Rückkehr vermietete er das Tier an einen Mann, der Protestanten zur Flucht aus Frankreich verhalf. Wegen dieses Verbrechens mußte er das klägliche und beschwerliche Leben in der Bastille führen.

Ich wurde bald darauf der Annehmlichkeit beraubt, mit diesem anständigen Menschen zu verkehren. Zu gleicher Zeit befreite man mich aber von den Gewalttätigkeiten van der Brugs. Dieser schamlose Mensch wollte sich gerade in dem Augenblick ein Klistier geben lassen, als wir zu Mittag aßen. Als ich den Tisch an sein Bett gestellt hatte, konnte ich seine Frechheit nicht länger ertragen, und in dem Augenblick, wo er sein Hinterteil entblößte, schüttete ich ihm meinen Teller mit heisser Suppe darauf. Der Riese erhob ein solches Geschrei, daß man es in allen Zimmern des Turmes hören konnte. Ich ließ von ihm ab, um mich auf meine Keule zu stürzen. Im Falle mein Gegner es gewagt hätte, mich anzugreifen, würde ich ihm eine gehörige Tracht Prügel verabreicht haben. Van der Brug lief im Zimmer umher, um sich eine Waffe zu suchen. Im selben Augenblick traten einige Offiziere der Bastille ein. Sie waren durch das Geschrei unseres Riesen und die Rufe unserer Nachbarn herbeigelockt worden. Als dieser die Türe offen sah, stürzte er hinaus, lief über die Höfe zu der Wohnung des Herrn du Junca, um ihm den Gegenstand seines Schmerzes zu zeigen.

Ich ahnte wohl, daß ich bald vor Gericht erscheinen mußte und vielleicht meinen Kameraden Francillon nicht mehr wiedersehen würde. Zum Abschied umarmte ich ihn herzlich. Bald darauf wurde ich zu Herrn du Junca gerufen. Ich erzählte ihm, wie sich die Sache zugetragen hatte. Er lachte darüber und ließ mich in ein anderes Zimmer bringen, wo anständige Menschen wohnten. Ich kam in das erste Zimmer des Brunnenturmes, wo mich zwei Gefährten erwarteten. Dort fand ich ein gemachtes Bett vor und auch die Möbel bereits aufgestellt. Wir umarmten uns und machten Bekanntschaft miteinander.

*

Ich komme wieder in ein anderes Zimmer. — Die Lebensgeschichte meiner Leidensgenossen. — Einige Abenteuer der Mätressen des Neffen des Gouverneurs und des Geistlichen der Bastille. — Ein „Totschlag" im Gefängnis. — „Meuterei." — Ich komme wieder in ein Verließ.

Dieses Zimmer besaß dieselbe Form wie die anderen, aber es war schmutzig und feucht. Doppelte Gitter versperrten die Aussicht aus dem Fenster. Der Kamin lag in Trümmern da. Der Fußboden war morsch, eine Decke gab es überhaupt nicht. An den Wänden klebte ein schmutziger Lehm. In diesem Zimmer fand ich Hugo Hamilton, einen Schotten, und Johann Christof Schrader von Peck, einen Hannoveraner, vor. Der Schotte war klein von Gestalt und sehr lebhaft. Er hatte für den König Jakob gefochten und sein Vermögen in dessen Dienst geopfert. Wahrscheinlich ist er nur aus dem Grunde in die Bastille gekommen, weil er ihm zu offen seine Meinung gesagt hat, denn eine andere Ursache seiner Einkerkerung war ihm nicht bekannt. Infolge der Feuchtigkeit seines Zimmers zog er sich eine Krankheit zu, an der er zugrunde ging.

Der andere Leidensgenosse war ein junger Mann von einundzwanzig Jahren von großer und wohlgebildeter Gestalt, und von gutmütigem Charakter. Er bewies ein ganz hervorragendes Geschick für allerlei Arbeiten. So verfertigte er aus Fäden, die er aus unseren Servietten und Bettüchern herauszupfte, Schleifen für die Schuhe, ferner Schnüre und anderes mehr. Aus den Knochen, die beim Essen übrig blieben, verfertigte er Nadeln, Messer, Löffel und verschiedene Musikinstrumente. Ich schloß mich ihm näher an. Er liebte mich bald, als wenn ich sein Vater gewesen wäre, und auch ich gewann ihn lieb wie einen Sohn. Wir stellten unsere Betten nebeneinander, um zwei von unseren Decken gemeinsam benützen zu können, damit wir wenigstens einigermaßen gegen die furchtbare Kälte geschützt waren. Mein Gefährte war schlechter ernährt als ich. Wir teilten daher in Zukunft unser Essen. Er war mit seinem Bruder wegen eines Duells in jene Kloake gekommen, die man Bastille nennt.

Die Gefangenen waren beide schlecht gekleidet. Hamilton besaß sogar keine Hose mehr. Da er seine vollkommen zerfetzten Kleider nicht mehr tragen konnte, hüllte er sich stets in seine Bettdecke ein. Er hatte weder eine Krawatte, noch eine Perücke, weder Hut noch Strümpfe und Schuhe. Auf dem Kopfe trug er einen alten Hut. Schrader war noch schlechter angezogen. Er hatte den ganzen Körper auf die sonderbarste Weise mit alten Lumpen umwickelt. Aus einigen schmutzigen Servietten verfertigte er sich einen Turban.

Die Geschichte meiner beiden Gefährten war folgende:

Schrader hatte in der Wut, gefangen zu sein, die Türe seines Zimmers mit dem Strohsack seines Bettes in Brand gesteckt. Im Augenblick war der Raum voller Rauch, der in dicken Schwaden durch die Schießscharten ins Freie gelangte. Gleich darauf wurde alarmiert. Man eilte herbei und fand den Gefangenen halb erstickt vor. Seine Antworten bewiesen, daß er geistesgestört war. Man brachte ihn daher in ein anderes Zimmer. Von dort aus begann er einen Verkehr mit einigen hübschen Frauen, den Mätressen des Neffen des Gouverneurs und des Geistlichen der Bastille. Sie schenkten ihm Konfitüren, Weine und auserlesene Speisen und luden ihn ein, in ihr Zimmer zu kommen.

Die Mittel dazu hatten sie ihm zu verschaffen gewußt. Alles wäre auch gelungen, hätte man ihm nicht zwei Gefährten gegeben, die seine verliebten Pläne zum Scheitern brachten. Schrader setzte sich mit seinen Zimmergenossen ins Einvernehmen, und sie verübten gemeinsam einige Schelmenstreiche, die ihnen ihr Los hätten erleichtern können. Durch ihre eigenen Fehler aber wurden sie entdeckt und alle in ein Verlies geworfen. Schrader wurde wieder freigelassen und kam in das Zimmer, das wir jetzt bewohnten.

Während der Zeit, die wir zusammen verbrachten, spielte sich ein trauriger Vorfall in einem Nachbarzimmer ab. Ein Neuchâteler, namens Perrot, der in die Bastille gekommen war, weil er zu einer Partei gehörte, die gerade entgegengesetzte Ziele verfolgte wie die Partei, die der König begünstigte, wurde von einem Manne namens Chevalier, der in dem gleichen Zimmer wohnte, mit Bitten bestürmt, er möge seine Religion abschwören. Er versuchte es zuerst durch Ueberredung, sah aber bald ein, daß er damit nichts ausrichten konnte. Dann begann er mit Beleidigungen und schließlich mit Gewalttätigkeiten. Nachdem er ihn eines Tages „Satansbraten" genannt hatte, warf er ihm sein Nachtgeschirr an den Kopf. Als Perrot sah, daß Chevalier einen Besenstiel in der Hand hatte, griff er zu einem Stuhl, um sich zu verteidigen. Mit dem ersten Schlag, den er ihm auf den Kopf gab, streckte er ihn tot nieder. Daraufhin wurde er in ein Verließ gebracht, mit Ketten gefesselt, und so in den Kot gelegt, daß er auf dem Rücken neben der Leiche seines brutalen Feindes liegen mußte. Nichts vermochte jedoch seinen Glauben zu erschüttern. Er weigerte sich, die Religion zu wechseln, das einzige Mittel, das ihn hätte retten können. Da er in seiner Weigerung verharrte, wurde er zum Tode durch den Strang verurteilt. Mit bewundernswertem Mut, der ihn nie verließ, ging er zur Richtstätte. Vor dem Galgen kniete er nieder, betete und fiel tot um. Als der Henker ihn aufrichten wollte, hielt er einen leblosen Körper in Händen.

Schrader, Hamilton und ich lebten in der innigsten Gemeinschaft. Hamilton kannte ausgezeichnet die Geschichte seiner Zeit. Er war viel gereist und konnte sehr gut erzählen. Ich schrieb öfters Verse, die ihm ebenso viel Freude machten wie mir seine Reiseberichte. Wir drei waren ein Herz und eine Seele. Nie gab es den geringsten Streit. Die Stunden vergingen im gemütlichen Beisammensein. Kurz, wir führten ein ganz angenehmes und ruhiges Leben.

Aber wir befanden uns bereits im Dezember, Schrader war fast nackt und unser Zimmer hatte kein Fenster, so daß wir der eiskalten Luft ausgesetzt waren. Er konnte diesen Zustand nicht länger ertragen, ohne sich zu beschweren. Daher klopfte er fest an die Türe, um einen Offizier von seinem Zustand in Kenntnis zu setzen. Niemand erschien. Ich bat den Schließer, von der Sache zu sprechen; er teilte mir gleich darauf mit, daß ich zu Herrn du Junca kommen sollte. Ich hoffte von ihm einige Erleichterungen für meinen Kameraden zu erhalten. Vergebens erwartete ich nun, daß man mich hinunterführen würde. Das Abendessen wurde gebracht, und immer erschien noch niemand. Darauf klopfte der ungeduldige Schrader mehrmals an die Türe. Nun kam der Major selbst herauf. Er war betrunken und trug einen Stock in der Hand, mit dem er den halbnackten Unglücklichen durchprügeln wollte. Um ihn daran zu hindern, bewaffneten wir uns, der eine mit einem Nachtgeschirr, der andere mit einem Stuhl. Der Schließer, der vernünftiger war als der Offizier, nahm den Major beim Arm und führte ihn hinaus. Wir dankten Gott, daß kein Blut geflossen war, aber wir konnten uns nicht lange darüber freuen.

Am nächsten Tage ließ man mich in der Frühe hinunterkommen. Bevor ich meine Kameraden verließ, umarmte ich sie herzlich. Ich ahnte, daß ich sie nicht wiedersehen würde. Bald stand ich vor du Junca. Dieser betrachtete unseren Widerstand als offene Empörung und erklärte, daß er dies unter keinen Umständen dulden würde. Er hörte meine Verteidigung an und äußerte sein Bedauern über unsere Lage. Gleichzeitig aber teilte er mir mit, daß wir alle drei verurteilt seien, ins Verließ geworfen zu werden, und daß er uns vor dieser Strafe nicht retten könne. Er begab sich darauf zum Gouverneur, konnte ihn aber nicht zum Nachgeben bewegen. Jedoch milderte er die Ausführung des Urteils, soweit es in seiner Macht stand. Man gewährte uns nicht einmal die Gunst, zusammen in das gleiche Verließ zu kommen.

*

Ein entsetzlicher Fund. — Ich bin dem Tode nahe. — Furchtbare Leiden und Qualen. — Die Rettung. — Die irrsinnigen Gefangenen. — Der menschenfreundliche du Junca.

Das Verließ, in das man mich diesmal hineinsteckte, hatte drei offene Schießscharten, und der Wind konnte ungehindert hineinwehen. Ich zündete eine Kerze an und las an den Wänden die Namen einiger Mitgefangener, mit denen ich in Verkehr gestanden hatte. Sie waren sechs Monate hier eingesperrt gewesen, zur Strafe dafür, daß sie in ihren Kamin ein Loch gemacht hatten. Plötzlich bemerkte ich im Hintergrund einer Schießscharte menschliche Gebeine. Ich atmete den Geruch eines Friedhofs. Da ich das Grab teilweise geöffnet sah, grub ich weiter und fand eine in Lumpen gehüllte Leiche. Ich blieb vor Entsetzen wie angewurzelt stehen. Auch der Schließer konnte mich nicht beruhigen, als er mir mitteilte, daß hier die Leiche eines Gefangenen begraben sei, der sich erhängt hatte. Zwei andere Männer und eine Frau hatten das gleiche Schicksal gehabt.

In der Mitte des Verließes lag eine große Kette. Eine Menge Ratten hielten sich vertraulich an meiner Seite auf. Mein Vorgänger hatte sie daran gewöhnt, von seinem Essen zu empfangen und mit ihm zu schlafen. Er hatte ihnen Namen gegeben und rief sie wie Menschen herbei. Sie kamen alle, wenn er zu Mittag aß. Sobald er schlief, krochen sie aus ihren Löchern heraus, und wenn er ihnen einen leichten Schlag auf den Schwanz gab, liefen sie wieder zurück. Was ihm eine Annehmlichkeit war, bereitete mir Pein, und ich hatte viel Mühe, mich von den Ratten zu befreien.

Am Weihnachtsabend hatte sich der Wind von Süden nach Norden gedreht. Ich fühlte bald, daß ich noch nicht alle Leiden durchgemacht hatte. Der Wind blies unerbittlich in mein Gefängnis, und bereits am ersten Tage war darin alles vereist. Das Wasser in meinem Krug gefror, und dieser sprang in Stücke. An diesem Tage vermochte ich noch aufzustehen, aber bereits am anderen Tage war es mir vollkommen unmöglich. Der Frost packte mich in meinem Bett, nachdem ich mich mit allen meinen Lumpen und außerdem mit meinem Mantel zugedeckt hatte.

In meinem Gefängnis war von dem Reif und dem hineingewehten Schnee bald alles weiß. Die folgenden Tage blieb ich steif und ganz erstarrt vor Frost in meinem Bett liegen. Essen konnte ich bereits nicht mehr. Vergeblich bat ich den Schließer, die Offiziere und besonders Herrn du Junca von meinem furchtbaren Zustand zu benachrichtigen. Ich ließ sie bitten, mich aus diesem Verließ zu befreien, das mein Grab werden sollte. Der Schließer antwortete roh: „Warum zum Teufel stehen Sie denn nicht auf. Warum gehen Sie nicht auf und ab, um sich zu erwärmen?" Als er jedoch meinen Zustand sah und meine schwache Stimme hörte, setzte er meine Tyrannen von meinem Schicksal in Kenntnis. Doch auch dies war vergeblich! Ich erwartete mit Ergebung meine letzte Stunde.

Inzwischen hatte der Wind an Kraft zugenommen. Mein Bett war mit Schnee bedeckt, und ich war buchstäblich darin festgefroren. Ich hörte noch in der Nacht die Stunden schlagen, am Morgen jedoch fiel ich in Ohnmacht und blieb starr und empfindungslos liegen. Ein ständiges Summen im Kopf verhinderte mich, irgend etwas in meiner Umgebung zu unterscheiden. Ich hörte jedoch noch, wie sich die Tür meines Gefängnisses öffnete. Ich fühlte, wie eine Hand meine Stirn, dann mein Herz abtastete. Es war der Schließer, der etwas weniger grausam als seine Herren war und ein wenig Mitgefühl äußerte. Trotz seiner Bemühungen ließ man mich aber bis zum Abend in diesem Zustand liegen. Erst Herr du Junca, den man von meiner Lage in Kenntnis gesetzt hatte, ließ mir Hilfe bringen. Er warf den anderen ihre Grausamkeit vor und sandte mir drei Leute. Diese trugen mich, während ich bewußtlos war, in ein Zimmer und legten mich neben ein großes Feuer. Man rieb mir Schläfen, Nasenlöcher und Lippen mit Branntwein ein. Als ich Lebenszeichen von mir gab, überließen sie mich den Händen von drei Mitgefangenen, die dann fortfuhren, mich den Krallen des Todes zu entreißen.

Von diesen drei Gefangenen, die mein Leben retteten, waren zwei irrsinnig und nur der dritte imstande, mich zu pflegen. Als ich die Augen öffnete, befand ich mich im ersten Zimmer des Brunnenturms. Ich war immer noch ganz entkräftet. Die strenge Kälte des Verließes hatte meine Nerven so geschwächt, daß ich lange glaubte, ich sei am ganzen Körper gelähmt. Ich konnte mich nicht aufrecht halten. Herr Cardel, mein Leidensgefährte, pflegte mich. Er machte mein Bett und gab mir zu essen wie einem kleinen Kinde, denn ich konnte mehrere Tage lang die Hand nicht zum Munde führen.

Infolge einer Schlägerei, die zwischen Cardel und seinen Mitgefangenen — inzwischen war noch ein Greis von höchst unangenehmem Charakter hinzugekommen — stattgefunden hatte, wurde Cardel in das Verließ des Freiheitsturmes gebracht. Wer beschreibt meinen

Kummer, als ich mich mit den Irren allein in einem Zimmer befand. Es war eine wahre Qual, und sie dauerte sehr lange. Schließlich wurde ich wie durch ein Wunder davon erlöst. Das ging folgendermaßen zu:

Ich schmachtete in Gesellschaft dieser Menschen, als die Vorsehung Herrn du Junca zu einem Kapuziner führte, der im dritten Zimmer unseres Turmes wohnte. Als er an unserer Tür vorbeikam, hörte er, wie einer der Irren sich mit einem Messer an dem Fenstergitter zu schaffen machte. Er vermutete, wir seien im Begriff, die Gitter an unserem Fenster durchzufeilen. Daher befahl er dem Schließer, die Türe zu öffnen. Er trat ein, betrachtete mich und blickte zur Seite, als er meinen Zustand bemerkte. Dann ging er ans Fenster, um die Gitter zu prüfen. Ich war fast ganz nackt und hatte mich in meine Bettdecke gehüllt. Mein Gesicht war quittengelb. Der Bart ging bis zum Gürtel hinunter. Ich konnte kaum aufrecht stehen. Herr du Junca kam auf mich zu und hörte meine Klagen an. Er wurde dadurch so gerührt, daß ihm die Tränen in die Augen traten. Er versicherte mir, daß er mir meine Freiheit verschaffen würde; vorerst sollte ich ein anderes Zimmer erhalten. Dem Schließer gab er den Auftrag, mir ein gutes Essen zu bringen. Er selbst schickte mir einige Erfrischungen, sechs Flaschen Champagner und etliche Konfitüren. Am folgenden Tage ließ man mich mit vier anderen Gefangenen in das zweite Zimmer des Winkelturmes bringen.

Als ich in das Zimmer eintrat, wo sich meine zukünftigen Gefährten befanden, empfanden sie über meinen Anblick ebensoviel Angst, als ich über den ihrigen erstaunt war. Obgleich ich mich sorgfältig gesäubert hatte, sah mein Gesicht doch scheußlich aus. Aber der Anblick meiner Flaschen versöhnte meine Kameraden mit meinem Aussehen. Ich war allerdings ein lebendes Skelett, meine Haare standen wie Stacheln aus der Perücke hervor. Mein Bart, der seit einem Jahre nicht mehr gekämmt worden war, reichte mir bis auf den Gürtel. Die Kleider waren vollkommen zerfetzt. So war mein Zustand zu jener Zeit!

*

Der Tod des Gouverneurs St. Mars. — Seine Reichtümer. — Entlassung aus der Bastille. — In Freiheit!

Der Tod St. Mars', des Gouverneurs der Bastille, war für uns noch eine interessante Nachricht. Er starb am 26. September 1708, während draußen ein furchtbarer Sturm wütete. Man kann von ihm das gleiche behaupten, was man von Cromwell gesagt hat: der Himmel hat seinen Tod durch ein Ungewitter verkündet. Das ist aber das einzige, was diese beiden Männer gemeinsam hatten. Die Klagen seiner verschieden bedachten Erben machten uns ebenso viel Spaß wie ihre Freudenäußerungen. Als wir erfuhren, welche Reichtümer der Gouverneur hinterließ, verstanden wir wohl, daß es ein einträglicher Posten sein mußte, der ihm die Macht gab, sich auf Kosten der Unglücklichen und des Königs, der sie ernährte, zu bereichern.

Endlich schlug auch für mich die Stunde der Befreiung! Die Lettre de cachet, die meine Entlassung anordnete, wurde am 16. Januar 1715 unterzeichnet. Der Tyrann jedoch, der damals über die Bastille herrschte, ließ mich erst am 4. des nächsten Monats frei. Ich wurde in einem Wagen, der von einem Polizeioffizier begleitet wurde, nach Isle in Flandern gebracht. Dort angekommen, befahl man mir, Frankreich nicht wieder zu betreten. Man brauchte mir aber nicht zu befehlen, diesem Lande fern zu bleiben, denn die Erinnerung an die unschuldig erlittenen Leiden und die Furcht vor neuer Schmach überwog die Liebe zu meinem Vaterland. Wenn selbst der Unschuldige nicht mehr in Sicherheit leben kann, wie ist es möglich, einen Ort zu finden, wo man nichts mehr zu fürchten hat. Wie soll man das Leben in

Frieden genießen können? Die Wohltaten eines großen Königs in einem freien Lande, wo der Mensch etwas gilt, und wo der Wille des Herrschers nicht nach Belieben Glück oder Unglück verteilt, haben mich bald über den Verlust des Heimatlandes hinweggetröstet*).

---

*) Renneville meint den König Georg I. von England, der den Unglücklichen wohlwollend aufnahm.

II.

Latude

Meine Flucht aus der Bastille

Die Rache der Pompadour. — Mein Fluchtplan. — Ein geschickter Trick. — Die Wäsche als Fluchtgerät.

Als Alègre und ich die Nachrichten erhielten, daß die Pompadour uns ewige Rache geschworen habe, und nur der Tod dieser Furie unseren Leiden ein Ende bereiten könne, war mein Gefährte vollkommen niedergeschlagen. Bei mir äußerte sich der Schmerz in ganz anderer Weise; er gab mir den Mut und die Kraft der Verzweiflung. In einer solchen Lage gab es für junge Männer nur zwei Wege: zu sterben oder zu entfliehen! Wenn man jedoch eine Ahnung von der Lage der Bastille hat, wenn man ihre Ringmauern, ihre Türme und den Sicherheitsdienst kennt, den der Despotismus aufgeboten hat, um seine Opfer in sicherem Gewahrsam zu halten, so muß einem der Gedanke an eine Flucht aus der Bastille wie heller Wahnsinn erscheinen. Und für den armen Unglücklichen, der sich mit so sinnlosen Gedanken abgibt, kann man höchstens Mitleid empfinden.

Ich war indes durchaus Herr meiner Sinne, als ich meinen Fluchtplan aufstellte, und man wird sehen, daß es einer starken Seele und eines klugen Kopfes bedurfte, um ein derartiges Unternehmen zu planen und durchzuführen.

Es war jedoch vollkommen zwecklos, auch nur einen Augenblick den Gedanken in Erwägung zu ziehen, durch die Türen aus der Bastille zu entweichen. Die Hindernisse, die man überwinden mußte, waren zu zahlreich, um auf diese Weise das Glück zu versuchen. Es blieb daher nur die Möglichkeit, über die Dächer zu entrinnen.

Wir besaßen allerdings in unserem Zimmer einen Kamin, dessen Schacht auf dem Dach des Turmes mündete, aber er war — wie alle Kamine in der Bastille — so mit Eisenstäben vergittert, daß an manchen Stellen kaum der Rauch hindurch dringen konnte. Und selbst wenn es gelang, auf die Plattform des Turmes zu kommen, so hatten wir noch einen Abgrund von 200 Fuß Tiefe*) und einen Graben, der von einer hohen Mauer umgeben war, zu überwinden. Wir waren allein, ohne Werkzeuge, ohne Hilfsmittel, Tag und Nacht von einer Anzahl Schildwachen belauscht und beobachtet, die um die Bastille herumgingen, als wenn sie ein Schloß belagerten.

Trotzdem konnten mich alle diese Hindernisse und Gefahren nicht abschrecken! Ich teilte also meinen Plan meinem Gefährten mit. Er aber sah mich an, als ob ich von Sinnen sei, und ohne etwas zu erwidern, fiel er in seine Betäubung zurück. Da blieb mir nichts anderes übrig, als mich allein mit meinen Befreiungsgedanken zu beschäftigen, alles bis ins einzelne zu überlegen und die Hindernisse in Erwägung zu ziehen, die sich ihnen entgegenstellten. Als ich damit fertig war, begann ich mit den Arbeiten, die zu der Ueberwindung der Schwierigkeiten nötig waren. Wollte ich meine Flucht durchführen, so mußte ich zuerst in den Kamin hinaufklettern, trotzdem er mit zahlreichen Eisenstäben vergittert war. Um von der Höhe des Turmes in den Graben zu gelangen, benötigte ich eine Leiter von mindestens 200 Fuß Länge, und eine Holzleiter, damit ich wieder aus dem Graben hinaussteigen konnte.

Glückte es mir ferner, die notwendigen Werkzeuge zu erlangen, so mußte ich sie sorgfältig verborgen halten. Die Arbeit durfte kein Geräusch verursachen, damit die Späher getäuscht wurden. Monatelang war höchste Vorsicht geboten, um zu verhindern, daß sie auch nur das geringste sahen oder hörten. Ständig gab es doch auf-

---

*) Die Höhe der Türme betrug aber nur 72 Fuß.

tretende Hindernisse vorauszusehen und zu überwinden; jeden Tag und in jedem Augenblick mußte man damit rechnen, denn aus dem einen Hemmnis wuchs stets ein neues hervor. Es war nun meine Aufgabe, diesen Plan aufzustellen und durchzuführen. Kann die Phantasie sich wohl ein kühneres Unternehmen vorstellen? Und doch vermochten menschlicher Fleiß und menschliche Tatkraft dieses Werk zu vollenden! Verehrter Leser, dieses Werk habe ich zustande gebracht, und ich schwöre, daß ich die reine Wahrheit rede.

Mein erstes Ziel war nun, einen Raum ausfindig zu machen, wo wir unsere Werkzeuge und Materialien verstecken konnten, falls es uns gelang, sie uns zu verschaffen. Ich dachte lange über dieses Problem nach und hatte schließlich einen guten Gedanken. In der Bastille hatte ich bereits mehrere Zimmer bewohnt. Jedesmal waren sowohl die Räume unter mir als auch über mir besetzt, und ich konnte deutlich alle Geräusche vernehmen, die die Gefangenen machten. In dem Zimmer, das ich jetzt inne hatte, hörte ich jedoch nur die Bewegungen, die der Gefangene über mir machte. Trotzdem war ich überzeugt, daß unter mir auch einer wohnen müsse. Ich kam schließlich durch Berechnungen zu dem Schluß, daß mein Zimmer einen doppelten Fußboden besäße, und daß sich zwischen den beiden Böden vielleicht ein leerer Raum befände. Davon überzeugte ich mich auf folgende Weise:

Die Bastille besaß eine Kapelle, in der jeden Tag eine und Sonntags drei Messen gelesen wurden. In dieser Kapelle befanden sich vier Zellen, die so gelegen waren, daß der Priester nie die Gefangenen und diese nicht den Priester von Angesicht sehen konnten. Die Zellen waren mit einem Vorhang versehen, den man nur bei Erhebung der Hostie einen Augenblick beiseite schob. Die Erlaubnis, in die Messe zu gehen, war eine ganz besondere Gunst, die man nur in wenigen Fällen gewährte. Herr Berryer gab uns und dem Gefangenen auf Nummer 3 diese Erlaubnis. Das Zimmer dieses Gefangenen befand sich unter dem unsrigen.

Darauf gründete ich meinen Plan. Ich beschloß, bei der Rückkehr von der Messe den Augenblick zu benutzen, wo dessen Zimmer noch geöffnet war, um hineinzugehen und einen Blick auf die Einrichtung zu werfen. Alègre gab ich dabei ein Mittel an, wie er meinen Plan begünstigen könne. Er sollte sein Eßbesteck in sein Taschentuch einwickeln und dann im zweiten Stock das Taschentuch so herauszuziehen, daß das Besteck die Stufen hinunterfiel. Alsdann hatte er den Schließer zu bitten, es ihm wieder zu holen. Die Sache glückte vollkommen. Während nämlich der Schließer dem Besteck nachläuft, renne ich eiligst in das Zimmer Nummer 3, schiebe die Türriegel zurück und stelle die Höhe der Decke fest. Ich schätze, daß sie nur 10½ Fuß hoch ist. Dann schließe ich die Türe wieder und zähle beim Hinausgehen die Stufen von diesem Zimmer bis zu unserem Stockwerk. Es sind 32 Stufen. Zuletzt messe ich die Höhe einer Stufe und berechne, daß sich zwischen dem Fußboden meines Zimmers und der Decke des Zimmers unter mir ein Zwischenraum von 5½ Fuß befinden muß. Er konnte auf keinen Fall durch Steine oder durch Holz ausgefüllt sein, da die Last für die Decke zu schwer gewesen wäre. Es mußte also auf alle Fälle zwischen dem Fußboden und der Decke ein leerer Raum von vier Fuß Höhe vorhanden sein.

Nach diesem Zwischenfall schloß man uns wieder ein und verriegelte die Türen. Ich war trunken vor Hoffnung und Freude und umarmte stürmisch meinen Gefährten Alègre: „Mein Freund, fassen Sie Mut, wir sind gerettet!" Ich teilte ihm nun meine Berechnungen und Beobachtungen mit. „Wir können," fuhr ich fort, „unsere Seile und Materialien hier verstecken; das ist alles, was ich vorläufig brauche. Wir sind gerettet!"

„Was?" antwortete Alègre, „so haben Sie Ihre Phantastereien immer noch nicht aufgegeben. Wo sind denn die Seile und Materialien? Wie wollen wir sie uns verschaffen?" — „Seile haben wir mehr als wir brauchen," erwiderte ich, „mein Koffer enthält mehr als tausend Fuß." Alles dies sagte ich in großer Erregung. Da ich dermaßen von meinem Plan eingenommen war und die Hoffnung auf Befreiung mich mit so viel Schwung reden ließ, glaubte mein Gefährte, ich hätte den Verstand verloren. Er sah mir starr ins Auge und meinte dann in sanftem Ton und mit zärtlicher Teilnahme: „Lieber Freund, kommen Sie doch wieder zur Vernunft und beruhigen Sie sich. Sie behaupten, Ihr Koffer enthielte mehr als tausend Fuß Seile; ich weiß jedoch genau, was er enthält; es befindet sich auch nicht ein einziger Zoll von einem Seil darin!"

„Aber besitze ich denn nicht eine große Menge Wäsche, 13½ Dutzend Hemden, viele Handtücher, Strümpfe und Nachtmützen, außerdem noch andere Wäsche. Wenn wir alle diese Wäschestücke zerzupfen, können wir uns genügend Taue verschaffen.

D'Alègre war wie gelähmt vor Erstaunen über meinen Plan. Er erfaßte aber sofort meinen Gedankengang. Hoffnung und Liebe zur Freiheit ersterben nie in einem Menschenherzen, und bei ihm waren diese Gefühle nur abgestumpft gewesen. Aber er wurde bald von meinem Eifer mitgerissen. Trotzdem gab es noch viele Zweifel und Einwände zu bekämpfen. So fragte mein Gefährte mich: „Wie wollen wir denn die Eisenstäbe entfernen, die unseren Kamin vergittern? Woher nehmen wir das Material für die Holzleiter, die wir doch unbedingt nötig haben. Wer liefert uns die Werkzeuge zu all diesen Arbeiten, denn wir können doch keine aus dem Boden stampfen?" — „Lieber Freund," antwortete ich ihm, „wenn man seinen Kopf ein wenig anstrengt, so geht alles. Uns leitet der Geist der Verzweiflung, er wird uns Mittel und Wege finden lassen, zu entkommen. Ich wiederhole nochmals: wir werden gerettet sein!"

*

Herstellung der Werkzeuge. — Eine glückliche Entdeckung. — Wir flechten eine Strickleiter. — Bau einer Holzleiter.

In unserem Zimmer stand ein Klapptisch, der von zwei Eisenklammern gehalten wurde. Wir schliffen diese Klammern auf einer Steinplatte des Fußbodens, um sie scharf zu machen. Aus einem Feuerstahl stellte ich ein Messer her, mit dem ich zwei Griffe für die Klammern verfertigte. Mit diesen Werkzeugen wollten wir die Eisenstäbe aus unserem Kamin herausbrechen.

An einem Abend, als die Besuche vorüber waren, hoben wir eine Fußbodenplatte heraus und begannen unsere Arbeit. In weniger als sechs Stunden hatten wir den Fußboden durchbrochen. Meine Berechnung war richtig gewesen: zwischen dem Fußboden und der Decke befand sich ein Zwischenraum von vier Fuß Höhe. Als wir dies festgestellt hatten, schlossen wir den Fußboden wieder sorgfältig mit der Steinplatte, so daß nicht eine Spur von unserer Arbeit zu sehen war.

Als wir damit fertig waren, zerzupften wir zwei Hemden, samt ihren Einfassungen, knüpften die einzelnen Fäden zusammen und vereinigten sie schließlich in zwei Bündeln. Jedes Bündel enthielt fünfzig Fäden von sechzig Fuß Länge. Alsdann begannen wir mit der Flechtarbeit.

Mit der Zeit entstand ein Seil, das ungefähr fünfundfünfzig Fuß lang war. Daraus verfertigten wir eine Strickleiter von zwanzig Fuß Länge. Wir brauchten diese Leiter, um in den Kamin hinaufzusteigen und dort die Eisenstäbe, die den Ausgang versperrten, loszureißen. Dies war die gefährlichste und beschwerlichste Arbeit. Wir benötigten dazu volle sechs Monate. Der Gedanke an diese Arbeit läßt mich erschaudern. Wir konnten nämlich nur unter den schrecklichsten Bedingungen arbeiten, denn wir waren gezwungen, uns in dem Kamin in den unbequemsten Stellungen zu halten. Es war eine wahre Qual. Länger als eine Stunde hintereinander vermochten wir nie in dem Kamin auszuhalten, und jedesmal kamen wir mit blutenden Händen hinunter. Die Eisenstäbe waren nämlich in ganz harten Zement eingelassen und dieser war nur dadurch weich zu machen, daß wir ihn ständig mit Wasser benetzten. Wir bohrten zu diesem Zweck Löcher in den Zement und bliesen das Wasser aus dem Munde hinein.

Man kann sich wohl eine Vorstellung machen, wie mühselig diese Arbeit war! Eine ganze Nacht brauchten wir, um eine Linie*) Mörtel zu entfernen. Jedesmal, wenn ein Eisenstab gelöst war, mußte man ihn sorgfältig wieder so in seine Oeffnung hineinstecken, daß unsere Besucher, die häufig kamen, nichts gewahr wurden. Es mußte aber auch in Betracht gezogen werden, daß man sämtliche Stäbe mit einemmal herausreißen konnte, wenn der Augenblick der Befreiung gekommen war.

Sechs Monate gingen mit dieser harten und mühseligen Arbeit dahin. Dann begannen wir mit der Herstellung der Holzleiter. Diese brauchten wir, um von dem Wallgraben auf die Brustwehr, und von der Brustwehr in den Garten des Gouverneurs zu gelangen. Sie mußte fünfundzwanzig Fuß lang sein. Wir bauten sie aus dem Holze, das für unsere Heizung geliefert wurde; es waren Scheite von etwa achtzehn bis zwanzig Zoll**) Länge. Zur Herstellung der Leiter brauchten wir jedoch vor allen Dingen eine ganze Anzahl Werkzeuge, in erster Hinsicht jedoch eine Säge. Aus einem eisernen Leuchter verfertigte ich mittels der anderen Hälfte unseres Feuerstahls, dessen erster Teil zur Herstellung des Messers gedient hatte, eine Säge. Mit diesem Stück des Feuerstahls, der Säge und den Eisenklammern zerkleinerten wir die Holzscheite und versahen sie mit Scharnieren und Zapfen, um sie aneinanderfügen zu können. Hierauf brachten wir an jedem Scharnier und an jedem Zapfen

---

*) Die Pariser Linie (Ligne) betrug ein Zwölftel Pariser Zoll = 2,2558 mm.
**) Der Pariser Zoll (pouce) = 2,07 cm.

zwei Löcher an, um je eine Sprosse und zwei Stifte hindurchzustecken. Dies hatte den Zweck, der Leiter festen Halt zu gewähren. Die Leiter besaß nur einen Balken von drei Zoll Stärke; sie hatte zwanzig Sprossen von je fünfzehn Zoll Länge. Jede Sprosse ragte also sechs Zoll auf beiden Seiten hervor. An jedem Pflock hing an einer Schnur befestigt die dazu gehörige Sprosse, so daß wir die Leiter bequem in der Nacht zusammensetzen konnten. Sobald ein Stück fertig war, versteckten wir es in dem Raum zwischen Fußboden und Decke.

Mit der Zeit enthielt unsere Werkstatt einen Zirkel, ein Winkelmaß, ein Lineal, eine Haspel, Sprossen, einen Flaschenzug und anderes mehr. Alle diese Gegenstände versteckten wir sorgfältig in unserem Vorratsraum. Wir hatten bei diesen Arbeiten alle Mühe, einer Gefahr zu entgehen, die uns ständig bedrohte, und der wir nur durch die größte Vorsicht entgingen. Ich habe schon erzählt, daß die Schließer und verschiedene Offiziere der Bastille die Gefangenen häufig aufsuchten, und zwar zu einer Zeit, wo es diese am wenigsten erwarteten. Außerdem war es in der Bastille Sitte, die Gefangenen zu beobachten und zu belauschen. Es war uns möglich, den Blicken zu entgehen; wir brauchten nur die wichtigsten Arbeiten in der Nacht vorzunehmen und sorgfältig selbst die geringsten Spuren unserer Tätigkeit zu beseitigen, denn ein Holzspan, der geringste Ueberrest unserer Arbeit konnte uns verraten. Doch damit war noch nicht genug getan! Es war unerläßlich, auch die Ohren unserer Spione zu täuschen. Da wir aber immer von unserem Plane sprachen, so mußten wir zum mindesten vermeiden, Verdacht zu erwecken, oder, wenn er schon einmal vorhanden war, versuchen, ihn zu zerstören. Das konnte man am besten, wenn man die Beobachter ständig ablenkte und in Verwirrung brachte. Zu diesem Zweck erfanden wir für alle Gegenstände, mit denen wir zu tun hatten, besondere Namen. So bezeichneten wir die Säge mit „Faun", die Haspel mit

„Anubis"*), die Eisenklammern mit „Tubalkain"**), dem Namen des ersten Menschen, der sich der Schmiedekunst bediente, das Loch, das wir in den Boden gemacht hatten, um unsere Werkzeuge zu verstecken, hieß „Polyphem", in Anspielung auf die Höhle des berühmten Zyklopen. Die Holzleiter erhielt den Namen „Jakob", zur Erinnerung an die Himmelsleiter der Heiligen Schrift, die Sprossen hießen „Schößlinge", die Seile „Tauben", ein Bündel Fäden wurde „kleiner Bruder" genannt, das Messer „Wauwau" usw.

Trat jemand in unser Zimmer ein, und einer von uns beiden entdeckte etwas, was wir zu verstecken vergessen hatten, so nannte er den Namen des betreffenden Gegenstandes: „Faun", „Anubis", „Jakob" und so weiter. Daraufhin warf der andere unauffällig sein Taschentuch oder ein Handtuch darüber oder ließ den Gegenstand verschwinden. So waren wir ständig auf unserer Hut, und es gelang uns, die Wachsamkeit unserer Wärter zu täuschen.

Als unsere vorbereitenden Arbeiten beendet waren, begannen wir mit der Herstellung der großen Strickleiter. Sie sollte mindestens 190 Fuß lang sein. Wir zerzupften unsere ganze Wäsche: unsere Hemden, Handtücher, Nachtmützen, Strümpfe, Unterbeinkleider, Taschentücher, kurz alles, was uns Fäden liefern konnte. Sobald ein Bündel fertig war, verschwand es im „Polyphem", und als wir deren genügend besaßen, verwandten wir eine ganze Nacht dazu, ein Seil zu flechten. Ich wette, daß der geschickteste Seiler kein besseres hätte herstellen können.

Die Bastille war so gebaut, daß überall das Dach drei bis vier Fuß über die Mauer vorsprang. Beim Herabklettern von den Türmen mußte naturgemäß unsere Strickleiter stark hin und her schwanken. Das war mehr,

---

*) Der ägyptische Gott der Wachsamkeit.
**) Nach der Bibel der Erfinder der Schmiedekunst und Stammvater der Schmiede.

als selbst ein mutiger Mensch vertragen konnte. Um diesem Uebelstand abzuhelfen und zu verhindern, daß einer von uns abstürzte und sich das Genick brach, flochten wir ein zweites Seil von ungefähr dreihundertundsechzig Fuß Länge. Dieses Seil sollte über einen Block ohne Rolle laufen, um zu vermeiden, daß es sich zwischen dem Block und der Rolle einklemme und den Herabsteigenden in der Luft festhalte. Als auch diese Seile fertig waren, flochten wir noch einige von geringerer Länge, um unsere Strickleiter an ein Geschütz festbinden zu können, sowie für unvorhergesehene Zwecke.

Schließlich waren alle Seilerarbeiten beendet. Wir besaßen im ganzen 1400 Fuß Seile. Darauf stellten wir 208 Sprossen her, die sowohl für die Strickleiter, als auch für die hölzerne Leiter bestimmt waren. Es war unvermeidlich, daß beim Herabsteigen durch das Anschlagen der Sprossen an die Mauer Lärm entstand. Um diesem Uebelstand abzuhelfen, umwickelten wir die Leiter mit dem Futter unserer Schlafröcke, Röcke und Westen.

Achtzehn volle Monate verliefen mit diesen Vorbereitungsarbeiten. Aber wir waren noch immer nicht fertig. Wohl hatten wir alle Mittel zu unserer Verfügung, um auf die Plattform des Turmes und in den Graben zu gelangen, aber wie kamen wir wieder aus dem Wallgraben hinaus? Es boten sich dafür zwei Möglichkeiten. Wir konnten auf die Brustwehr steigen, von da aus in den Garten des Gouverneurs gelangen und dann in den Graben der „Porte Saint-Antoine" hinabklettern. Dabei mußten wir jedoch berücksichtigen, daß die Brustwehr stets von Schildwachen besetzt war. Allerdings mußten wir eine äußerst finstere Nacht zu unserem Unternehmen wählen, denn dann gingen die Schildwachen nicht auf und ab. Es bestand also die Möglichkeit, ihnen zu entkommen. Aber es war auch gerade so gut möglich, daß es während der Zeit, wo wir aus dem Kamin herauskletterten, regnete, und es sich nachher aufklärte, so daß wir vielleicht beim schönsten und ruhigsten Wetter auf der Brustwehr anlangten. Dann war die Gefahr, auf den Rondenoffizier zu stoßen, sehr groß, denn dieser sah jeden Augenblick die Brustwehr nach. Da dieser Offizier immer Lichter mit sich führte, hätten wir uns unmöglich verbergen können und wären für immer verloren gewesen.

Die andere Möglichkeit zu entkommen, bot größere Schwierigkeiten, war dafür aber auch weniger gefährlich. Sie bestand darin, die Mauer zwischen dem Wallgraben der Bastille und dem der Porte Saint-Antoine zu durchbrechen. Ich überlegte mir nämlich, daß das in dem Mörtel enthaltene Salz durch die häufigen Ueberschwemmungen der Seine sich in dem Wasser gelöst haben müßte, und da augenblicklich der Graben mit Wasser angefüllt war, so mußte der Mörtel leichter zu zerstören sein. Wir konnten also durch dieses Mittel dahin gelangen, die Mauern zu durchbrechen. Dazu brauchten wir ein Bohrwerkzeug, mit dem wir Löcher in den Mörtel bohren konnten, um die Spitzen von zwei Eisenstangen hineinzustoßen. Die Stangen konnten wir unserem Kamin entnehmen. Mit diesen Werkzeugen waren wir imstande, die Steine aus der Mauer hinauszureißen und uns einen Durchgang zu bahnen. Wir entschlossen uns zu diesem Plan. Aus einem Eisenstück, das wir von einem unserer Betten abrissen, verfertigten wir einen Bohrer und versahen ihn mit einem Stiel.

*

Die letzten Vorbereitungen. — Günstige Vorzeichen. — Die Flucht. — Durch den Kamin auf den Schatzturm. — Der Abstieg in den Wallgraben. — Durchbruch durch die Mauer. — Beinahe entdeckt. — Dem Tode entronnen. — Gerettet!

Als alles vorbereitet war, setzten wir unsere Flucht auf den 25. Februar 1756 fest. Es war am Tage vor Gründonnerstag. Der Fluß war über seine Ufer ge-

getreten, und sowohl im Wallgraben der Bastille als auch in dem der Porte Saint-Antoine stand das Wasser vier Fuß hoch. Zuletzt packte ich noch in einen Mantelsack zwei vollständige Anzüge für uns beide, damit wir uns umziehen konnten, im Falle unsere Flucht gelang.

Kaum hatte man uns an diesem Tage das Mittagessen gebracht, als wir auch schon unsere Arbeit begannen. Zuletzt holten wir unsere Leiter hervor, taten die Sprossen hinein und versteckten sie unter das Bett. Da wir tagsüber noch mit den Besuchen des Schließers rechnen mußten, teilten wir die hölzerne Leiter in drei Teile, umwickelten die Eisenstangen mit Tüchern, um zu verhindern, daß sie bei der Arbeit Geräusche machten und steckten zu guter Letzt noch eine Flasche Branntwein ein, um uns zu erwärmen und zu stärken, wenn wir länger als neun Stunden bis zum Halse im Wasser arbeiten mußten. Als alle diese Vorsichtsmaßregeln getroffen waren, erwarteten wir den Augenblick, wo man uns unser Abendessen brachte. Endlich war es so weit.

Ich kletterte als erster in den Kamin; es war sehr mühevoll. Im linken Arm hatte ich starke rheumatische Schmerzen, achtete ihrer aber nicht. Bald darauf fühlte ich jedoch einen anderen, empfindlicheren Schmerz. Ich hatte nicht jene Vorsichtsmaßregeln getroffen, die die Schornsteinfeger anzuwenden pflegen, wenn sie in einen Kamin klettern. So erstickte ich beinahe durch den Rauch. Da ich keinen Lederschutz für Knie und Ellenbogen hatte, schürfte ich mir die Haut bis auf die Knochen ab. Das Blut rann mir von den Händen und Beinen. In diesem Zustand gelangte ich oben an. Gleich warf ich ein Knäuel Schnur hinunter, das ich mit hinausgenommen hatte. D'Alègre knüpfte die Schnur mit dem Ende eines Seils zusammen, an dem mein Mantelsack befestigt war. Ich zog ihn herauf, band ihn los und warf ihn auf die Plattform des Turmes. Auf dieselbe Weise beförderten wir auch die Holzleiter, die beiden Eisen-

Gefangennahme de Launays, des Gouverneurs der Bastille, am 14. Juli 1789
(Nach einem Stich von Berthault.)

stangen und alle übrigen Bündel. Zuletzt kam die Strickleiter herauf. Ich warf das eine Ende d'Alègre zu und befestigte das andere auf folgende Weise: Einen Pflock, den wir besonders zu diesem Zweck hergestellt hatten, legte ich quer über die Mündung des Kamins und befestigte die Strickleiter daran. Auf diese Weise konnte mein Gefährte bequem hinaufsteigen, ohne dabei wie ich am ganzen Körper zu bluten. Alsdann gab ich meine unbequeme Stellung in der Kaminöffnung auf, kletterte hinaus, und einen Augenblick später befanden wir uns beide auf der Plattform des Turmes.

Nun ordneten wir unser Fluchtgerät. Zuletzt rollten wir unsere Strickleiter zusammen. Das gab eine Rolle von vier Fuß Länge und einem Fuß Breite. Wir beförderten sie auf den Schatzturm, der uns für unseren Abstieg am günstigsten erschienen war. Das eine Ende der Leiter wurde an einem Geschütz befestigt und die Leiter vorsichtig hinuntergelassen. Nachdem wir unseren Flaschenzug befestigt hatten, schoben wir das Seil hinein, das eine Länge von dreihundertachtzig Fuß besaß.

Hierauf band ich mir das Seil um den Leib und begann den Abstieg. D'Alègre ließ es allmählich nach, aber trotzdem pendelte ich bei der geringsten Bewegung in der Luft hin und her. Man stelle sich meine Lage vor! Der Gedanke allein jagt einem schon einen maßlosen Schrecken ein. Endlich gelangte ich ohne Unfall in dem Graben an. Sofort ließ d'Alègre den Mantelsack und die übrigen Geräte hinunter. Glücklicherweise fand ich in dem Graben eine kleine Erhöhung, die aus dem Wasser herausragte. Dahin legte ich all unser Werkzeug. Dann kletterte mein Gefährte auf dieselbe Weise hinab. Aber er hatte den Vorteil, daß ich unten mit allen meinen Kräften die Leiter hielt, wodurch die großen Schwankungen vermieden wurden. Als wir beide unten waren, bedauerten wir, die Leiter und die Geräte, die unsere Flucht ermöglicht hatten, zurücklassen zu müssen, denn sie waren ein seltenes Zeugnis menschlichen Fleißes und menschlicher Freiheitsliebe*).

Während dieser Vorgänge regnete es nicht. Sechs Klafter**) über uns vernahmen wir die Schritte der Schildwache. Wir mußten also darauf verzichten, über die Brustwehr und durch den Garten des Gouverneurs zu entkommen. Daher entschlossen wir uns, mittels unserer Eisenstangen den Durchbruch durch die Mauer zu versuchen. Wir gingen also auf die Mauer zu, die den Wallgraben der Bastille von dem der Porte Saint-Antoine trennt und begannen unser Werk. Gerade an dieser Stelle befand sich außerdem ein kleiner Graben, der einen Klafter breit und mehrere Fuß tief war. Aus diesem Grunde stand hier das Wasser noch höher als in dem übrigen Teil des Wallgrabens. Während uns an allen übrigen Stellen das Wasser nur bis zum Gürtel ging, standen wir an dieser Stelle bis zu den Achseln im Wasser. Es taute erst seit einigen Tagen, und der Graben war noch mit Eisschollen angefüllt. Neun geschlagene Stunden mußten wir in diesem eisigen Wasser stehen. Unsere Körper waren daher und auch durch die außerordentlich harte Arbeit wie gerädert und unsere Glieder ganz erstarrt vor Kälte.

Kaum hatten wir mit unserer Arbeit begonnen, als ich zwölf Fuß über mir eine Ronde bemerkte, deren

---

*) Einen Tag nach der Einnahme habe ich die Bastille besucht. Ich fand dort zu meiner größten Freude meine Strickleiter, die hölzerne Leiter und einen großen Teil der anderen Geräte wieder. Sie wurden wie Gegenstände von großem Wert aufbewahrt und erregten allgemein Erstaunen und Bewunderung. Man hatte ein Protokoll vom 27. Februar 1756 beigelegt, das von dem Major der Bastille, namens Chevalier und dem Kommissar Rochebrune unterzeichnet war. Darin bestätigten diese alle die von mir erwähnten Tatsachen. (Anmerkung Latudes.) — Ein jeder, der Gelegenheit hat, Paris zu besuchen, sollte die Gelegenheit nicht vorübergehen lassen, sich im „Musée Carnavalet" das „Zimmer der Bastille" anzusehen, wo man außer einer genauen Nachbildung des Staatsgefängnisses auch die Strickleiter und andere Werkzeuge Latudes vorfindet. (Anmerkung des Herausgebers.)

**) Altfranzösisches Längenmaß. Ein Klafter = 1,95 Meter.

Laterne unbedingt unseren Standort beleuchten mußte. Um nicht entdeckt zu werden, blieb uns nichts anderes übrig, als eilends unterzutauchen. Jedesmal, wenn die Ronde wiederkam, mußten wir dieses Manöver wiederholen, was verschiedene Male während dieser Nacht geschah. Ich bitte zu entschuldigen, wenn ich hier ein Erlebnis berichte, das sich in dieser Nacht ereignete, und das mir zuerst einen tödlichen Schrecken einjagte. Später lachte ich allerdings herzlich darüber. Ich erwähne es hier nur, da ich versprochen habe, auch nicht die geringste Einzelheit zu verschweigen. Die Geschichte kann nur zur Erheiterung der Leser beitragen und wird manchem ein Lächeln entlocken.

Eine Schildwache, die gerade an der Stelle auf der Brustwehr auf und ab ging, wo wir uns befanden, blieb plötzlich genau senkrecht über meinem Haupte stehen. Ich glaubte bereits, wir seien entdeckt und bekam einen furchtbaren Schrecken. Bald aber bemerkte ich, daß er nur ein Bedürfnis verrichten wollte, oder vielmehr fühlte es, denn ich bekam alles ins Gesicht und nicht ein Tropfen ging fehl. Als er fort war, mußte ich meine Mütze fortwerfen und den Harn aus meinem Haar entfernen.

Endlich, nach neun Stunden Arbeit und unendlicher Angst waren wir soweit gekommen, daß die viereinhalb Fuß dicke Mauer ein so großes Loch aufwies, daß wir hindurchkriechen konnten. Mit unendlicher Mühe hatten wir einen Stein nach dem anderen gelöst. Schon jubelten wir über den Erfolg, als ein Zwischenfall eintrat, den wir nicht vorhergesehen hatten. Beinahe hätten wir unser Leben dabei eingebüßt. Wir durchwateten nämlich den Graben von Saint-Antoine, um die Straße nach Bercy zu erreichen. Kaum hatten wir ungefähr fünfundzwanzig Schritt gemacht, als wir plötzlich beide in den Kanal fielen, der mitten durch diesen Graben läuft. Im Augenblick versanken wir zehn Fuß tief im Wasser und steckten außerdem zwei Fuß tief im Sumpf. Jede

Bewegung war uns dadurch unmöglich gemacht, und wir konnten den anderen Rand des Kanals, der nur sechs Fuß tief war, nicht erreichen.

D'Alègre klammerte sich an mich, und es hätte nicht viel gefehlt, so wären wir beide in diesem Morast ertrunken. Als ich mich umschlungen fühlte, gab ich ihm einen solchen Schlag mit der Faust, daß er mich sofort los ließ. Im selben Augenblick gelang es mir, Fuß zu fassen und aus dem Kanal herauszukommen. Dann ergriff ich d'Alègre bei den Haaren und zog ihn ans Ufer. Bald waren wir aus dem Graben heraus, und als es fünf Uhr schlug, befanden wir uns bereits auf der Landstraße. Wir waren gerettet.

Von demselben Gefühl überwältigt, umarmten wir uns und hielten uns eng umschlungen. Dann dankten wir Gott für unsere Rettung aus tausend Gefahren.

Als wir diese Pflicht erfüllt hatten, wechselten wir unsere Kleider. Da sahen wir erst, wie gut es war, daß ich den Mantelsack mitgenommen hatte, der trockene Kleider enthielt. Wir waren nämlich bis auf die Haut naß und spürten jetzt die Kälte mehr als während der neun Stunden, die wir im Wasser und im Eis gestanden hatten. Da wir ganz erstarrt waren, konnte sich nicht einmal jeder selbst anziehen, sondern brauchte die Hilfe des anderen. Nachdem wir uns umgekleidet hatten, nahmen wir eine Droschke und fuhren zu Herrn de Silhouette, dem Sekretär des Herzogs von Orléans. Leider war er nicht zu Hause, sondern in Versailles. Wir suchten daher eine Zuflucht bei einem ehrenwerten Manne namens Rouit, der seines Zeichens Schneider war.

Da wir nun doppelt den Zorn der Marquise de Pompadour fürchten mußten, beschlossen wir, Paris zu verlassen. D'Alègre reiste zuerst als Bauer verkleidet nach Brüssel ab und kam ohne Unfall dort an. Als ich davon Nachricht erhielt, beschloß ich, mich ebenfalls auf den Weg zu machen. Mit dem Taufschein und einigen anderen Papieren meines Gastfreundes versehen, trat ich die Reise an. Unterwegs wurde ich mehrmals von Beamten durchsucht; mit Hilfe der mitgenommenen Papiere gelang es mir aber, glücklich nach Brüssel zu entkommen. Zu meinem Entsetzen fand ich den armen d'Alègre nicht an dem bezeichneten Orte vor. Er war bereits verhaftet und nach Frankreich zurückgeführt worden.

III.
Dusaulx
Der Sturm auf die Bastille

Jean Dusaulx, der durch sein Werk über den Ausbruch der Revolution und die Erstürmung der Bastille in weiteren Kreisen bekannt wurde, hatte vor der Revolution ein ruhiges und beschauliches Dasein geführt. Er wurde am 28. Dezember 1728 in Chartres als Sohn eines Beamten geboren und studierte die Rechte, ohne jedoch in diesem Fache einen Beruf auszuüben. Literarische Studien und Reisen füllten sein Leben aus. Während des Siebenjährigen Krieges leistete er der Armee des Marschalls Richelieu als Verpflegungskommissar schätzenswerte Dienste.

Nach diesem Feldzuge lebte er in Paris. Im häuslichen Leben fand er viel Glück und Zufriedenheit. Er veröffentlichte verschiedene wissenschaftliche Werke und wurde durch eine Schrift über die Spielleidenschaft in ganz Frankreich bekannt. Besorgte Mütter schickten damals ihren Söhnen, die bei der Armee standen, das Werk Dusaulx' und ermahnten sie, so wie Dusaulx zu handeln. Selbst Könige beglückwünschten den vortrefflichen Mann zu seiner Arbeit. Im Jahre 1776 wurde er in die „Académie des inscriptions et belles-lettres" in Paris aufgenommen.

In diesem friedlichen und arbeitsreichen Dasein überraschte ihn die Revolution. Er nahm mit großem Eifer und tiefem Ernst an den Arbeiten zur Befreiung des Volkes teil. Durch sein aufrichtiges, ehrliches Wesen, durch seine Klugheit und Milde wirkte er überall besänftigend auf die Leidenschaften ein. Mit Bailly und anderen berühmten Männern der Revolution wurde er zum Wähler des Feuillantsbezirks ernannt und nahm an den Arbeiten des „Comité permanent de l'Hôtel de Ville" regen Anteil, ohne jedoch Mitglied zu sein. Diese Versammlung gab ihm den ehren- und vertrauensvollen Auftrag, die Versorgung der Stadt mit Lebensmitteln sicherzustellen. Bei der Einnahme der Bastille bemühte er sich mit Erfolg, auf die erregte Volksmasse beruhigend einzuwirken. Am 6. Februar 1790 stellte er die „Sieger der Bastille" der Nationalversammlung vor. Noch im gleichen Jahre veröffentlichte er seine Schrift: „De l'insurrection parisienne et de la prise de la Bastille."

Am 6. Juni 1792 ernannte ihn die Gesetzgebende Nationalversammlung zum Abgeordneten. In seiner ganzen Tätigkeit als Revolutionsmann war es ständig sein Bestreben, die Grausamkeiten der Schreckensmänner, die ihm den größten Abscheu einflößten, zu verhindern. Es würde zu weit gehen, hier seine ganze Tätigkeit während dieser Zeit zu berichten. Dusaulx stand am 31. Mai 1793 auf der Proskriptionsliste und wurde vor der Guillotine nur durch den Einspruch Marats und Couthons gerettet. Wenn er auch dem Tode entrann, so entging er doch nicht der Gefangenschaft. Er wurde am 4. Oktober 1793 verhaftet und blieb elf Monate im Gefängnis. Nach seiner Befreiung trat er wieder in das politische Leben ein. Er wurde 1794 Mitglied des Konvents, 1796 des Rats der Alten. Zwei Jahre später erbat er seinen Abschied und erhielt eine Stelle als zweiter Bibliothekar der Arsenalbibliothek, jenes Instituts, das jetzt die Archive der Bastille enthält, und dessen Bibliothekare wesentlich zur Aufklärung der Geschichte des Schlosses beigetragen haben. Er erlebte noch die Ehre, zum Präsidenten des „Institut" ernannt zu werden. Am 16. März 1799 schied er aus dem Leben.

In den Erinnerungen über die denkwürdigen Tage der Revolution spiegelt sich der Charakter dieses ehrlichen und edeldenkenden Mannes wieder. Seine Erzählung ist ziemlich zuverlässig, abgesehen von den Stellen, wo

Dusaulx ein Ereignis im guten Glauben erzählt, das später von der Forschung widerlegt wurde. Angenehm berührt es, daß der Erzähler seine Person nicht ungebührlich in den Vordergrund schiebt, wie das gerade die meisten Memoirenschreiber über die Bastille getan haben.

Das Werk erschien unter dem Titel: „De l'insurrection parisienne et de la prise de la Bastille, discours historique, prononcé par extraits dans l'Assemblée nationale par M. Dusaulx, de l'Académie des Belles-Lettres, l'un des électeurs réunis le 14 juillet 1789, représentant de la commune de Paris et l'un des commissaires actuels du Commité de la Bastille, Paris. Debure l'aîné, 1799." Der vorliegende Abschnitt ist dem Kapitel „L'oeuvre des sept jours" entnommen.

*

Die Ereignisse vor der Revolution. — Regierung gegen Volksvertretung. — Die Nationalversammlung. — Rolle der Wähler von Paris von April bis Juni 1789.

Ehe wir zu den großen Tagen der Revolution kommen, wollen wir einen Blick auf die Ereignisse werfen, die sie vorbereitet haben.

Bevor die Wähler von Paris, die sich seit dem 26. April 1789*) im erzbischöflichen Palast versammelt hatten, am 10. Mai desselben Jahres auseinander gingen, beschlossen sie vorsichtigerweise, ihre Sitzungen nach Gutdünken so lange fortzusetzen, als die Generalstände — die jetzige Nationalversammlung — zusammenkamen.

Wir verloren die obenerwähnten Wähler nicht aus den Augen. Sie ihrerseits unterrichteten uns von den Streitigkeiten der drei uneinigen Parteien**) und den Mißgeschicken dieser Versammlung, die sich immer mehr vervollkommnete und vereinfachte und schließlich unmerklich zu einer Volksvertretung wurde.

Ein ganzer Monat verging mit Erörterungen, An-

---
*) Muß heißen: am 23. April.
**) Adel, Geistlichkeit und dritter Stand.

sprüchen und Widersprüchen, sowohl von seiten der Geistlichkeit und des Adels, die gemeinsame Sache machten, als auch von seiten des Ministeriums, das aus diesem Zwist nur Nutzen zu ziehen suchte. Alsdann erfuhren wir, was sich in Versailles in der Zeit vom 17. bis 23. Juni zugetragen hatte. Unter dem Vorwand einer königlichen Sitzung wurde der Saal der Generalstände militärisch besetzt und schändlicherweise den Volksvertretern verschlossen. Die Abgeordneten suchten einen anderen Saal für ihre Beratungen und fanden ihn schließlich in einem Ballspielhause. Schließlich erfuhren wir, daß das Willkürregiment bereit war, diese hohe Versammlung aufzulösen. Von diesem Augenblick an fühlten wir, daß alles verloren sei, wenn wir nicht den Mut hatten, uns dem allgemeinen Wohl zu opfern.

Man behauptete zwar, daß unsere Vollmachten erloschen seien, aber wir glaubten es nicht und handelten dementsprechend. Wir waren überzeugt, daß echte Bürger immer das Recht hätten, das Vaterland zu retten. Wo aber sollten wir unsere Versammlungen abhalten, denn seit der Abreise mehrerer Abgeordneter war uns die Benützung des erzbischöflichen Palastes und des Stadthauses gleichfalls untersagt.

Da wir fürchteten, die Frucht unserer ersten Arbeiten einzubüßen, suchten wir uns — wir waren etwa zwei- bis dreihundert Mann — am 25. Juni trotz der Wachsamkeit der Anhänger des Despotismus, die unruhiger denn je waren, am hellen Tage im Saal des Museums der Rue Dauphine zu versammeln. Es war eine Art Schenke, in der wie im Ballspielhause in Versailles unsere junge Freiheit geboren wurde.

Ein Wähler, namens Thuriot de la Rosière, erbrachte uns dort den Beweis, daß wir das Recht hätten, sofort das Stadthaus öffnen zu lassen, um dort unsere Sitzungen abzuhalten. „Auf," rief er, „kommt und folgt mir!"

Man war bereit, seinen Vorschlag auszuführen, als ein anderer Wähler rief: „Bürger, wohin wollt ihr? Das

Volk, das euch liebt und achtet, das mit Ungeduld draußen harret, um das Ergebnis eurer Beratungen zu erfahren, wird euch vorangehen. Entrüstet über den Schimpf, den man den Volksvertretern angetan hat, werden 40 000 Menschen die Tore eures ehemaligen Zufluchtsortes einschlagen und vielleicht sogar das Stadthaus niederreißen! Seht ihr denn übrigens nicht ein, daß die geringste Gewalt, besonders unter den obwaltenden Umständen, die Stadt und die Nationalversammlung gefährden würde? Die Nacht bricht herein," fügte er hinzu, „bleibt hier und laßt eure hochherzigen Pläne ausreifen. Ich versichere euch bei meinem Kopfe, daß ihr das morgen erhaltet werdet, was man euch heute verweigerte!"

Diese Ansicht ging durch, und trotz aller Schwierigkeiten verlief alles glatt. Wir knüpften dauernde Beziehungen mit der hohen Versammlung an, nahmen ihre Beschlüsse an und erklärten uns besonders mit dem berühmten Beschluß vom 17. Juni*) einverstanden.

Am Schluß der Sitzung wurde die Frage behandelt, wie man sich am besten gegen die Machenschaften der Feinde des Volkes schützen könne. Ein junger Mann, namens von Bonneville, der sich über diesen Gegenstand mit viel Vernunft und Klugheit geäußert hatte, war über den Verlauf der Ereignisse ganz begeistert. Er sah voraus, was in allernächster Zeit eintreffen würde und rief: „Zu den Waffen! Zu den Waffen!" Viele waren darüber entsetzt, andere stimmten ihm bei. Einer aber von uns antwortete: „Junger Mann, es ist noch nicht an der Zeit. In vierzehn Tagen wollen wir auf diesen Gegenstand zurückkommen."

Von diesem Tage an lernten wir uns näher kennen. Wir ernannten die Männer, denen wir in aller Ruhe und Sicherheit die Ehre anvertrauen konnten, unser Schiff im Sturme zu lenken. Es waren De la Vigne, Moreau de

---

*) Die Generalstände konstituierten sich als Nationalversammlung.

Saint-Méry, Blondel, Oudart, Bertholio, Pitra und fünfzig andere Patrioten, die sich alle nach der Freiheit sehnten.

Als wir uns im Stadthaus eingerichtet hatten, wo wir in den ersten Tagen ziemlich in Ruhe gelassen wurden, traten wir in enge Beziehungen zu all unsern Mitbürgern und allen Provinzen des Reiches. Und schon begann sich jenes Bündnis zu bilden, das die Regierungstruppen, die Bastille und damit alle tyrannische Gewalt zerschmetterte.

Einige der unsrigen ahnten jedoch die herannahenden Stürme. Der tätige und umsichtige de Leutres hatte uns am Sonnabend, den 11. Juli, empfohlen, auf unserer Hut zu sein. Er meinte, der kommende 13. Juli könne noch ein größerer Unglückstag für Frankreich werden, als es der 13. Juli des letzten Jahres gewesen sei. An diesem Tage wurde nämlich ein großer Teil Frankreichs durch den Hagel verheert.

*

Der 12. Juli 1789. — Proklamation des Königs über die Ansammlung von Truppen in der Umgebung von Paris. — Entlassung Neckers. — Ausbruch der Volkswut. — Der erste Zusammenstoß. — Die Revolution in vollem Gange. — Die Ereignisse des 13. Juli.

Am Morgen des 12. Juli fand man an den Straßenecken Anschläge, die mit den Worten begannen: „Im Namen des Königs..." Durch diese Bekanntmachung wollte man uns überlisten und einschläfern und uns als gute Franzosen zu überzeugen suchen, daß die Ansammlung von Truppen in der Umgebung von Paris und Versailles nur eine einfache Vorsichtsmaßregel gegen die Straßenräuber sei. Wir kennen in der Tat solche. Es sind sogar sehr gefürchtete, aber um diese handelt es sich dabei wirklich nicht. Deshalb ließ sich auch niemand durch diese sogenannten Vorsichtsmaßregeln irreführen.

Gegen Mittag verbreitete sich das Gerücht, daß Necker verabschiedet worden und bereits abgereist sei.

Die Bestürzung war allgemein. Man schloß zuerst die Schauspielhäuser. Die Ueberbringer der Nachricht wurden vom Volk als Lügner und Verbreiter falscher Nachrichten betrachtet und mißhandelt.

Zwischen 4 und 5 Uhr nachmittags füllte sich das Palais Royal mit einer ungeheuren Menschenmenge. Von allen Seiten strömte das Volk herbei. Zwei Wachsbüsten, die man bei dem Bildhauer Curtius geholt hatte, wurden im Garten herumgetragen, und das Volk erging sich beim Anblick dieser Büsten in allerlei außergewöhnlichen Betrachtungen.

Ein junger Mann, der auf einen Tisch gestiegen war, schrie: „Zu den Waffen! Zu den Waffen!" Er zog den Degen, zeigte dann eine Pistole und eine grüne Kokarde. Die ihn umringende Menge betrachtete ihn zuerst schweigend, dann aber folgte sie seinem Beispiel und brach in ein wildes Geschrei aus. Man begeisterte sich, man war in großer Aufregung. Das Volk riß von den umstehenden Bäumen die Blätter ab, um sie als Kokarde anzustecken. Diese Volkswut dauerte drei Tage an.

Die Aufforderung zum Bürgerkrieg, der Schrecken der friedlichen Bürger, erscholl bald in allen Stadtteilen. Das Volk strömte nach der Place de Louis XV., die sich trotz der Maueranschläge vom Morgen mit Truppen anfüllte. Diese nahmen gleich eine drohende Haltung ein.

Nach dem Erscheinen des Prinzen von Lambesc, Obersten des Kavallerieregiments „Royal-Allemand", im Tuileriengarten begaben sich eine große Anzahl Bürger nach dem Stadthause, wo sich nur fünfzehn oder sechzehn von unsern Mitgliedern im Sitzungszimmer befanden.

Wir erfuhren dort, daß während der Vorgänge vor den Tuilerien ein Soldat der „Gardes-françaises" durch einen Dragoner mit einer Pistole erschossen wurde, ferner, daß ein gewisser Chauvet, ein vierundsechzigjähriger Mann und Besitzer eines Gasthauses, durch den Prinzen verwundet wurde. Das Volk hat hierauf die

Läden der Waffenschmiede geplündert. Es entwendete jedoch nur die Waffen und nahm keineswegs Gold oder Silber weg.

Daraufhin beschlossen wir gemeinsam, daß die Distrikte einberufen und bewaffnet werden sollten. Jetzt erinnerten wir uns auch des Vorschlags, den der junge de Bonneville im „Museum" gemacht hatte.

Nach diesem tatkräftigen Entschluß gab es für uns kein Zurück mehr. Das war uns allen klar, und wir fügten uns ins Unvermeidliche.

Wie doch Dinge und Menschen sich so plötzlich verändern! Friedfertige Bürger, die nie ehrgeizige Pläne gehabt hatten, die keine Intrigen kannten und dem alten Regime treu waren, wurden nun gegen ihren Willen vom Sturm der Ereignisse mit fortgerissen.

Wir fürchteten die Nacht, aber sie blieb verhältnismäßig ruhig.

Herr de la Vigne, einer unserer Vorsitzenden, begab sich mit dem Wähler Agier nach der Nationalversammlung, um dort über die Lage von Paris Bericht zu erstatten und zu gleicher Zeit zu erfahren, welche Haltung wir in Zukunft einnehmen sollten. Nach seiner Rückkehr setzte er uns von einer Mitteilung in Kenntnis, die er von einem Mitglied dieser hohen Versammlung erhalten hatte. Ich gebe sie hier wieder, zur Ehre des gewissenhaften und berühmten Abgeordneten, um den es sich handelt.

Herr Dupont, der Staatsrat und Ritter des Wasaordens war, verlangte mit seinem achtzehnjährigen Sohn in die Bürgergarde aufgenommen zu werden, sobald sie gebildet war. Dieses Beispiel fand viel Anklang. Selbst der Adel meldete sich zu dieser Truppe. Ueberhaupt haben uns mehrere Mitglieder des Adels ausgezeichnet unterstützt.

Das Volk behauptete, daß die Stadt ein geheimes Arsenal besäße. Diese Vermutung hätte uns beinahe alle zugrunde gerichtet und hat uns wirklich mehrmals in Gefahr gebracht. Man fragte uns, was mit den alten Geschützen und den anderen Waffen geschehen sei. Wir hatten gut antworten, daß sie vermutlich eingeschmolzen oder umgeändert worden seien. Das Volk ließ sich mit solchen Antworten nicht abspeisen.

Um neun Uhr bemächtigte sich die Menge, die immer mehr in Aufregung geriet, des Waffenlagers der Stadtgarde und verteilte 360 Gewehre. Dann riß das Volk trotz der Einwendungen des Kanzleivorstandes und Advokaten Le Grand de Saint René die Fahne vom Stadthaus herunter. Dieser mutige Wähler folgte, trotzdem er gebrechlich war, der Fahne bis zur Mitte des Platzes, und es gelang ihm schließlich die Menge zu bewegen, die Fahne wieder zurückzubringen.

Um zehn Uhr begannen auf dem Stadthaus und auf allen Kirchen die Sturmglocken zu läuten. In den verschiedenen Stadtteilen riefen Trommeln die Bürger herbei. Man versammelte sich auf Plätzen und in Gärten. Es bildeten sich Gruppen, die sich Namen zulegten. So nannte sich eine „Freiwillige vom Palais-Royal"; eine andere hieß „Freiwillige der Tuilerien", wieder andere, der „Basoche", der „Arquebuse" usw.

Da die Anwesenheit des Vorstandes der Kaufmannschaft uns notwendig erschien, so machte man sich auf, ihn zu holen. Von einer ungeheuren Menschenmenge bejubelt, kam Herr de Flesselles an. „Liebe Freunde," sagte er, „ich bin euer Vater, und ihr werdet mit mir zufrieden sein." Er konnte das Volk jedoch nie zufrieden stellen.

Da es in unserem Sitzungssaal unmöglich war, alle Anfragen zu beantworten und alle Klagen zu erledigen, so machte der königliche Prokurator der Stadt, Herr Ethis de Corny, den Vorschlag, ein Komitee zu bilden, das Tag und Nacht beraten sollte, um die Ruhe in der Stadt wiederherzustellen. Zunächst ernannte man nur vierzehn Mitglieder. Am selben Abend jedoch fügte man noch andere hinzu.

Die Zahl der Bürger, die in der Versammlung anwesend waren, überwog bei weitem die der eigentlichen

Wähler. Deshalb beschwerte sich ein Mann, der nicht zu uns gehörte, daß man nur die Wähler in das Komitee aufnahm. „Wen wollen Sie denn sonst noch ernannt haben?" fragte ihn Herr de Leutres. — „Michl" antwortete der biedere Crelé, und er wurde unter einstimmigem Beifall gewählt.

Als das Komitee gebildet war, fragte Herr de Flesselles: „Wem soll der Eid geleistet werden?" — „Der Versammlung der Bürgerl" antwortete Herr de Leutres, „denn von nun an haben wir alle das gleiche Ziel, nämlich das Gemeinwohl!"

Von neuem wurde die Sturmglocke geläutet. Wiederum wurde die Fahne abgerissen und zum zweiten Male zurückgebracht.

Inzwischen erfuhren wir, daß am Abend vorher und auch am selben Tage mehrere Schlagbäume verbrannt und die Steuerbeamten, die den Zoll für die in die Stadt eingeführten Waren erhoben, verjagt worden waren, ferner, daß man das Frauengefängnis Saint-Lazare zerstört habe. Dann erzählte man uns, daß dasselbe Volk, das das Gefängnis gestürmt hatte, das darin aufbewahrte Getreide zum größten Teile rettete und in die Hallen schaffte, obgleich es selbst an Brot Not litt. Wir bitten die Gegner der Revolution, von diesen Vorgängen Kenntnis zu nehmen und uns offen zu erklären, was sie davon denken. So hatte zum Beispiel ein armer Teufel sich einen Degen Heinrichs IV. aus dem Waffenhaus geholt, das erbrochen wurde. Irgendeiner bot ihm zum Tausch einen Louisdor und einen anderen Degen an. Aber der Mann ging darauf nicht ein und antwortete: „Er ist zwar viel reicher ausgestattet, aber ich will ihn nicht. Es ist doch nicht der Degen unseres guten Heinrich!"

Von allen Seiten brachte man eine Unmenge von Wagen und Karren zum Rathaus, die mit allerlei Gerät, mit Möbeln, Vorräten, Geschirr und Unterhaltsmitteln beladen waren. So wurde der Grèveplatz einige Tage lang einer der reichsten aber zugleich auch der unruhigsten und am wenigsten zugänglichen Stapelplätze von ganz Europa.

Das Volk aber schmachtete nur nach Waffen und Munition, denn seit zwei Tagen waren diese seine hauptsächlichsten oder besser seine einzigsten Bedürfnisse. Es strömte in Menge herbei und wurde immer erregter. Es bat und drohte schließlich immer mehr.

Ungefähr gegen halb zwei kündigte der Vorsteher der Kaufmannschaft an, daß Herr de Pressoles, der Direktor der Waffenfabrik von Charleville, ihm 12000 Gewehre versprochen habe, und daß bald 30000 andere folgen würden. Man glaubte es ihm auch auf sein Wort. Das Komitee beruhigte sich nun und setzte fest, daß die Pariser Bürgerwehr bis auf weiteren Befehl 43000 Mann stark sein sollte.

Da man also Truppen haben sollte, brauchte man auch Führer. Man bot daher den Oberbefehl dem Herzog von Aumont an. Dieser verlangte vierundzwanzig Stunden Bedenkzeit. Der Marquis de la Salle wurde zum zweiten Befehlshaber ernannt. Ohne Zögern schwor er, daß sein Leben und sein Vermögen für immer der Kommune gehörten. Sein Vermögen hatte er bereits verloren und sein Leben hundertmal aufs Spiel gesetzt.

Die grünen Kokarden ersetzte man durch rote und blaue und gab auch die Gründe dafür an.

Am Abend war alles in der größten Aufregung. Man sprach nur noch davon, daß die königlichen Truppen von verschiedenen Seiten über uns herfallen würden. Bereits hatten wir die Abgeordneten der sechzig Distrikte einberufen. Ihre Reden standen in keiner Weise hinter denen der Griechen und Römer aus der Glanzzeit ihrer Geschichte zurück. Man wird überhaupt immer die Erfahrung machen, daß die Menschen in der gleichen Weise sprechen und handeln, wenn sie in einer bestimmten Lage sind, besonders, wenn es sich darum handelt, die Freiheit zu erringen.

Obgleich die Distrikte selbst die besten Maßnahmen getroffen hatten, um die Annäherung der Feinde zu verhindern, so betrachteten sie uns doch als ihre Beschützer und Retter, ein wahrhaft großes Beispiel für die zukünftigen Sektionen.

Wir suchten uns Pulver zu verschaffen und fragten überall danach. Dabei wurden im Geheimen 10 000 Pfund aus Paris hinausgeschafft. Das Volk hielt jedoch die Ladung an und beschlagnahmte sie. In dieser Hinsicht verstand es keinen Spaß. Nur der guten Wachsamkeit der Bürger hatte man dieses zu verdanken.

Man brachte dieses Pulver, das die Bestimmung hatte, die Unterdrückten von den Tyrannen zu befreien, in einem der unteren Räume des Stadthauses unter. Ein Abbé, ein Kollege von uns, wurde beauftragt, die Verteilung vorzunehmen.

Dieser gefährliche Auftrag hätte dem tapferen und allgemein verehrten Abbé Le Fèvre beinahe das Leben gekostet. Am ersten Tage wurde auf die Fässer, die er zu überwachen hatte, ein Flintenschuß und auf seine eigene Person ein Pistolenschuß abgegeben. In der folgenden Nacht schlug man das Tor des Raumes, wo er sich mit seinem Pulver befand, mit Axthieben ein. Beim Auftreffen der Axt auf die eisernen Nägel und Schienen entstanden Funken und gefährdeten ihn. Kurze Zeit darauf trat ein Betrunkener in den Raum ein, den man wohl mit Recht eine Mine nennen konnte. Er hatte eine brennende Pfeife im Munde und rauchte auf den offenen Fässern. Der Abbé konnte ihn nur mit der größten Mühe zum Weggehen bewegen.

*

Fortgang der Revolution. — Der Wirrwarr in Paris. — Der Vorsteher der Kaufmannschaft. — Mißverständnisse. — Bewaffnung des Volkes. — Die Aufopferung der Bürger. — Bedrohung des Stadthauses.

Die Ereignisse folgten jetzt sehr rasch aufeinander, und ich habe alle Mühe, sie auseinanderzuhalten. Auch die Zeitangaben weiß ich nicht mehr genau. Zunächst wurde der Wagen des Prinzen von Lambesc auf dem Platze verbrannt. Allerdings rettete man seinen Koffer und brachte dessen Inhalt in die Kanzlei der Versammlung. Zahlreiches Volk und viele neugebildete Patrouillen bestürmten uns fortwährend um Waffen. Alle warteten mit Ungeduld auf die Erfüllung der bestimmten Versprechungen des Vorstehers der Kaufmannschaft.

Endlich erfährt man, daß eine Anzahl von Kisten angekommen sei. Da sie mit der Aufschrift „Artillerie" versehen waren, so glaubte man, sie enthielten Gewehre. In Wirklichkeit fand man aber nur alte Wäsche, allerlei Plunder und Holzscheite. Wie und durch wen mögen jene Kästen in das Stadthaus gekommen sein? Wir wissen es heute noch nicht.

Ein Schrei des Unwillens erhebt sich gegen uns und den Vorsteher der Kaufmannschaft. „Das Komitee", behauptet das Volk, „ist Mitschuldiger der Stadtkanzlei und verrät die gemeinsame Sache, und wenn wir sie gewähren lassen, so werden wir bald als Mitverschworene betrachtet werden." Die Verdachtsgründe waren derart, daß sie sogar noch nach dem Falle der Bastille geäußert wurden. Verschiedene Sieger der Bastille weigerten sich, uns die Munition zu bringen, die sie dort beschlagnahmt hatten.

Einige Zeit darauf waren dieselben Verdachtsgründe die Ursache, daß 80000 Mann den Kopf unseres Anführers forderten, des edlen Marquis de la Salle, der jetzt als einfacher Soldat dient.

Wir taten alles, um unsere Mitbürger zu beruhigen. Trotz aller ihrer Anschuldigungen und Wutausbrüche mußten wir doch ihre große Vaterlandsliebe bewundern. Leider verdarb der Vorsteher der Kaufmannschaft alles, denn er gab gegen unser Wissen Befehle, die die Bürger nur noch mehr gegen uns aufbrachten. So schickte er sie nach Chartreux und in verschiedene Häuser, um Waffen zu holen, während es dort gar keine gab. Er überlegte sich nicht, daß das Volk noch viel wütender zurückkommen würde, um ihn zur Rede zu stellen.

Wir hatten es in dieser Lage auch nicht leicht. Nichts war vorbereitet; man mußte stets bereit sein, auf tausenderlei Fragen Antwort zu geben.

In dieser kritischen Lage entschlossen wir uns, die Distrikte zu ermächtigen, sofort auf Kosten der Stadt Piken, Hellebarden und andere leichte Waffen anzufertigen. An sich waren diese Waffen von geringem Wert, aber Mut und Verzweiflung gaben ihnen in den gewaltigen Ereignissen doppelte Wirkungskraft. In weniger als sechsunddreißig Stunden wurden 50 000 Piken fertiggestellt. Mit Fug und Recht kann man sie als die hauptsächlichsten Werkzeuge unserer jungen Freiheit ansehen. Ich bin daher der Ansicht, man soll diese Piken bündelweise sowohl im Innern des Nationalpalastes, den man demnächst zu errichten beabsichtigt, als auch außen aufstellen. Diese kunstlosen Waffen werden unseren Enkeln lehren, daß man ebensowenig auf bezahlte Schmeichler wie auf die Spötter achten soll.

Für die Piken ist man uns sehr dankbar gewesen, dagegen hat man dem Vorsteher der Kaufmannschaft vorgeworfen, daß er die biederen Leute irregeführt habe. Das konnten sie ihm nicht verzeihen.

Der Tag ging zur Neige. Man fürchtete das Dunkel der Nacht. Wir befahlen daher, man solle überall Fackeln und Laternen anzünden. Diese Lichter, die sonst ein Zeichen der Freude sind, wirkten nun unheimlich, denn es herrschte überall tiefes Schweigen. Die hier und da aufflackernden Lichter der umherstreifenden Patrouillen bewaffneter Männer wirkten geisterhaft.

Schon war die Stadtmauer so gut bewacht, daß man nicht nach Paris hineinkonnte, ohne sich ausgewiesen zu haben. Um zehn Uhr nachts wurde uns Herr Bochart de Saron, der erste Vorsitzende des Parlaments, und der Parlamentsrat Le Fèvre d'Armécourt gemeldet. Das Volk aber fand alles verdächtig, was mit der alten Regierung zusammenhing und behandelte dementsprechend die beiden Beamten. Sie wurden bei ihrer Rückkehr von Versailles verhaftet. Man erzählte uns, daß Herr von Armécourt als Nachfolger Neckers bestimmt worden sei. Unter den obwaltenden Umständen war dies für sie keine gute Empfehlung. Wir gaben ihnen zu verstehen, daß sie überall mehr in Sicherheit seien als im Stadthaus, denn hier konnten wir nur für unseren Mut und unsere Vaterlandsliebe, aber für nichts anderes einstehen.

Die meisten von uns arbeiteten ununterbrochen weiter, obwohl sie bereits einen außerordentlich anstrengenden und arbeitsreichen Tag hinter sich hatten. Auch der vorhergehende Tag hatte große Anforderungen an uns alle gestellt, aber alle waren fest entschlossen, durchzuhalten. Herr von Flesselles jedoch unterlag den verzehrenden Sorgen und der schrecklichen Ungewißheit. Da wir sahen, daß er den Anstrengungen nicht gewachsen war, baten wir ihn, sich zurückzuziehen. Er wollte jedoch auf keinen Fall das Stadthaus verlassen und verbrachte sogar dort die Nacht. Am folgenden Morgen fanden wir ihn noch erschöpfter als zuvor. Was hat dieser tüchtige Bürger in jenen Tagen nicht alles geleistet!

Die Herren Le Grand de Saint-René, Buffault, Vergne und Hion blieben die ganze Nacht im Sitzungssaal, um das Komitee zu vertreten. Während dieser Vorgänge hielt man im Palais Royal heftige Reden sowohl gegen unser Komitee als auch gegen den Vorsteher der Kaufmannschaft, dem man Tod und Verderben geschworen hatte. Diese Verschwörung wurde an verschiedenen Orten noch begünstigt und sollte bald zum Ausbruch kommen.

Um zwei Uhr morgens — also bereits am 14. Juli — benachrichtigte man unsere vier Kollegen, daß 15 000 Mann im Begriff seien, die Rue Saint-Antoine hinab gegen den Grèveplatz zu marschieren, um das Stadthaus zu stürmen. „Das werden wir schon sehen," anwortete Le Grand de Saint-René kalt, „denn ich werde es schon rechtzeitig in die Luft sprengen!" Er war ganz der Mann, seine Drohung in die Tat umzusetzen. Gleich darauf gab er den Wachen des Stadthauses Befehl, sechs Fässer Pulver herbeizuschaffen und im Nebenzimmer aufzustellen. Als das die Angreifer sahen, wechselten sie die Farbe, und sie zogen sich schon zurück, als das erste Pulverfaß gebracht wurde.

*

Die Einnahme des Invalidenhauses. — Der Angriff auf die Bastille. — Die Abordnungen. — Scheitern der Verhandlungen. — Historische Fragen über die Erstürmung der Bastille. — Fräulein de Monsigny.

Infolge der großen Zahl von Ereignissen, die oft zu gleicher Zeit geschehen, war es uns nicht möglich, sie alle genau zu ermitteln und die richtige Zeit festzustellen. Und unsere rastlose Tätigkeit hinderte uns, regelmäßig Aufzeichnungen über die Geschehnisse des Tages zu machen. Hätte nicht einer von uns jeden Abend einige Notizen über die Tageserlebnisse gemacht, so würde vieles von dem, was ich hier erzähle, nie bekannt geworden sein.

Während der Nacht vom 13. auf den 14. Juli wurde das Polizeigebäude von einem Haufen bewaffneter und mit Fackeln versehener Männer mit Gewalt erbrochen. Ueberall, wo diese vorüberzogen, verbreiteten sie Furcht und Schrecken. Jeder verrammelte seine Türe und schaute zum Fenster hinaus, um sie zu betrachten, aber niemand wagte, auf die Straße zu gehen. Jene unzufriedenen und ängstlichen Männer beurteilten Herrn von Crosne wie die meisten seiner Vorgänger und die anderen Beamten der Willkürherrschaft, die nun ihrem Ende zuging. Aber die Pariser Kommune nahm den ehrenwerten und würdigen Beamten bald unter ihren besonderen Schutz und ließ ihn auch fernerhin an ihrem Werke teilnehmen.

Sobald der Tag anbrach, füllte sich der Grèveplatz immer mehr mit Menschen an. Der Platz war mit der Zeit ein großer Stapelplatz von allerlei Dingen geworden. Sogar Herden waren vorhanden. Die Menge, die sogar Geschütze mit sich führte, ließ im Laufe des Tages einen großen Teil seiner Waren fortschaffen.

Schon in früher Morgenstunde kam man zu uns, um uns von neuem um Waffen und Munition zu bitten. Dabei warf man uns unsere unbeabsichtigte Weigerung und die Niederlagen von gestern vor. Wir hatten uns die größte Mühe gegeben, Waffen aufzutreiben, aber es gab deren keine, auch keine Munition. Nicht einmal im Arsenal war etwas aufzutreiben. Das ungeduldige Volk, das nicht wußte, was es noch für große Taten vollbringen würde*), entschloß sich nun, nach dem Invalidenhaus zu gehen, ohne sich um das Marsfeld zu bekümmern**).

Die stolze Haltung der Pariser, ihre Klugheit und ihr Eifer brachten die gewünschte Wirkung hervor. Von den vielen Feinden, die uns umgaben und bedrohten, verließen eine ganze Anzahl ihre Partei. Sie wurden nun gute Bürger und boten uns ihre Dienste an. Viele ahmten ihr Beispiel nach. Was man bei ihnen mit Verrat bezeichnete, nannten wir Vaterlandsliebe.

Wie man uns berichtete, erschienen in der Vorstadt Saint-Antoine Husaren. Man wollte auch gesehen haben, daß die Geschütze der Bastille geladen und auf die Stadt gerichtet wurden. Es sollte also Blut fließen. Da erschien ein Offizier der Invaliden und erklärte uns im Auftrag des Gouverneurs der Bastille, daß dieser nicht schießen lassen und sich neutral verhalten würde, falls man ihn

---

*) Es ist sicher, daß die Einnahme der Bastille beabsichtigt war. Allerdings ahnte das der größte Teil des Volkes nicht. Der Marquis de la Salle hatte mir tags zuvor versichert, daß er einen Angriffsplan erhalten habe.

**) Auf dem Marsfeld lagerten eine Anzahl königlicher Truppen, die zum Teil aus anderen Garnisonen nach Paris gebracht worden waren.

in Ruhe ließe; das war jedoch weder unsere Absicht noch die der echten Bürger.

Meldungen und Verstärkungen gelangten von allen Seiten zu uns. Es gärte immer mehr unter der Bevölkerung. Wir erwarteten indes mit Ungeduld die Antwort des Herzogs von Aumont, der für seine Entschließung vierundzwanzig Stunden Bedenkzeit verlangt hatte. Schließlich entschuldigte er sich, das Amt, das man ihm anbot, nicht annehmen zu können, und sprach seinen Dank aus.

An seiner Stelle wurde der Marquis de la Salle zum Oberbefehlshaber ernannt. Mit Freuden nahm er an. Eine solche Aufopferung ehrt ihn um so mehr, als in dem Augenblick, wo er diesen bedeutenden Posten, den er später so gut bekleidete, annahm, wenige andere geneigt gewesen wären, sich um diese gefährliche Ehre zu bewerben. Der Name des Marquis de la Salle ist notwendigerweise eng mit der großen Zeit verknüpft und wird unvergeßlich bleiben.

Obgleich wir durch allerlei Arbeiten abgelenkt wurden, so waren wir doch wegen des Marsches nach dem Invalidenhaus sehr besorgt. Wir erfuhren durch Herrn Ethis de Corny, daß die Bürger sich dieses ungeheuren Gebäudes bemächtigt hatten, ohne erst die Antwort eines vom Gouverneur nach Versailles abgesandten Boten abzuwarten. Es war dabei kein Blut geflossen. Das Volk hatte die Türen erbrochen und 28000 Flinten entwendet, die in den Kellern des Hauses mit Stroh bedeckt verborgen gewesen waren. Da man gegen alles großes Mißtrauen hegte, so glaubte man, daß diese Vorkehrungen nur aus dem Grunde getroffen worden seien, um die Gewehre im Notfalle in Brand zu setzen. Herr de Corny erzählte, daß die Ausführung des Unternehmens angesichts eines benachbarten Truppenlagers der Kühnheit des Planes entsprach. Und so war es mit allen Unternehmungen dieses glücklichen Tages!

Das Volk war nur in der Absicht nach der Bastille

gezogen, um sich Waffen und Munition zu verschaffen. Ohne es eigentlich geplant zu haben, wagte es mehr. Die Bürger, die immer verwegener wurden, baten uns schließlich um Erlaubnis, die Bastille einnehmen zu dürfen. Als ob dies nur, wie Herr Du Veyrier richtig sagte, von einem Beschluß abhängig gewesen wäre!

Der Wähler Turiot de la Rosière hatte sich bereits im Auftrage seines Distrikts in die Bastille begeben, um den Gouverneur zur Uebergabe aufzufordern. Dann kam er zurück, um uns über diesen unerhörten Schritt Bericht zu erstatten. Wir werden an einer anderen Stelle darauf zu sprechen kommen.

Kurz darauf war es bei der ersten Zugbrücke der Bastille zum Kampfe gekommen. Man brachte uns einen verwundeten Soldaten der Gardes françaises, der im Sterben lag. Zwanzig andere, sowohl Bürger als Soldaten, die mißhandelt worden waren, wurden in den Häusern der Rue de la Cerisaie aufgenommen. Das Blutvergießen dauerte nun schon über vier Stunden an, und dabei hat man den Siegern der Bastille vorgeworfen, nur ein offenes Tor gestürmt zu haben.

Während der eine Teil des Volkes kämpfte, holte der andere Teil Verstärkungen und Geschütze herbei. Auf diese Weise wurden wir ständig über die Fortschritte des Angriffs unterrichtet. Der Kampf blieb bis zuletzt unentschieden. Glücklicherweise hatten wir keine Zeit zum Nachdenken, denn hätten wir Angst gehabt, was wäre dann aus Paris geworden? Einige Mitglieder unseres Komitees meinten, das Unternehmen sei viel ernster als man vorher glaubte. Jetzt aber war es zu spät, es rückgängig zu machen.

Um Blutvergießen zu vermeiden, wurde beschlossen, eine feierliche Abordnung an den Gouverneur zu senden. Damit wurde Herr Bellon und einige andere Wähler betraut, doch hatten sie keinen Erfolg.

Einer zweiten Abordnung ging es nicht besser. Sie bestand aus Herrn de la Vigne, einem unserer Vorsitzenden, und aus unseren Kollegen, den Herren Chignard und Fauchet. Diesen Vertretern schloß sich noch freiwillig Herr de Batideux, der stellvertretende Abgeordnete der bretonischen Gemeinden, an.

Nachdem de la Vigne dreimal vergeblich versucht hatte, an die Festung heranzukommen oder sich wenigstens bemerkbar zu machen, las er seine Aufforderung vor. Seine Worte jedoch verhallten im Geknatter der Gewehre. Drei seiner Mitbürger fielen an seiner Seite.

Ehe man eine dritte Abordnung absandte, wurden drei Invaliden auf die Polizeiwache gebracht. Das Volk wollte sie auf der Stelle hängen, da man sie mit der Waffe in der Hand in der Nähe der Bastille angetroffen hatte, wo sie auf die Bürger schossen. Herrn de Veyrier, der von Herrn de Leutres kräftig unterstützt wurde, gelang es glücklicherweise, diese drei Männer aus den Händen des wütenden Volkes zu retten. „Wir werden die Gefangenen begnadigen", rief die großmütige Menge, „wenn der Gouverneur die Bastille übergibt, oder wenn wir sie einnehmen." Sie wollte keine Verbrechen um ihrer selbst willen begehen, sondern nur die Festung einnehmen und die Abschaffung des Despotismus erlangen.

Plötzlich verbreiteten sich allerlei zweifelhafte und sich widersprechende Gerüchte. Wie gewöhnlich glaubt man das gern, was man wünscht. So meldete man uns, der Gouverneur der Bastille sei gefangen worden, und man bringe ihn herbei. Er war es aber nicht, sondern nur der Verwalter der Pulver- und Salpeterfabriken, namens Clouet. Er verdankte sein Leben dem tapferen Cholat, der ihn als erster vor der Wut des Volkes rettete.

Im Laufe des Tages kamen noch viele Irrtümer vor, und manche führten zu unnötigem Blutvergießen. Während die einen den Gouverneur gefangen zu haben glaubten, bemächtigten sich andere in einem Hof der Bastille eines jungen Mädchens, das ebenso anmutig wie harmlos war. Als man sie bis zur ersten Brücke geschleppt hatte, rief das Volk: „Es ist die Tochter de Launeys. Er soll die Feste übergeben, oder er wird seine Tochter den Flammentod sterben sehen!" Schon begann man, das Strohbündel, worauf das junge Mädchen ohnmächtig zusammengesunken war, anzuzünden. Der Vater des Fräuleins de Monsigny — denn so hieß das junge Mädchen — sah von den Türmen der Bastille aus, daß seine Tochter nahe daran war, lebendig verbrannt zu werden. Er wollte sich aus Verzweiflung in die Tiefe stürzen, wurde jedoch im selben Augenblick von zwei Kugeln getroffen und niedergeworfen. Der tapfere und edle Aubin Bennemère, der die Tochter dieses Offiziers bereits einmal gerettet hatte, drängte die blutgierige Menge zurück, hob Fräulein de Monsigny auf und übergab sie sicheren Händen. Dann eilte er wieder in den Kampf zurück.

Am 3. Februar 1790 wurde ihm in unserem Saal ein Ehrensäbel von der Dame überreicht, der er das Leben gerettet hatte. Wir schmückten ihn mit der Bürgerkrone. So gehen aus den abscheulichsten Gewalttaten heldenmütige Handlungen hervor.

IV.
Guyot de Flévilles
Die Verteidigung der Bastille

Ueber das Werk Guyot de Flévilles hat sich ein wissenschaftlicher Streit entsponnen. Die einen behaupten, der Invalidenunteroffizier sei der Verfasser der ihm zugeschriebenen Schrift, während andere der Ansicht sind, daß dieser Bericht nichts anderes als eine Kopie aus dem fälschlich Charpentier zugeschriebenen Werk „La Bastille dévoilée" sei. Es ist nicht möglich, hier näher auf das Für und Wider der beiden Ansichten einzugehen, um so weniger, als die Frage nicht endgültig entschieden werden kann, weil es dazu an Beweisen mangelt.

Das Werk erschien unter dem Namen Guyot de Flévilles zuerst im Jahre 1885 in der ‚Revue rétrospective'. Der Titel lautete: „Relation inédite de la défense de la Bastille par l'invalide Guyot de Fléville." Das Original besitzt die Arsenalbibliothek in Paris. Das Manuskript trägt dort den Titel: „Détails exacts et véritables sur la reddition de la Bastille écrits par un bas-officier d'invalides nommé Guyot de Fléville."

Auch wenn das Werk tatsächlich nicht von dem Invalidenunteroffizier geschrieben worden ist, verliert es doch kaum an Wert. Es ist erwiesen, daß die Verfasser der „Bastille dévoilée" ihren Bericht über die Einnahme der Bastille auf Grund der Aussagen der Invaliden niederschrieben, die sie befragten. Daß die Invaliden ihre Rolle bei der Abwehr der Angriffe etwas abschwächten, kann man ihnen nicht verdenken.

Besonders als Gegenstück zu der Erzählung Dusaulx', der zur Gegenpartei gehörte, ist dieser Bericht zu schätzen, unterrichtet er uns doch über alles, was während der Belagerung der Bastille in der Festung selbst vorging. So erhalten wir aus dem Mund des Angreifers und des Verteidigers eine genaue Schilderung der Vorgänge, die einen so großen Einfluß auf die Weltgeschichte ausüben sollten.

*

Beginn der Feindseligkeiten gegen das Schloß. — Verhandlungen mit den Abgeordneten. — Der Angriff. — Die Rolle der Besatzung. — Abwehr des ersten Angriffs. — Hissen der weißen Fahne. — Der Uebergabevertrag. — Bruch des Vertrags. — Oeffnen der Tore.

Am 12. Juli 1789 nahm die Revolution ihren Anfang. Gegen sieben Uhr abends begannen die Bürger sich Waffen zu verschaffen und auf den verschiedenen Plätzen der Stadt Ansammlungen zu bilden.

Der Gouverneur der Bastille, der Marquis de Launay, brachte am 13. Juli die Kompagnie der Unteroffiziere in dem inneren Hof der Bastille unter. Dazu kamen 32 Mann vom Schweizerregiment Salis-Samade, die sich seit einigen Tagen in der Bastille befanden. Um zwei Uhr morgens erteilte der Gouverneur den Befehl, die Tore des ersten Hofes zu schließen.

Die Kompagnie blieb in den Vorhöfen und stellte überall, wo es der Gouverneur für nötig hielt, Posten auf. Zwölf Mann wurden auf die Türme kommandiert, um zu beobachten, was in der Umgebung der Bastille vor sich ging. Der Tag verlief ruhig. Nur einige Banden von „Briganten" ließen sich sehen und hielten Schmähreden.

Zwischen elf Uhr und Mitternacht gab man sieben Gewehrschüsse auf die Posten ab, die sich auf den Türmen befanden. Nun wurde es unruhig in der Bastille. Herr de Launay vernahm plötzlich den Ruf: „Zu den Waffen!" Er stieg darauf in Begleitung einiger Unteroffiziere auf die Türme, um festzustellen, was sich ereignet hatte. Die Posten statteten ihm Bericht über die Vorgänge ab. Der Gouverneur hielt sich etwa eine halbe Stunde auf den Türmen auf. Da er nichts mehr hörte, stieg er mit den Unteroffizieren, die ihn begleitet hatten, wieder hinunter.

Am 14. Juli, morgens zwischen neun und zehn Uhr, erschienen drei Bürger am Gitter vor der Bastille und teilten dem Unteroffizier Bernard, der unbewaffnet heruntergegangen war, mit, daß sie den Gouverneur und den Offizierstab des Schlosses sprechen möchten. Der Unteroffizier führte sie in den Vorhof bis an die Zugbrücke des Gouvernementshofes. Dann setzte er den Gouverneur davon in Kenntnis, daß drei Bürger, die Abgesandte von der Stadt seien, ihn zu sprechen wünschten.

Herr de Launay und der Major der Bastille kamen nun bis an das Tor des Gouvernementshofes und ließen die kleine Zugbrücke hinunter. Als der Gouverneur aber die Volksmenge sah, die bereits in den Durchgangshof eingedrungen war, bemerkte er zu den drei Abgesandten, daß nur sie allein die Bastille betreten dürften. Als Geiseln sollten sechs Unteroffiziere der Volksmenge gesandt werden, die so lange dort bleiben müßten, bis die drei Gesandten das Schloß verlassen hätten. Die Bürger gingen nun mit dem Gouverneur in das Gouvernementsgebäude und blieben dort eine gute halbe Stunde. Man weiß nicht, was dort verhandelt wurde.

Die Abgesandten weilten noch im Gouvernementsgebäude, als Herr de Rosières in den Hof der Bastille eintrat. Er war ebenfalls von einer Menge Volks begleitet, die gleichfalls im Durchgangshof zurückblieb. Als die drei Abgeordneten herauskamen, sagte Herr de Rosières folgendes zu dem Gouverneur: „Ich komme, mein Herr, um Ihnen mitzuteilen, daß die Geschütze, die auf den Türmen aufgestellt sind, das Volk beunruhigen und erschrecken. Das Volk fleht Sie an, sie wegnehmen zu lassen. Ich hoffe, daß Sie unserem Wunsche Folge leisten werden."

Darauf entgegnete der Gouverneur, es stände nicht in

seiner Macht, die Geschütze zu entfernen, da sie sich von jeher auf den Türmen befunden hätten. Außerdem bedürfe es zur Wegnahme der Geschütze eines königlichen Befehls. Da es ihm aber bekannt gewesen sei, daß das Volk sich deswegen ängstige, andernteils die Rohre nicht von den Lafetten genommen werden könnten, so habe er die Geschütze zurückziehen und von den Schießscharten entfernen lassen.

Herr de Rosières bat darauf den Gouverneur um die Erlaubnis, in den inneren Hof der Bastille eintreten und die Türme besichtigen zu dürfen, um den Leuten seines Distrikts und der Stadt genau Rechenschaft von dem Befund geben zu können.

Als er wieder mit Herrn de Launay, der ihn auf die Türme begleitet hatte, in den Innenhof hinabgestiegen war, sagte er mit lauter Stimme in Gegenwart des Offizierstabs und der Unteroffizierkompagnie, daß er sehr zufrieden sei. Er habe die Ueberzeugung gewonnen, man würde sich nicht weigern, eine Bürgerwehr aufzunehmen, um die Bastille gemeinschaftlich mit den Invaliden zu bewachen. Darüber wolle er Bericht erstatten. Darauf ging er mit Herrn de Launay in das Gouvernementsgebäude.

Als Herr de Rosières nicht wieder zum Vorschein kam, begann das Volk bereits sich zu beunruhigen und rief laut: „Gebt uns unseren Abgesandten wieder!"

Als de Rosières dies hörte, schaute er aus dem Fenster, das nach dem ersten Hof zu lag und rief: „Ein wenig Geduld meine Kinder! In einem Augenblick werde ich wieder bei euch sein." Das beruhigte alle Leute. Kurze Zeit darauf verließ er den Gouvernementshof und sagte beim Abschied dem Gouverneur, daß das Volk nicht die Absicht habe, die Bastille anzugreifen.

Wie groß war aber die Ueberraschung des Gouverneurs, als eine halbe Stunde später eine Menge Volk ankam, das mit Gewehren, Säbeln, Beilen, Piken und Hellebarden bewaffnet war. „Wir wollen die Bastille!

Nieder mit den Soldaten!" riefen sie. Die Unteroffiziere baten das Volk höflich, sich zurückzuziehen und machten es auf die Gefahren aufmerksam, denen es sich aussetzte. Trotz all dieser Ermahnungen bestand das Volk hartnäckig auf seinem Vorhaben. Zwei Männer stiegen auf die kleine Mauer bei dem Wachthause, kletterten auf das Wachthaus und sprangen dann in der Nähe der Zugbrücke in den Hof. Einer von ihnen, ein gewisser Tournay, der ehemals im Regiment Dauphin gedient hatte, versuchte die Ketten der Zugbrücke mit einem Beil zu zerschlagen. Als ihm das nicht gelang, ließ er sich an der Kette hinunter und gelangte so in das Innere des Hofes. Dann drang er in das Wachthaus ein, weil er hoffte, dort die Schlüssel zu finden, um die Zugbrücke hinunterlassen zu können. Sie befanden sich jedoch im Innern des Schlosses. Da blieb ihm nichts anderes übrig, als die Schlösser und Riegel zu zerschlagen. Erst als er die Zugbrücke hinuntergelassen hatte, forderten ihn die Invaliden auf, sich zu entfernen, da sie sonst genötigt seien, auf ihn zu schießen.

Das Volk, das glücklich war, das erste Hindernis überwunden zu haben, glaubte nun, daß es in der gleichen Weise weiterginge. Es drang in großer Zahl in den Gouvernementshof ein und eröffnete das Feuer auf die Unteroffiziere, die auf den Türmen standen.

Nun schossen die Truppen auf das Volk, um es zu verhindern, die zweite Zugbrücke zu nehmen. Die Musketensalve, die die Unteroffiziere nun auf die Menge abgab, schlug sie in die Flucht. Während sich das Volk sowohl in den Ulmenhof als auch unter die Wölbungen des Tores und der Zugbrücke zurückzog, unterhielt es ein beständiges Feuer auf die Soldaten. Es wagte jedoch nicht, das zweite Tor anzugreifen.

Zwischen 3 und 4 Uhr hörte man den Generalmarsch schlagen. Es war auf der Seite nach dem Arsenal zu. Dann hörte man ein fürchterliches Geschrei und wütende Rufe. Nun erschien eine Fahne, die von einer unabsehbaren Menge von bewaffneten Leuten begleitet war. Ein Teil des Volkes blieb im Ulmenhof um die Fahne geschart, der andere Teil drang in den Durchgangshof ein und wollte in den Gouvernementshof, der sich zwischen den beiden Zugbrücken befindet. Man rief, daß man nicht schießen würde, sondern daß nur Abgeordnete mit einer Fahne gekommen seien, die mit dem Gouverneur sprechen wollten.

Der Gouverneur und die Unteroffiziere, die sich auf den Türmen befanden, riefen ihnen zu, die Abgeordneten mit der Fahne könnten kommen, dagegen sollte das Volk im Durchgangshof bleiben. Gleich darauf gab ein Unteroffizier, namens Guyot de Flévilles, der Menge zu verstehen, daß die Soldaten nicht mehr schießen würden. Er kehrte sein Gewehr um, das die Mündung nach unten zeigte und hob den Kolben hoch. Zu gleicher Zeit forderte er seine Kameraden auf, seinem Beispiel zu folgen. Das taten diese auch. Sie riefen der Menge zu: „Fürchtet nichts! Wir werden nicht schießen! Bleibt dort wo ihr seid und laßt nur eure Abgesandten mit der Fahne vortreten. Der Gouverneur wird gleich kommen, um mit ihnen zu sprechen, und die äußere Zugbrücke herablassen, damit man eintreten kann. Zur Sicherheit für eure Abgesandten erhaltet ihr zehn Unteroffiziere als Geiseln."

Das Volk ging auf die Vorschläge der Unteroffiziere ein. Es blieb im Gouvernementshof, während die Abgesandten sich durch die hölzerne Tür in den Durchgangshof begaben, von wo aus sie alle Unteroffiziere, die auf den Türmen aufgestellt waren, sehen konnten. Um die Abgeordneten zu überzeugen, daß sie ihr Versprechen hielten, zeigten sie wiederum die hochgehobenen Kolben ihrer Gewehre.

Die Abgeordneten blieben etwa zehn Minuten lang in dem äußeren Hof, ohne sich weiter vorzuwagen. Die Unteroffiziere bemühten sich inzwischen fortwährend, sie durch allerlei Versprechungen zu bewegen, sich zu dem Gouverneur zu begeben. Sie riefen ihnen zu, sie hätten durchaus nichts zu fürchten, und die Kompagnie der Invaliden würde für sie einstehen.

Wie groß aber war das Erstaunen des Gouverneurs, als die Abgesandten sich wieder in den Ulmenhof zurückzogen, statt mit ihm zu verhandeln! Sie blieben dort ungefähr eine Viertelstunde, entweder, um sich zu beraten, oder um die Rufe der Invaliden hören zu können, die ihnen zu verstehen gaben, sie sollten nicht wieder weggehen, sondern sich lieber mit dem Gouverneur aussprechen.

Wie gesagt, blieben die angeblichen Abgesandten mit ihrer Fahne ungefähr eine Viertelstunde im Ulmenhofe. Als sie endlich gingen, nahmen sie nur sehr wenig Bedeckung mit. Die Menge aber blieb und füllte die drei Höfe an. Plötzlich rückte sie geschlossen vor, um auch die zweite Zugbrücke herunterzulassen. Wiederum riefen die Posten auf den Türmen, sie sollten halten, da sie sich sonst der Gefahr aussetzten, beschossen zu werden. Das Volk aber blieb taub und rückte weiter vor. Als der Gouverneur diese Hartnäckigkeit sah, befahl er die Eröffnung des Feuers, denn er fürchtete, daß man sich auch der zweiten Zugbrücke bemächtigen würde. Bei den ersten Schüssen stob das Volk im Nu auseinander und ließ einige Tote und Verwundete auf dem Platze zurück.

Nach diesem Angriff sagte der Gouverneur zu seinen Soldaten: „Wir müssen annehmen, meine Herren, daß diese Abgeordneten samt ihrer Fahne nicht vom Stadthause aus hierher gesandt worden sind. Die Fahne hat das Volk irgendwoher genommen, und man bedient sich des Namens der Stadt, um uns irrezuführen. Wenn es wirklich Abgeordnete wären, so hätten sie nicht gezögert, einzutreten, um mir ihre Vorschläge zu unterbreiten, zumal ihr ihnen das Versprechen gegeben habt, nicht auf sie zu schießen. Es sind zweifellos nur Leute, die uns überraschen und berauben wollen!"

Die Angreifer zogen sich zum zweiten Male zurück, und zwar in dieselben Schlupfwinkel, die sie nach der ersten Salve aufgesucht hatten. Von da aus schossen sie wiederum auf die Truppen, die sich auf den Türmen befanden. Dann versuchten sie mit Axthieben die hölzernen Türen einzuschlagen. Da ihnen das nicht gelang, und die Invaliden weiter auf sie schossen, gaben sie ihr Vorhaben auf. Dafür zerschlugen sie aber die übrigen Türen und plünderten alle Gebäude rings um die Höfe aus.

Um ½5 Uhr brachte man drei Wagen mit Stroh herbei, um das Wachthaus zwischen dem Außenhof und dem Gouvernementshof sowie das Gouvernementsgebäude und die Küchen einzuäschern. In diesem Augenblick gab man einen Schuß mit einem kleinen Geschütz, das mit Kartätschen geladen war, auf die Zugbrücke des Außenwerks, die auch die „kleine Schwedin" genannt wurde, ab. Das ist der einzige Kanonenschuß, den man von der Bastille aus während des ganzen Kampfes, der fünf Stunden dauerte, abgegeben hat. Sonst hat sich die Besatzung nur mit ihren Gewehren verteidigt.

Was hatten nun die Belagerer für eine Absicht, als sie an die drei genannten Gebäude Feuer anlegten? Sie überlegten sich jedenfalls nicht, daß ihnen das eher nachteilig als vorteilhaft war. Hätten die Belagerten genügend Truppen, Munition und Lebensmittel gehabt, so wären sie bei einer Belagerung mit der Zeit selbst gezwungen gewesen, das Gouvernementsgebäude und die dazu gehörigen Baulichkeiten, die Tore und andere Häuser in der Umgebung durch Geschützfeuer zu zerstören, denn sie hätten den Belagerern als Stützpunkt dienen können. Das Feuer, das das Volk anlegte, war also für die Bastille nicht von Nachteil, im Gegenteil, es bildete eher einen Schutzwall, denn es machte die zweite Zugbrücke unzugänglich und uneinnehmbar.

Meine Beweisführung ist also richtig, denn die Angreifer waren gezwungen, im Ulmenhof zwei Vierpfünder und einen Sechspfünder, ferner an dem Tore, das nach dem Arsenal führte, drei Vierpfünder aufzustellen. Aber alle diese Geschütze hätten nicht hingereicht, um die Bastille zu Fall zu bringen, wenn die Führung der Besatzung eine bessere gewesen wäre, ferner, wenn man Munition und Lebensmittel gehabt hätte und schließlich, wenn die Geschütze auf beweglichen Lafetten gelegen hätten und nicht auf Mörseroder Schiffslafetten, denn so konnte man sie nicht richten, wie man wollte.

Die Besatzung der Bastille war sehr gering. Sie bestand aus 83 Unteroffizieren, 32 Schweizern, im ganzen 114 Mann, die seit 48 Stunden ohne Nahrung und wider Willen kämpften. Es ist ganz klar, daß eine Truppe, die 48 Stunden keine Verpflegung erhalten hat und außerdem gegen das eigene Volk kämpft, sich nicht mit demselben Mut und Eifer schlägt, als Soldaten, die gegen einen Feind der Krone und des Volkes fechten.

Ich darf in meinem Bericht nicht vergessen, die Unteroffiziere Ferrand und Bécard zu erwähnen, die das größte Verdienst um die Erhaltung der Vorstadt Saint-Antoine hatten. Der Gouverneur De Launay befahl nämlich, Feuer an die Pulverkammern zu legen, denn er sah ein, daß er die Belagerung wegen Mangel an Lebensmitteln nicht aushalten konnte. Zu gleicher Zeit wollte er die 250 Fässer Pulver anzünden, die im Freiheitsturm aufbewahrt wurden, und von denen jedes 120 Pfund enthielt. Das hätte unfehlbar die Vorstadt Saint-Antoine und das Kirchspiel Saint-Paul, kurz, einen großen Teil der Stadt in die Luft gesprengt. Zum Glück hinderten die beiden Unteroffiziere die Ausführung dieses Planes, indem sie den Gouverneur zwangen, die Lunte, die er bereits in Händen hielt, wegzuwerfen.

Als der Gouverneur sah, daß er seinen Plan nicht durchführen konnte, befragte er die Offiziere und Unteroffiziere, was zu tun sei. Er meinte, da man sich der Gefahr aussetze, vom Pöbel ermordet zu werden, wenn man die Bastille übergäbe, sei es besser, sich mit ihr in die Luft zu sprengen. Dann machte er den Vorschlag, wieder auf die Türme zu steigen und den Kampf fortzusetzen.

Die Garnison antwortete darauf, es sei nicht mehr möglich, sich länger zu schlagen, da die unteren Geschütze nicht gut zu handhaben seien und man außerdem keine geeigneten Geschützkugeln hätte. Da sie auch bald weder Gewehrmunition noch Lebensmittel besäßen, wäre es besser, sich der Wut des Volkes auszuliefern und das Leben zu verlieren, als so viele Bürger zu töten. Es sei besser, auf den Türmen die weiße Fahne zu hissen, die Trommeln zu rühren und sich zu ergeben.

Der Gouverneur antwortete, er besäße keine weiße Fahne, würde ihnen aber ein weißes Taschentuch geben. Die Unteroffiziere sollten mit dem Tambour die Türme besteigen und von dort aus den Angreifenden ein Zeichen geben. Hierauf stiegen die Unteroffiziere Rouffe und Roulard mit dem Tambour hinauf, hißten die weiße Fahne und ließen dreimal die Trommel rühren. Das dauerte eine halbe Stunde. Während dieser Zeit feuerte das Volk fortwährend, ohne sich um den Trommelwirbel und die weiße Fahne zu kümmern.

Als die Unteroffiziere und der Tambour von den Türmen herabgestiegen waren, rückte das Volk wieder weiter vor, denn es bemerkte bald, daß die Besatzung der Bastille das Feuer eingestellt hatte. Es gelangte nun bis an die Brücke, die ins Innere des Schlosses führte, und rief dort den Invaliden zu: „Laßt die Zugbrücke nieder, laßt die Zugbrücke nieder!"

Der Offizier, der die 32 Mann des Schweizer Regiments von Salis befehligte, Louis Delisse [*)] mit Namen,

---

[*)] Dieser Offizier des Regiments Salis hieß Ludwig von Flüe (Deflue). Nach der Einnahme der Bastille wurde er vom Volke nach dem Stadthause geschleppt und entging nur mit knapper Not dem Tode.

war im Innenhof der Bastille zurückgeblieben. Als die Menge anstürmte, rief er ihr zu, daß die Soldaten sich ergeben und die Waffen niederlegen würden, wenn man verspräche, die Besatzung nicht zu töten oder zu mißhandeln. Das Volk antwortete darauf, daß es alle erwürgen würde.

Dieser Offizier setzte nun einen Uebergabevertrag auf. Darin führte er aus, daß die Besatzung die Forderungen des Volkes erfüllen werde. Zu gleicher Zeit erwähnte er aber, daß noch eine große Menge Pulver im Schlosse vorhanden sei, und daß die Besatzung sich lieber in die Luft sprengen würde, als sich der Gefahr auszusetzen, vom Volke ermordet zu werden.

Als die Menge die Uebergabeurkunde gelesen hatte, schrie sie: „Laßt die Zugbrücke herunter, es wird euch nichts geschehen!"

Auf dieses Versprechen hin übergab der Gouverneur dem Korporal Gaillard und dem Unteroffizier Perrot die Schlüssel, und diese öffneten nun das Tor und ließen die Zugbrücke herunter.

*

Der Fall der Feste. — Mißhandlung der Besatzung. — Mord und Totschlag. — Die Plünderung. — Schonung der Schweizer. — Die Qualen der Gefangenen. — Man begnadigt einige. — Ueber die Erstürmung der Bastille. — Einwandfreie Zeugen.

Hätte die Besatzung vorher ihr Schicksal gekannt, das ihnen nach der Uebergabe des Schlosses zuteil wurde, so würde sie sich sicher nicht ergeben haben. Sie öffnete jedoch erst das Tor und ließ die Zugbrücke hinunter, als die Menge die Bedingungen zur Uebergabe angenommen hatte. Diese Bedingungen waren schriftlich niedergelegt worden und wurden von der Stadt unterzeichnet. Das Volk hatte sogar Geiseln gestellt.

Sobald die Zugbrücke niedergelassen war, drang die zügellose Menge in den Innenhof des Schlosses ein und fiel zunächst über die Unteroffiziere her. Diese hatten sich an der Mauer rechts vom Eingang in Reih und Glied aufgestellt und ihre Waffen niedergelegt. Sie griff sie mit Bajonetten, Säbeln, ja selbst mit Stöcken an. So sahen sich die braven Soldaten angegriffen und mißhandelt, ohne sich verteidigen zu können. Das Volk ist mit der größten Grausamkeit gegen den Gouverneur, die Offiziere und Unteroffiziere vorgegangen.

Wie weit die Verblendung und der Haß des Volkes gegen die Garnison ging, erhellt daraus, daß es die 32 Schweizer, die im Hofe mit Leinwandblusen bekleidet den Unteroffizieren gegenüberstanden, für Gefangene der Garnison ansah. Erst als es seine Wut an den Invaliden ausgelassen hatte, erkannte es sie. Das hat die Schweizer vor der Schlächterei bewahrt. Die Schweizer waren nämlich nicht auf die Türme gestiegen, sondern unter dem Befehl ihrer Offiziere im Schloßhof geblieben, wo die drei Geschütze aufgestellt waren. Von hier aus unterhielten sie ein heftiges Feuer, sowohl durch die Schießscharten als auch durch die Löcher, die sie bei der Zugbrücke angebracht hatten. Sie hatten sogar ein kleines Geschütz, einen Anderthalbpfünder, zur Verfügung, mit dem sie viele der Angreifer getötet haben.

Während ein Teil der Bürger die Unteroffiziere angriff, rannten andere in das Stabsgebäude, wo der Platzkommandant und der Major wohnten. Hier plünderten sie alles, was nicht niet- noch nagelfest war und schlugen die Fensterscheiben ein. Ein Teil des Volkes, das in den Hof eingedrungen war, schoß auf die Bürger, die das Stabsgebäude eroberten, da sie sie für Angehörige der Besatzung hielten. Aus diesem Grunde gab es noch nach der Uebergabe der Bastille viele Tote unter den Belagerern.

Die Soldaten, die das Glück hatten, der Wut des rasenden Volkes zu entgehen, wurden fortgeschleppt. Jeder Offizier, Unteroffizier oder Schweizer wurde von zwei Mann am Kragen gepackt und unterwegs mißhandelt.

Man brachte die Gefangenen in verschiedene Stadtteile. Es ging wie bei einer Plünderung zu; man riß sich um sie. Jeder wollte einen fortschleppen, denn man gedachte sie abzuliefern, um dann das Vergnügen zu haben, zu sehen, wie sie gehängt würden.

18 Gefangene wurden zum Stadthause gebracht. Auf dem Wege dahin standen sie Höllenqualen aus, denn sowohl ihre Führer als auch der gaffende Pöbel mißhandelte sie. Von allen Seiten wurde gerufen: „Man muß sie hängen! Man muß sie in Stücke reißen! Man muß sie verbrennen!" Und oft genug folgte den Rufen die Tat.

Als die armen Soldaten endlich vor dem Stadthause ankamen, waren sie grün und blau geschlagen. Ihre Gesichter hatten die gleiche Farbe angenommen wie ihre Kopfbedeckung. Es ist vollkommen unmöglich, die Qualen zu beschreiben, die jene Männer erlitten haben. Was ihre Pein noch erhöhte, war der Anblick, der sich ihnen bot, als sie auf dem Grèveplatz ankamen. Sie bemerkten dort zwei von ihren Kameraden, die das Volk gehängt hatte. Das betrübte sie mehr, als alles andere. Sie wünschten selbst den Tod herbei, der sie aus den Händen ihrer Tyrannen erlöste.

Endlich kamen sie vor dem Stadthause an. Sie waren völlig erschöpft und dem Umfallen nahe. Ein Offizier des Stadthauses ging ihnen entgegen. Währenddem fuhr das Volk fort zu rufen: „Man muß sie hängen!"

Nun redete der Offizier sie folgendermaßen an: „Ihr habt gegen euer Vaterland gekämpft und verdient gehängt zu werden." Sofort rief das Volk: „Liefert sie uns aus, wir werden sie hängen!"

Der Offizier war im Begriff, ihre Bitte zu erfüllen, als einige Soldaten der „Gardes françaises" herankamen und laut riefen: „Es sind tapfere Leute. Sie haben nicht verdient, gehängt zu werden. Wir bitten um ihre Begnadigung!"

Nun meinte der Offizier, man könne die Forderung

der Gardisten nicht ablehnen und müsse die Gefangenen begnadigen. Dann rief er, ebenfalls laut und weithin verständlich: „Gnade für die Gefangenen!" Das Volk stimmte sofort in den Ruf ein und rief: „Gnade für die Gefangenen!"

Man ließ die Gefangenen nun in das Stadthaus kommen und bot ihnen dort Erfrischungen an. Sie waren aber außerstande, etwas zu essen oder zu trinken, und ein Bett war ihnen jetzt nötiger als Erfrischungen. Die Unglücklichen ruhten sich ungefähr eine halbe Stunde aus und stierten sich gegenseitig an, ohne zu sprechen. Sie hatten dazu die Kraft nicht mehr. Die „Gardes françaises" wußten sehr wohl, welchen Gefahren sich die Gefangenen aussetzten, wenn sie allein das Stadthaus verließen. Sie erboten sich daher, sie an einen sicheren Ort zu führen. Das nahmen die Gefangenen gern an. Ihre Kameraden brachten sie nun in den Stadtteil „La Nouvelle France". Dort erhielten sie zu essen und Betten, wo sie sich ausruhen konnten. Am nächsten Morgen kehrten sie wieder in das Stadthaus zurück. Einige Unteroffiziere der Bastille sind drei oder vier Tage im Gefängnis gewesen und in den Distrikten mißhandelt worden.

Allgemein ist der tragische Tod des Gouverneurs, des Majors, des Adjutanten, eines Leutnants und zweier Unteroffiziere bekannt.

Aus diesem Bericht ist zu ersehen, daß die Bastille nie im Sturm genommen worden ist, wie man im Volke behauptet. Man frage den Mann, der sich brüstet, am Sturme auf die Bastille teilgenommen zu haben, durch welche Bresche er eingedrungen ist? Kann er vielleicht in Abrede stellen, daß er mit dem Volke eingedrungen ist, als die Besatzung die Zugbrücke herunterließ? Wer kann denn glauben, was die Leute sagen, doch höchstens Personen, die nie eine Schlacht, geschweige denn Belagerungen oder Stürme mitgemacht haben.

Der erste Soldat, der mit Herrn Hulin in die Bastille

eingedrungen ist, als man die Zugbrücke herunterließ, heißt Elie *). Er war Offizier im Regiment „Königin".

Man kann aber nun einmal dem Volke nicht das Sprechen verbieten. Man schreibt der Kompagnie von Unteroffizieren Dinge zu, die sie gar nicht getan haben. Würden die Leute, die diese Gerüchte verbreiten, alle Einzelheiten des Herganges kennen, so bedauerten und bemitleideten sie eher jene Unteroffiziere.

Welchen Lohn erhielt der unglückliche Bécard, der zu jenen gehörte, die den Gouverneur hinderten, die Pulverkammer, die Pulvervorräte und den Freiheitsturm in die Luft zu sprengen? Bécard hatte das Leben von 200 000—300 000 Menschen gerettet, als das Volk in die Bastille eindrang. Er empfing zuerst einige Bajonettstiche, dann hat man ihm mit einem Säbel eine Hand abgeschlagen und ihn schließlich auf dem Grèveplatz aufgeknüpft.

So Guyot de Flévilles.

*   *   *

Hinter dem leidenschaftlichen Zornesausbruch des Volkes bei dem Bastillesturm gewitterten überall unheimliche Gerüchte von hinterhältigen Anschlägen des Hofes und der Adelspartei. In den ersten Tagen des Monats Juli 1789 sah das Volk die alten Feudalklassen wieder im Anrücken. Necker, der Reformminister, war entlassen, und man sprach von einer gewaltsamen Auflösung der Nationalversammlung. Der Marschall von Broglie schrieb an den Prinzen von Condé von einer „Artilleriesalve", die in Bälde die „Raisoneure" auseinandertreiben und die absolute Gewalt, die am Verlöschen sei, an die Stelle des republikanischen Geistes setzen würde, „der sich bilden" wolle.

---

*) Beide wurden während der Revolution Generale. Während Elie jedoch unter dem Kaiserreich kaltgestellt wurde, blieb das Glück Hulin treu. Er spielte sowohl in dem Prozeß gegen den Herzog von Enghien als auch bei der Verschwörung Malets eine Rolle. Im Jahre 1806 wurde er Kommandant von Berlin.

Peter Kropotkin hat in seiner Geschichte der „französischen Revolution" den Vorbereitungen zum Staatsstreich ein ganzes Kapitel gewidmet. Und bei der Betrachtung der Folgen des Bastillesturms kommt Kropotkin noch einmal auf die Umsturzpläne des Hofes zurück. Er schreibt nämlich:

„Einige royalistische Historiker haben den Versuch gemacht, es in Zweifel zu setzen, daß der Hof einen Staatsstreich gegen die Versammlung und gegen Paris vorbereitet hätte. Aber die Zeugnisse, die die Wirklichkeit des Komplottes beweisen, sind überreichlich vorhanden. Mignet, dessen maßvolle Gesinnung bekannt ist, und der den Vorteil hatte, bald nach den Ereignissen zu schreiben, hatte nicht den geringsten Zweifel daran, und die späteren Forschungen haben seine Auffassung bestätigt. Am 13. Juli sollte der König seine Erklärung vom 23. Juni erneuern und die Nationalversammlung aufgelöst werden. Vierzigtausend Exemplare dieser Erklärung waren schon gedruckt, um in ganz Frankreich verbreitet zu werden. Der Befehlshaber der Armee, die zwischen Versailles und Paris aufgestellt war, hatte unbeschränkte Vollmachten erhalten, um das Volk in Paris niederzumetzeln und gegen die Nationalversammlung im Falle des Widerstandes einzuschreiten."

In der Volksphantasie verkörperte die Bastille das Zwinguri des unumschränkten Königtums, das waffenstarrende Bollwerk der alten feudalen Gesellschaftsklassen. In der Geschichte der großen Befreiungskämpfe hat der Bastillesturm eine gewaltige symbolische Bedeutung erlangt. Und diese erlebten wir in ihrer vollen Kraft nochmals, als zur Jahrhundertfeier der großen französischen Revolution die Vertreter des sozialistischen Proletariats zusammentraten. Der Bastillesturm stand in den Julitagen des Jahres 1889 im Mittelpunkt aller historischen Gedenkreden der sozialistischen Führer. Diese sahen in dem Bastillesturm die eigentliche große revolutionäre Befreiungstat in dem weltgeschichtlichen Ringen des Bürgertums um seine politische und wirtschaftliche Befreiung.

Die Geschichte wertet nicht allein die bloßen realen Taten eines Zeitabschnittes, sie weiß, welche ungeheure geschichtsgestaltende Kraft in dem mythenbildenden Volksgeist liegt, der manches Geschehnis weit über seine wirkliche Bedeutung erhebt und es zum schöpferischen Elementarereignis einer ganzen Epoche macht.

www.ingramcontent.com/pod-product-compliance
Lightning Source LLC
Chambersburg PA
CBHW021353300426
44114CB00012B/1210